Christoph Girtanner

Historische Nachrichten und politische Betrachtungen über die französische Revolution

Christoph Girtanner

Historische Nachrichten und politische Betrachtungen über die französische Revolution

ISBN/EAN: 9783744635325

Hergestellt in Europa, USA, Kanada, Australien, Japan

Cover: Foto ©ninafisch / pixelio.de

Weitere Bücher finden Sie auf **www.hansebooks.com**

Historische Nachrichten

und

politische Betrachtungen

über die

französische Revolution

von

Christoph Girtanner

der Arzneywissenschaft und Wundarzneykunst Doktor; der königl.
medizinischen Societäten zu Edinburgh und zu London, so wie auch
der litter. und philos. Societät zu Manchester Ehrenmitgliede;
der königl. Societät der Wissenschaften zu Edinburgh, und der naturforschenden Gesellschaft zu Paris auswärtigem Mitgliede,
u. s. w.

Erster Band.

Zweyte, vermehrte, verbesserte, und durchaus
veränderte Auflage.

            Die lächerliche Wuth
Der Neuerung, die nur der Ketten Last,
Die sie nicht ganz zerbrechen kann, vergrößert,
Wird mein Blut nie erhitzen.
                    Schillers Dom Carlos.

Dem Herrn

Johann von Müller,

Kurfürstl. Mainzischen geheimen Staatsrathe und Staatsrefendarius, verschiedener Akademien und gelehrter Gesellschaften Mitgliede, u. s. w.

Ihm,

dem schweitzerischen Tacitus

widmet

diesen Band

als einen Beweis der größten Hochachtung und Verehrung

der Verfasser.

# Vorrede.

Noch ist kaum ein Jahr verflossen, seitdem die erste Auflage dieses Werks gedruckt wurde, und schon sehe ich mich, durch den eben so großen als unerwarteten Beyfall, mit welchem ein nachsichtsvolles Publikum jene erste Auflage, ungeachtet ihrer mannigfaltigen Fehler, gütigst hat aufnehmen wollen, in den Stand gesetzt, eine neue und verbesserte Ausgabe meines Buches besorgen zu dürfen. Um mich eines so unverdienten und so ausgezeichneten Beyfalls einigermaßen würdig zu machen, habe ich mit der größten Sorgfalt, das Buch nochmals durchgesehen, und dasselbe durchaus verändert, verbessert und vermehrt. Alle unnütze Deklamation ist ausgestrichen worden; Stellen, welche Egoismus zu verrathen scheinen mögten, sind weggeblieben; Ausfälle auf andere Gelehrte sind unterdrückt und weggelassen worden: weil ich, nach einer reifern Ueberlegung, einsehe, daß Persönlichkeiten von irgend einer Art, in einem Werke wie das gegenwärtige ist, keinesweges an ihrer rechten Stelle stehen würden.

Der Verbesserungen und Zusätze ist eine beträchtliche Menge, und alle sind aus den sichersten und zuverläßigsten Quellen geschöpft.

„In der ersten Ausgabe habe ich mich des Wortes Frankreicher, statt der zweydeutigen Benennung Franzosen, bedient. Dieses Wort war richtig abgeleitet und der Analogie der deutschen Sprache gemäß. Indessen hat doch dasselbe anfänglich großen Widerspruch gefunden, und zu mancherley witzigen Einfällen Veranlassung gegeben. Nunmehr aber habe ich die Hoffnung, daß dieses neue Wort, dessen ich mich zuerst bediente, bald allgemein in die deutsche Sprache aufgenommen werden dürfte. Hr. Professor Beck hat sich schon desselben in den Leipziger gelehrten Anzeigen bedient. Hr. Hofrath Wieland hat dasselbe, im deutschen Merkur, angenommen und gebilligt. Endlich hat der Herr Rektor Fischer zu Halberstadt, in der deutschen Monatschrift, sogar bewiesen, daß das Wort **Frankreicher** kein neues, sondern ein altes deutsches Wort sey. Von dem Beyfall solcher Männer unterstützt, wird mir es hoffentlich Niemand verdenken, wenn ich jene Benennung, für unsere Nachbarn jenseits des Rheines, auch noch ferner beybehalte.

Göttingen,
am 12. März 1792.

Christoph Girtanner.

Inhalt.

Erstes Buch.

Beschreibung des Zustandes von Frankreich vor der Revolution.

Uebertreibung der Schriftsteller. Preßfreyheit. Staatsgefängnisse. Intendanten der Provinzen. Abgaben. Anwendung der königlichen Gelder. Minister. Adel. Ob dem Adel erlaubt seyn sollte, Handlung zu treiben? Sklavische Unterwürfigkeit der Höflinge. Etikette an dem französischen Hofe. Anekdote. Staatsrecht von Frankreich. Anekdote den Chevalier Turgot betreffend. Ackerbau. Geschichte des Kornwuchers in Frankreich. Schiffahrt und Handlung der Stadt Marseille, der Städte Nantes, Havre, Dieppe, Rouen, Bordeaux. Handel mit den westindischen Kolonien. Zustand der westindischen Inseln. Karakter und Lebensart der Kreolen, der Kreolinnen. Korsika. Nationalkarakter der Franzreicher; Eitelkeit, Unreinlichkeit, Mangel an Sittsamkeit, Gesprächigkeit, Heftigkeit, Kenntnisse der Frankreicher. Zustand der Wissenschaften; der Theologie, der Arzneywissenschaft, der Philosophie. Französische Modephilosophie. Intoleranz der Philosophen, die keinen Gott glauben. Beyspiele dieser intoleranten Denkungsart. Künste. Baukunst. Musik. Dichtkunst. Bildhauerkunst. Mahlerkunst. Mechanische Künste. Schiffahrt. Zustand der Gelehrsamkeit. Königliche Akademien. Journale und Zeitungen. Sitten in Frankreich. Weiber. Geschichte des Herrn Beaumarchais und der Madame Kornmann. Leichtgläubigkeit. Eiserne Maske. Beantwortung der Frage: was ist Freyheit? Was für Menschen vorzüglich dazu beygetragen haben, die Revolution vorzubereiten. Papierwucherer, Philosophen und Physiokraten. Ueber das ökonomische System und über die Anhänger desselben. S. 1

Zweytes Buch.

Entfernte Ursachen, welche die Revolution allmählig vorbereiteten.

Ludwig der Vierzehnte. Ludwig der Funfzehnte. Ludwig der Sechszehnte. Königinn von Frankreich. Anekdoten die Königinn betreffend. Anekdoten den König betreffend. Geschichte des Defizit von seinem ersten Ursprunge an. Verfolgung der Protestanten unter Ludwig dem Vierzehnten. Laws Projekt, unter dem Herzoge Regenten von Orleans. Kardinal Fleury. Abbe Terray. Amerikanischer Krieg. Neckers Leben. Er gewinnt den Preis bey der Akademie. Rousseaus Urtheil über diese Preisschrift. Neckers Schrift über den Getreidehandel, und Voltaires Urtheil darüber. Nachrichten von dem Marquis de Pesay. Dieser verhilft dem Herrn Necker zu der Ministerstelle. Wie Maurepas von Neckern dachte. Wie der König von Neckern urtheilte. Necker verdrängt den Herrn Tabboureau auf eine listige Weise, und wird Finanzminister. Pesay fällt in Ungnade und grämt sich zu Tode. Necker begünstigt das Staatslotto. Neckers Karakter. Compte rendu. Beweis, daß diese abgelegte Rechnung unrichtig war. Neckers Eitelkeit bringt ihn um seine Stelle. Zustand der Finanzen unter Neckers Verwaltung, und seine Verdienste um dieselben. Herr Joly de Fleury und seine Verwaltung. Dormesson. Calonne wird Finanzminister. Karakter dieses Ministers. Seine Verwaltung der Finanzen. Anekdoten Calonne betreffend. Ausführliche Nachricht von Calonnes Finanzoperationen. Versammlung der Notabeln oder der Angesehenen des Reiches. Mirosmenil verliert seine Stelle. Calonne flüchtet sich nach England. Herr de Brienne. Herr de Lamoignon. Das Parlament zu Paris widersetzt sich. Der Graf von Artois wird von dem Pöbel beschimpft. Unruhen zu Paris. Der Herzog von Orleans thut Vorstellungen. Unruhen in den Provinzen. Verweisung der Parlamenter zu Bordeaux, zu Rouen, zu Rennes. Der Minister tritt mit dem, nach Troyes verwiesenen, Pariserparlamente in Unterhandlung. Sieg der Parlamenter über das königliche Ansehen. Königliche Parlamentssitzung. Lamoignons Rede. Bittere Bemerkungen der Herren Sabatier und Freteau. Verweisung des Herzogs von Orleans. Streit zwischen dem Parlamente und dem Könige wegen dieser Verweisung. Plan der Cour pleniere. Despremenil entdeckt den Plan. Zwey Parlamentsglieder werden in Verhaft genommen. Königliche Gerichtssitzung. Absetzung der Parlamenter. Einführung der Cour pleniere. Widersetzung der Parlamenter. Unruhen in den Pro=

vinzen. Unruhen in Bretagne. Aufruhr zu Rennes. Die Abgesandten des Adels der Provinz Bretagne werden zu Paris in die Bastille gesetzt. Geldmangel in dem königlichen Schatze. Verwüstungen, welche ein Sturm in Frankreich anrichtet. Dadurch verursachte Hungersnoth. Staatsbankerott. Folgen dieses Bankerotts. Brienne legt seine Stelle nieder. Politische Betrachtungen. Herr de Lamoignon, der Siegelbewahrer. Dessen Karakter. Sein Tod. Politische Betrachtungen. S. 131

Erstes Buch.

Beschreibung des Zustandes von Frankreich vor der Revolution.

Uebertreibung der Schriftsteller. Preßfreyheit. Staatsgefängnisse. Intendanten der Provinzen. Abgaben. Anwendung der königlichen Gelder. Minister. Adel. Ob dem Adel erlaubt seyn sollte, Handlung zu treiben? Sklavische Unterwürfigkeit der Höflinge. Etikette an dem französischen Hofe. Anekdote. Staatsrecht von Frankreich. Anekdote den Chevalier Turgot betreffend. Ackerbau. Geschichte des Kornwuchers in Frankreich. Schiffahrt und Handlung der Stadt Marseille, der Städte Nantes, Havre, Dieppe, Rouen, Bordeaux. Handel mit den westindischen Kolonien. Zustand der westindischen Inseln. Karakter und Lebensart der Kreolen, der Kreolinnen. Korsika. Nationalkarakter der Franzreicher; Eitelkeit, Unreinlichkeit, Mangel an Sittsamkeit, Gesprächigkeit, Heftigkeit, Kenntnisse der Franzreicher. Zustand der Wissenschaften; der Theologie, der Arzneywissenschaft, der Philosophie. Französische Modephilosophie. Intoleranz der Philosophen, die keinen Gott glauben. Beyspiele dieser intoleranten Denkungsart. Künste. Baukunst, Musik. Dichtkunst. Bildhauerkunst. Mahlerkunst. Mechanische Künste. Schiffahrt. Zustand der Gelehrsamkeit. Königliche Akademien. Journale und Zeitungen. Sitten in Frankreich. Weiber. Geschichte des Herrn Beaumarchais und der Madame Kornmann. Leichtgläubigkeit. Eiserne Maske. Beantwortung der Frage: was ist Freyheit? Was für Menschen vorzüglich dazu beygetragen haben, die Revolution vorzubereiten. Papierwucherer, Philosophen und Physiokraten. Ueber das ökonomische System und seine Anhänger.

Muojono le Città, muojono i regni;
Copre i fasti e le pompe arena ed erba.

T. TASSO.

Um den gegenwärtigen Zustand Frankreichs richtig zu beurtheilen; um von der vor kurzem geschehenen Staatsumwerfung und ihren Ursachen und Folgen deutliche Begriffe zu erhalten, muß man nothwendig den vorigen Zustand dieses Reiches genau gekannt haben. Der vormalige Zustand Frankreichs ist aber für Jemand, der sich nicht selbst, vor der Revolution, einige Zeit in diesem Reiche aufgehalten hat, nicht so leicht zu kennen, als man glauben sollte. Wollte man sich ein Bild dieses Zustandes nach den Deklamationen der Pariser Schreyer, oder aus den Schriften, welche seit der Revolution, von demokratischen Schriftstellern geschrieben worden sind, entwerfen, so würde dasselbe nicht sehr ähnlich werden. Diese Schriftsteller übertreiben alles. Was ihre fruchtbare Einbildungskraft ihnen als möglich darstellt, das erzählen sie als wirklich geschehen. Immer gehen sie auf Stelzen, und schreyen so anhaltend, und so laut über den Despotismus, unter welchem vormals ihre Nation seufzte, daß zuletzt sogar die gesunde Vernunft und die kaltblütige Ueberlegung ihrer philosophischen Leser durch den Lärm dahin gerissen wird, und in das allgemeine Geschrey mit einstimmt.

Mir scheinen die Schilderungen des vormaligen Zustandes von Frankreich sehr übertrieben zu seyn. Ich habe Frankreich vor der Revolution gesehen. Ich habe

Provinzen und ihren Hauptſtädten, einige Zeit aufge‍halten, und bin dadurch mit dem vorigen Zuſtande die‍ſes Reiches einigermaßen bekannt geworden. Von dem Drucke, unter welchem das Volk lebte; von den Unge‍rechtigkeiten, welche die Intendanten der Provinzen, die Militärperſonen und die Diener der Civil- und Cri‍minaljuſtiz ausübten; von dem auf den höchſten Grad geſtiegenen Verfall der Sitten und der Religion; von der Verachtung, mit welcher die Großen auf alle nütz‍lichen Beſchäftigungen herab ſahen; bin ich ſelbſt Au‍genzeuge geweſen. Ich habe aber auch geſehen, daß Sanftheit der Sitten die Strenge der Geſetze milder‍te; daß offenbare Ungerechtigkeiten nicht ungerügt began‍gen werden konnten; daß das ſo ſehr gedrückte Volk das fröhlichſte in Europa war; daß man verbotene, und durch den Henker verbrannte Bücher, in Jeder‍manns Händen fand; daß Miniſter, welche der Nation verhaßt waren, nicht lange regieren durften; daß, mit einem Worte, die Ausübung der Geſetze, mit den Ge‍ſetzen ſelbſt, in beſtändigem Widerſpruche war. Unter der jetzigen Regierung beſonders, ſuchte man dem Volke die Laſt, welche es drückte, einigermaaßen zu erleich‍tern. Die Frohndienſte der Bauren wurden aufgehoben; Verhaftbriefe wurden ſeltener gebraucht; Handlung und Manufakturen wurden begünſtigt; Gelehrte von Verdienſt wurden belohnt; ungerechte Richter wurden abgeſetzt und beſtraft; und langſam, aber doch merklich, nahm die Macht des Königs täglich ab, die Macht des Volkes hingegen täg‍lich zu. Handlung und Manufakturen waren im Flor; Künſte und Wiſſenſchaften wurden geſchätzt; die Fröhlich‍keit, die Munterkeit, der Witz der Franzoſen, waren in ganz Europa zum Sprichworte geworden. Alles dieſes sind doch wohl Beweise, daß das Joch, welches die Nation trug, nicht so schwer war, als man uns gerne zu glauben überreden möchte. Ein Volk, welches unter der eisernen Ruthe eines Tyrannen lebt, welches die Fesseln eines morgenländischen Despotismus trägt, und bis auf das Blut ausgesaugt wird, mag immerhin leichtsinnig und flüchtig seyn: es wird sich dennoch nicht so sehr verstellen können, daß es lache und scherze, während es heimlich über erlittene Ungerechtigkeiten seufzt. Despotischer Druck macht stille und ernsthaft. Wer hart gedrückt ist, wem der Gram am Herzen nagt, der lacht nicht und scherzt nicht. Blumen munterer Freude keimen und gedeihen nicht, auf den Gefilden, die ein Tyrann beherrscht!

Sehr übertrieben sind die Klagen über die vormalige Einschränkung der Preßfreyheit in Frankreich. Alle guten Schriften, sagt man, wurden verboten oder verbrannt; die Censur saß, mit dummer Miene, auf einem, aus Heiligenlegenden, aus päbstlichen Bullen und aus Konziliumsschlüssen, gebauten Throne; Aberglauben, Unwissenheit und Fanatismus standen ihr zur Seiten; vor ihr lagen gedruckte und ungedruckte Arbeiten der französischen Schriftsteller; sie berührte mit ihrem eisernen Scepter, so wie der Arzt des Sancho Pansa mit seinem Stäbchen, was sie zur Seelennahrung für ungesund hielt; und was sie berührte, das wurde durch den Henker verbrannt. So ungefähr stellt man uns jetzt den vormaligen Zustand der französischen Litteratur vor. Aber wie vieles ist nicht hierin übertrieben? Lebte nicht Voltaire, welcher die herrschende Religion angriff und lächerlich machte, in Frankreich? Starb er nicht in Paris? War er nicht in den letzten Tagen seines Lebens der Abgott des Pariser Publikums, das immer einen Götzen haben muß? Lebten nicht Rousseau, Raynal, Helvetius, deren Schriften durch den Henker verbrannt worden waren, in Paris? Wurden nicht eben diese verbrannten Schriften öffentlich verkauft und allgemein gelesen? Hat man nicht, seit einigen Jahren, eine neue Ausgabe der Encyclopädie in Paris selbst gedruckt und öffentlich verkauft? Wurde nicht ganz Europa, von Paris aus, mit den zügellosesten, unzüchtigsten Büchern und mit den schändlichsten Kupferstichen überschwemmt? War den Schriftstellern Frankreichs irgend ein Gegenstand zu heilig, um nicht darüber zu spotten; irgend ein Laster zu schändlich, um es nicht mit den gefälligsten Farben zu schildern? und, um mit einem Worte alles zu sagen, wurde nicht der Verfasser des schändlichen Pasquills auf den Berliner Hof in der Provinz zum Abgesandten an die Reichsstände gewählt, zu eben der Zeit, da sein Buch in Paris verbrannt wurde? Das Verbrennen der Bücher war weiter nichts als eine lächerliche Zeremonie, die wenig oder gar keinen Eindruck machte; eine Zeremonie, welche die Schriftsteller zuweilen selbst durch Kabale zu erhalten suchten, weil sie dann sicher waren, durch den Verkauf ihres Buches, reich zu werden. Das verbrannte Buch lebte, wie ein Phönix, aus seiner Asche neu und verjüngt wiederum auf, und wurde nun nicht mehr gelesen, sondern verschlungen; nicht mehr einmal, sondern zehnmal gedruckt. Die Preßfreyhet war in Frankreich nicht unterdrückt, aber die Polizey wachte darüber. Sie gab zu, daß Schriften, welche von philosophischen, politischen oder religiösen Gegenständen handelten, öffentlich verkauft wurden; sie mochten auch noch so frey geschrieben seyn: aber sie litt nicht, daß die Preßfreyheit in Zügellosigkeit ausartete; daß namenlose Schriftsteller Pasquille über noch lebende Personen schrieben, und dem ehrlichen Manne, welcher seinen Weg ruhig fortgieng, meuchelmörderischer Weise den Dolch in den Rücken stießen. Dieß litt sie nicht; darüber hielt sie strenge: das thut sie aber auch in England, wo die Preßfreyheit unumschränkt ist, und dieses muß sie in einem jeden Staate thun, wo eine wohleingerichtete Regierungsform für die Sicherheit des Eigenthums und der Personen sorgt. Es ist selbst das Interesse der Schriftsteller, darüber zu wachen, daß sich in ihre ehrenvolle Zunft keine Miethlinge und keine Taglöhner einschleichen, welche dem Ansehen der Zunft durch ihren Beytritt schaden. Es ist selbst das Interesse der Schriftsteller, darüber zu wachen, daß das edle Vorrecht, mit Tausenden zu gleicher Zeit zu sprechen, nicht von Bösewichtern gemißbraucht werde, welche sich, wegen wahrer oder eingebildeter Beleidigungen, durch Pasquille zu rächen suchen.

Eben so frey, als man in Frankreich vormals über alle Gegenstände schreiben durfte, eben so frey konnte man auch über alles sprechen. Ueber religiöse und politische Gegenstände, von den Ministern, von dem Hofe, ja sogar über den König und die Königin, wurde mit unumschränkter Freyheit gesprochen. In den Kaffeehäusern, an öffentlichen Orten, und in gemischten Gesellschaften, sprach man zwar etwas vorsichtiger, weil man die Spionen der Polizey fürchtete, aber unter Freunden, und in seinem eigenen Hause, sprach man ganz frey und ohne alle Zurückhaltung. Es sind nur wenige Beyspiele bekannt, daß Jemand wegen freyer Reden, wäre bestraft worden. Der Hang, über alles zu sprechen, und viel zu sprechen, ist so innig in dem Nationalkarakter der französischen Nation verwebt, und Schwatzhaftigkeit macht so sehr den Grundzug dieses Karakters aus, daß es eher möglich wäre, den Lauf eines Flusses aufzuhalten, als den gesprächigen Frankreichern die Zunge zu binden. Dieß sah die Regierung wohl ein, und es war der bekannte Grundsatz der Minister: „Lassen wir sie sprechen, wenn sie uns nur handeln „lassen." a) Als einen Beweis, wie frey man vormals in Frankreich, sogar an öffentlichen Orten, über den Hof und die Regierung sprach, will ich nur eine Anekdote anführen. Nachdem der Finanzminister Joly de Fleury seinen Abschied erhalten hatte, befürchtete man zu Paris, daß der allgemein verhaßte Foulon an seine Stelle kommen möchte. Man sprach darüber im Caffee de Foy. Mitten im Gespräche stand einer von der Gesellschaft auf, und sagte: „Fürchten Sie nichts, meine Herren, die Reihe ist jetzt nicht an ihm." — „Wie so?" fragte man — „In Frankreich" fuhr jener fort „sind die Finanzen wie „das Tertianfieber; sie haben wechselsweise einen guten „und einen schlechten Minister: jetzt ist die Reihe an ei„nem ehrlichen Manne, folglich nicht an Herrn Foulon." Man untersuchte den witzigen Einfall genauer, und fand ihn wirklich sehr gegründet. Den folgenden Tag wurde in Paris das Tertianfieber der Finanzen zum Sprichworte. In einem Lande, wo solche Dinge ungestraft gesagt werden dürfen, muß doch der Despotismus nicht sehr drückend seyn!

Uebertrieben ist auch das, was von den Staatsgefängnissen in Frankreich und von der Bastille erzählt wird. Wir, die wir diesseits des Rheins, an den Ufern der Donau, der Spree und der Nordsee wohnen, hören

---

a) Laissons-les dire, pourvu qui'ls nous laissent faire.

mit Schaudern die Beschreibung, welche uns von dieſen fürchterlichen Gefängniſſen gemacht wird. Auf den bloßen Wink eines Polizeylieutenants, eines Miniſters, einer königlichen Maitreſſe, kann ein ehrlicher Mann, der das Unglück hat ihr zu mißfallen, lebenslänglich in einen dieſer dumpfen Kerker eingeſperrt werden. Er iſt dort einſam und verlaſſen, lebendig begraben, von der Welt vergeſſen. Dem Arme der Geſetze und den Tröſtungen der Freundſchaft entrückt, ſchmachtet er zwiſchen undurchdringlichen Mauren; ſieht nicht das wohlthätige Licht der Sonne; hört keinen andern Laut, als das Getöſe der ſich öffnenden und ſchließenden Riegel, und das Geklirre ſeiner Ketten; keine andere Stimme, als die Stimme ſeines Kerkermeiſters. Er ſieht das Zeil ſeiner Leiden nicht voraus; er kennt nicht einmal den Grund ſeiner Verhaftnehmung; ſeutzend und traurig verlebt er ein langes, qualvolles Leben; und ſtirbt endlich als das unglückliche Schlachtopfer eines grauſamen, ſubalternen Tyrannen. Die Menſchheit ſchaudert bey dieſem Gemählde: aber wie ſehr iſt nicht daſſelbe übertrieben! Man würde mich unrecht verſtehen, wenn man mir vorwerfen wollte, daß ich dem Deſpotismus das Wort rede, und daß ich die Gräuelthaten, welche in der Baſtille geſchahen, läugnen, oder gar entſchuldigen wollte. Dieſes iſt keinesweges meine Abſicht, ich warne nur vor Uebertreibung; ich behaupte nur, daß unter Ludwig dem Sechzehnten nicht mehr ſo abſcheuliche Dinge vorgiengen, als unter Ludwig dem Funfzehnten vorgegangen waren. Die Peinigungen der Gefangenen, welche man ſich vormals in der Baſtille erlaubte, zu läugnen, würde Unwiſſenheit; ſie entſchuldigen zu wollen, würde Unmenſchlichkeit verrathen. Unter den vorigen Regierungen geschahen freylich in diesem Schlosse Dinge, vor deren Erzählung auch der kaltblütigste Zuhörer mit Schaudern und Schrecken zurücke bebt. Pelison, ein berühmter Gefangener, welcher viele Jahre, in quälender Einsamkeit, in diesem Gefängnisse zugebracht hatte, ohne ein anderes lebendiges Geschöpf, als den Gefangenwärter zu sehen, gelangte endlich, nach unendlicher Mühe, dahin, eine Spinne, die sich in seinen Kerker verirrt hatte, zu zähmen. Sie kam, wenn er rief, sie leistete ihm Gesellschaft, sie lief auf seiner Hand, und sie war der Gegenstand seiner zärtlichsten Zuneigung, weil sie das einzige Geschöpf um ihn her war. Unvermuthet kömmt der Gefangenwärter herein, und findet den Gefangenen im Gespräche mit seiner geliebten Spinne. Mit großer Kaltblütigkeit ergreift Jener das kleine Insekt, wirft es auf die Erde, und zerquetscht es mit dem Fuße. So sehr auch dieser Zug alle menschlichen Gefühle empört, so ist doch die Geschichte, welche la Tude erzählt, noch weit empörender. Wegen einer jugendlichen Unbesonnenheit mußte er fünf und dreyßig Jahre lang im Gefängnisse schmachten. Er hatte, als ein leichtsinniger Jüngling, Verse gegen die Maitresse des Königs, gegen Madame Pompadour, gemacht, und wurde deßwegen in die Bastille gesetzt, aus welcher er, durch einen, mit dem größten Scharfsinne ausgesonnenen, mit unglaublicher Geduld und Vorsicht allmählig vorbereiteten, und mit bewunderungswürdiger Gegenwart des Geistes ausgeführten Plan, sich rettete. Er entgieng, und floh nach Holland; aber auch dorthin verfolgte ihn die Rache der beleidigten weiblichen Eitelkeit. Er wurde aufs neue gefangen genommen, nach der Bastille zurück gebracht, und schärfer als vorher bewacht. Hier schmachtete nun der feurige Jüngling in der Blüthe seines Lebens. Seine weiche Seele wünschte sich mitzutheilen, und suchte Gesellschaft. In dem unterirdischen Kerker, in welchem er steckte, zähmte er die Ratten, mußte aber diese, seine guten Freunde verlassen, und wurde in ein anderes Zimmer, in dem Thurme gebracht. Hier verirrte sich eine Taube vor sein Fenster. Er streute ihr Brodkrumen hin, und sie kam an den folgenden Tagen wieder. Nun zupfte er Faden aus seinen Hemden, machte ein Netz daraus, und fieng die Taube damit. Es war ein Männchen, und bald kam auch das Weibchen ihrem treuen Gefährten nach. Dieses Taubenpaar hegte er, er zähmte sie, und liebte sie bald mit außerordentlicher Zärtlichkeit: sie machten sein Vergnügen, seine Freude, seinen einzigen Zeitvertreib aus. Bald nachher kündigte ihm der Gefangenwärter an: er habe Befehl, die Tauben zu tödten. Bey diesen Worten gerieth la Tude in Verzweiflung. Der Gefangenwärter machte eine Bewegung, die unschuldigen Geschöpfe zu fassen: aber la Tude sah es, und stürzte hin, um ihm zuvor zu kommen. Er ergriff sie, und in seiner Wuth zerdrückte er sie beyde. Dieser Augenblick war vielleicht der schrecklichste seines Lebens. Einige Tage nahm er keine Nahrung zu sich; Schmerz und Unwillen wechselten in ihm ab, und die Menschen verabscheute er. Solche Züge beweisen, mehr als alle leere Deklamationen, welch ein Gefängniß die Bastille war. Seit der Revolution hat man erfahren, daß die ausgesuchtesten Grausamkeiten an den Gefangenen in der Bastille zu der Zeit verübt wurden, als Sartine Polizeylieutenant wurde. Eben dieser Sartine war auch Erfinder der Verzierung des Zifferblattes der großen Glockenuhr, die nach dem Hofe der Bastille zu gieng, in welchem den unglücklichen

Gefangenen zuweilen Luft zu schöpfen erlaubt wurde. Das Zifferblatt der Uhr ruhte auf zwey Figuren, einem Manne und einem Weibe, die am Halse, an den Händen, an den Füßen, und mitten um den Körper, angefesselt waren. Rund um das Zifferblatt giengen Guirlanden von künstlich in einander verflochtenen Ketten, welche sich oben vereinigten, und den Gefangenen, in einer schrecklichen Allegorie, ewige Gefangenschaft andeuteten.

So übertrieben, in gewisser Rücksicht, die Klagen der französischen Schriftsteller über die vorige Regierung sind; so gerecht sind sie dennoch in anderer Rücksicht. Es ist nicht zu läugnen, daß vormals in Frankreich das Volk sehr despotisch regiert wurde. Sehr verwickelt und mannigfaltig waren die Abgaben. Keiner wußte genau, wie viel er eigentlich zu bezahlen hatte. Ganz willkührlich und despotisch beherrschten die Intendanten die ihnen untergebenen Provinzen, und behandelten ihre Mitbürger mit unerträglichem Stolze. Härte war die einzige Tugend, auf die sie Anspruch machten; die einzige, durch welche sie sich, bey dem Minister, dessen Geschöpfe sie waren, beliebt machen, und ihre Stellen ferner behalten konnten. Gemeiniglich war der Intendant ein junger, noch unerfahrner Mann, der durch seine Verwandten, oder durch Intrigen, die Stelle sich zu verschaffen gewußt hatte. Eilfertig durchrannte er die ihm anvertraute Provinz; mit der Ungeduld, mit welcher man ein unangenehmes Geschäft so schnell als möglich zu endigen sucht, verrichtete er die Pflichten seines Amtes; gieng, nach vollendeten Geschäften, in seine Residenz zurück; hielt sich eine kurze Zeit dort auf, um Kour anzunehmen; und eilte dann wieder nach Paris, und an den Hof. So wurden vormals die französischen Provinzen regiert; so wenig bekümmerte sich der Hof um das Wohl des Landes. Indessen waren doch, schon vor der gegenwärtigen Revolution, auch diese Mißbräuche zum Theil abgeschafft worden. Durch die Errichtung der Provinzial-Administrationen hatten die Notabeln dem Uebel schon zum Theil abgeholfen. Diese Provinzial-Administrationen waren ein Rath, der dem Intendanten zugegeben wurde: ein sicheres Mittel, den rechtschaffenen Mann zu unterrichten, und den subalternen Tyrannen im Zaume zu halten, falls derselbe seine Macht mißbrauchen wollte.

Auf eine harte und tyrannische Weise wurden die Abgaben eingefordert. Der gedrückte Bauer, der arme Handwerker, mußte einen Theil seines, im Schweiße des Angesichts sich verschafften Erwerbes, an unerbittliche Steuereinnehmer abgeben, welche, mit einem DE PAR LE ROI in der Hand, zu Tausenden in den Provinzen herum zogen, und dieselben gleichsam plünderten. Wer nicht bezahlen konnte, der wurde ins Gefängniß geschickt; wer es wagte, sich zu wehren, der mußte nach den Galeeren wandern. Und gerade diese Steuereinnehmer, welche den Armen bis auf das äußerste aussaugten, machten, von dem erpreßten Gelde, in der Provinz einen Aufwand, der um so viel mehr Unwillen erregen mußte, da er unter den Augen derjenigen sich zeigte, welche sich das Nothdürftige hatten entziehen müssen, um diese übermäßige Pracht zu unterhalten. Die Steuereinnehmer spotteten gleichsam öffentlich des allgemeinen Elendes, woran vorzüglich sie Schuld waren. Einige von ihnen verzehrten die Gelder, welche ihnen doch nur anvertraut waren; andere entwandten einen Theil derselben; noch andere streckten der Regierung, mit anscheinendem Patriotismus, zu wucherischen Zinsen, dieselbigen Summen in Anlehen wieder vor, welche sie ihr entwandt hatten. Und was noch aus diesen räuberischen Händen bis in den königlichen Schatz gelangte, wie wurde es dort erst angewandt? Maitressen, Kuppler, Spione, Giftmischer, Schmeichler, Lieblinge, Heuchler, Höflinge, Pflastertreter, Priester, Spieler, Müßiggänger, theilten sich darein, und das wahre Verdienst gieng leer aus. Wer sich einigermaßen einen Begriff zu machen wünscht, wie das Geld der Nation angewandt wurde, der darf nur die Pensionsliste, das rothe Buch, oder den Almanac de Versailles nachsehen. Da findet man einen Kapitain der Maulesel, einen Kapitain der Windhunde, einen Kapitain des Vögelfluges, Staatsportechaisenträger, a) und eine Menge anderer, mit eben so lächerlichen Titeln begabter, und von dem Schweiße des Armen theuer bezahlter Müßiggänger. Außerdem gieng noch ein großer Theil des Geldes der Nation, unter dem Namen von Subsidien, oder als Bestechung, nach fremden Ländern; nach Schweden, nach Dänemark, nach der Schweiz, nach Holland, nach Deutschland, um auch in diesen Ländern die Sitten zu verderben und französische Politik einzuführen. Für alle diese Länder ist die Staatsumwerfung Frankreichs wahrlich ein großes Glück, und zugleich ein warnendes Beyspiel, wohin ein solches System, dessen Politik sich auf Sittenlosigkeit gründet, zuletzt führen muß!

---

a) Le capitaine des mulets, le capitaine des levrettes, le capitaine du vol des oiseaux, les porte-chaises d'affaires, un cravatier ordinaire qui a les honneurs du service, les maitre-queues, les hâteurs, les avertisseurs, les enfants de cuisine-bouche, les sommiers des broches, les serdaux, les verduriers, les galopins extraordinaires, les chirurgiens précaires etc.

Eben so gegründet sind auch die Klagen über die Regierung der Minister und der höhern Militairpersonen. Die Macht der Minister war zu groß. Sie hatten alle Stellen zu vergeben, und besetzten dieselben mit Freunden, mit Verwandten, mit Schmeichlern und Protegirten. Sie mißbrauchten ihre Gewalt, und schalteten eigenmächtig und willkührlich, mit Personen und Eigenthum. Die Obristen der Regimenter, junge Leute aus angesehenen Familien, oft kaum der Schule entwischt, Geschöpfe des Ministers, behandelten die ihnen untergebenen Offiziere, welche ihnen oft an Stande gleich, und an Alter und Erfahrung weit überlegen waren, mit unerträglicher Wegwerfung. So gieng es in allen Klassen. Ueberall hatten subalterne Tyrannen die Macht an sich gerissen, und regierten, im Namen des Königs, mit einer Härte, und mit einem Despotismus, der endlich auch dem Unterwürfigsten unerträglich werden mußte.

Indessen sind doch auch die Klagen über die Minister sehr übertrieben, und oft ungerecht. Nur wenige Personen haben einen richtigen Begriff von der Mannigfaltigkeit der Talente, und von der Festigkeit des Karakters, welche erfordert wird, um die glänzende Stelle eines Staatsministers mit Würde und Beyfall zu bekleiden. Alles Gute, das geschieht, schreibt das Volk dem Zufalle, und alles Unglück, das den Staat betrifft, schreibt dasselbe dem Minister zu. Ungerechtigkeiten, die in seinem Namen vorgehen, und die er oft weder befohlen hat, noch erfährt, werden ihm zur Last gelegt, und wenn, durch eine Menge schwer zu entwickelnder, und wohl nur der Vorsehung ganz bekannter Ursachen, die so künstlich zusammengesetzte Staatsmaschine ins Stocken geräth, oder endlich ganz zerfällt: so behauptet man wohl gar: auch dieses sey ein absichtlich angelegter Plan des Ministers, der die Staatsmaschine so stark aufgewunden habe, daß die alles in Bewegung setzende Feder, habe springen müssen.

Gerecht sind auch die Klagen der französischen Schriftsteller gegen den Hofadel. Der Stolz und die Anmaßungen des Adels nahmen in Frankreich täglich zu. Er behauptete, das Recht auf alle ehrenvolle und einträgliche Stellen, in Kirche und Staat, ausschließender Weise zu besitzen, und verachtete den Bürgerstand, und alle diejenigen, welche sich, durch Betriebsamkeit, oder durch nützliche Wissenschaften, ihren Unterhalt selbst zu erwerben suchten. Besonders sahen die Adelichen auf den Kaufmannsstand mit einer Verachtung herab, die eben so ungereimt als lächerlich war. Irre ich nicht, so ist die Verachtung der Kaufmannschaft und des Handlungsstandes eine der vorzüglichsten Ursachen, unter denen, welche den Untergang dieses mächtigen Reiches verursacht haben. Die Erfahrung lehrt, daß kein Land reich und blühend werden kann, so lange sich in demselben eine große Klasse von Einwohnern befindet, welche es als eines ihrer Vorrechte ansehen, eben so viel, oder mehr auszugeben, als sie einnehmen; und so lange diese Klasse auf diejenigen, welche es sich zum Geschäfte machen, mehr einzunehmen, als sie ausgeben, mit Verachtung herab sieht. Der Reichthum eines Staats besteht in der Summe des Reichthums aller seiner Staatsbürger. Das Interesse des Staates besteht dem zufolge darin, daß den Staatsbürgern alle Mittel zum Erwerbe und zum Reichthum erleichtert, und alles, was dahin abzweckt, begünstiget werde. Wie kann dieß aber in einem Lande geschehen, wo der erwerbende Stand verachtet

wird; wo das Vorurtheil herrscht, daß Geld erwerben schimpflich sey? Die reichsten Staaten in Europa sind diejenigen, in welchen der Adel Handlung treibt, oder in welchen es, zufolge der Staatsverfassung, gar keinen Adel giebt; England, Holland, die Schweitz. Ueberdieß sind allemal, da wo Handel und Betriebsamkeit herrscht, die Sitten reiner und besser, als da wo größtentheils nur Geld verzehrt wird. Ein reicher und vornehmer Müßiggänger erhält zehen und mehr ärmere Müßiggänger, als Bediente; er entzieht dadurch dem Staate eben so viele brauchbare Hände, und setzt gleichsam eine Prämie auf das Nichtsthun. „In den Handlungs- und Manufaktur-
„Städten" sagt ein großer Schriftsteller „in welchen die
„untern Klassen des Volks hauptsächlich durch Anle-
„gung des Kapitals erhalten werden, sind sie ge-
„meiniglich betriebsam, mäßig und wohlhabend; so fin-
„det man sie in vielen Städten von England, Holland,
„der Schweitz. Aber in den Städten, deren Unterhalt
„sich auf die beständige oder gelegentliche Gegenwart eines
„Hofes gründet, und in welchen die untern Volksklassen
„hauptsächlich durch das Verzehren der Einkünfte
„erhalten werden, sind sie träge, faul, ohne Sitten und
„arm; so findet man sie zu Rom, Versailles, Compiegne
„und Fontainebleau." a)

Alle Beschäftigungen der Menschen wurden von dem französischen Adel in zwey große Klassen getheilt; in solche, welche einen Edelmann entehren (qui derogent), und in solche, welche nicht entehren. Die Profession eines

Rechts-

---

a) A. Smith inquiry into the nature and causes of the wealth of Nations. T. 2. p. 10. 11.

Rechtsgelehrten, eines Arztes, eines Geistlichen, eines Soldaten, eines Generalpächters waren nicht entehrend; alle übrigen aber waren es. Warum nun gerade diese Professionen einen Vorzug vor allen übrigen haben sollen, läßt sich nicht leicht einsehen. a) Wahrscheinlich sind sie nur darum angesehener, weil sie mit Macht verbunden sind, und weil der Mensch den Begriff von Ehre und Achtung mit allem verbindet, was Macht oder Ansehen giebt, oder über den Nachbar erhöht. Der Rechtsgelehrte, der Arzt, der Soldat sind Herren unsers Lebens; der Soldat, der Rechtsgelehrte, der Generalpächter sind Herren unsers Vermögens; der Geistliche ist Herr von unserm moralischen Ruf und (wenigstens in katholischen Ländern) von unserm künftigen Zustande. Diese Professionen haben dem zufolge alles in Händen, was uns das Wichtigste ist; sie werden daher nicht unter die entehrenden gerechnet: da hingegen der Handel, oder das Tauschen, welches dem Menschen doch eben so nothwendig und natürlich ist, als Essen und Trinken, für entehrend gehalten wird.

In Frankreich war die Verachtung, mit welcher der Adelstand auf die Handlung herab sah, nicht bloßes Vorurtheil: sie war zum Theil die Folge positiver Gesetze, welche allen Adelichen, Handel zu treiben, ausdrücklich verboten. b) Ludwig der Vierzehnte, Enkel der Maria von Medicis, folglich selbst der Nachkömmling eines berühmten Florentinischen Kaufmanns, hob, auf Anrathen des grossen Colberts, diese Gesetze zum Theil auf, und

---

a) Analytical Review. 1789. p. 131.
b) Anquétil du Pérou sur la dignité du Commerce.

gab, im Jahre 1669, ein Edikt, worin er dem Adelstande erlaubte, Seehandel zu treiben, ohne sich dadurch zu entehren. Im Jahre 1701 erlaubte er dem Adelstande, auch zu Lande zu handeln; aber mit der Einschränkung, daß es bloß allein Großhandel, und kein Detailhandel seyn dürfe. „Diejenigen" sagt das Edikt „sollen als „Großhändler angesehen werden, welche ihren Handel „in einem Waarenlager treiben, und ihre Waaren bal„lenweise, kistenweise oder stückweise verkaufen, welche „keine offenen Laden halten, und welche keine Waaren „zur Schau auslegen." Zufolge dieses Edikts war den Adelichen erlaubt, Großhandel, aber keinen Detailhandel zu treiben. Worin besteht denn der Unterschied, zwischen Großhandel und Detailhandel? Ein Krämer, der unzenweise verkauft, ist ein Detailhändler gegen den, der pfundweise verkauft; dieser ist ein Detailhändler gegen den, der nur zentnerweise verkauft; und auch dieser ist ein Detailhändler gegen denjenigen, der nur tonnenweise verkauft. Laden sind offene Waarenhäuser, welche nach der Straße zu gehen; Vorrathshäuser sind verschlossene Laden, welche nicht nach der Straße zu gehen: darin besteht der ganze Unterschied. Wenn dem Großhändler, der nur ballenweise verkauft, ein Balle seiner Waaren zum Theil beschädigt wird, so muß er im Detail, nemlich den beschädigten Theil besonders, und den nicht beschädigten Theil auch besonders verkaufen. Und der betriebsame Detailhändler kann mit der Zeit Großhändler werden. Worin besteht denn der Unterschied zwischen beyden? Sind nicht beyde der Gesellschaft gleich nützlich? Sind nicht beyde Beschäftigungen gleich ehrenvoll? Was an sich ehrenvoll ist, kann nicht aufhören so zu seyn, wenn es im Kleinen getrieben wird: sonst müßte auch der

Stand eines Friedensrichters, der nur kleine Zwiste zu schlichten hat, weniger ehrenvoll seyn, als der Stand eines Richters, vor welchem wichtige Prozesse geführt werden. Wäre es nicht unsinnig, so etwas behaupten zu wollen? Indessen hat man doch auch diesen Unsinn in Pohlen vormals wirklich zum Grundsatze gemacht. Dort verlohren die Adelichen ihren Rang, und entehrten sich, wenn sie Magistratsstellen in kleinen Städten annahmen. Der Nutzen des Handels, und die Nothwendigkeit desselben zur Aufnahme des Staates, sind so groß, daß aller Unterschied, in Rücksicht auf die Art und Weise Handel zu führen, von jeder weisen Regierung völlig aufgehoben, und Handel treiben, so wie es in England geschieht, als eine der ehrenvollesten Beschäftigungen angesehen werden sollte. Der Großhändler, oder der Kaufmann, wird freylich in der Gesellschaft allemal mehr geachtet werden, als der Detailhändler, oder der Krämer; weil der erstere ein grösseres Vermögen besitzt, und grösseren Einfluß hat: aber den Krämerstand für entehrend zu halten, oder denselben sogar durch ein förmliches Edikt für entehrend zu erklären, ist unpolitisch, und streitet wider alle staatswissenschaftlichen Grundsätze; es ist weiter nichts, als ein ungereimtes Vorurtheil. Unbegreiflich scheint es, daß Montesquieu die Gesetze, welche dem französischen Adel den Handel verbieten, billigen konnte: und zwar aus dem sonderbaren Grunde, daß, wenn den Adelichen erlaubt würde, Handel zu treiben, dadurch die Monarchie geschwächt, und der Adelstand zerstört werden müßte. Gerade das Gegentheil würde geschehen: wie wir in England sehen. Der engländische Adel ist der reichste und mächtigste in Europa, eben deswegen, weil er Handel treibt: so war es auch vormals der florentinische, der venetianische, der genuesische, der augspurgische und der niederländische Adel. Hingegen in vielen Ländern, wo der Adel keinen Handel treibt, ist er arm, verschuldet und stolz. Das war er auch gröstentheils in Frankreich. Ferner glaubt Montesquieu, die Handlung würde durch eine solche Erlaubniß nichts gewinnen. Aber darin irrt er sich. Der Handel würde viel, sehr viel gewinnen; denn Erstens, wenn Personen von Stande Handlung trieben, so würde das unsinnige Vorurtheil gegen den Kaufmannsstand aufhören. Zweytens, der Handlungsstand würde, durch den Zutritt von adelichen Personen, ein grösseres Ansehen und Gewicht erhalten, und eher im Stande seyn, dem Drucke der Minister Einhalt zu thun, und dieselben zu verhindern, dem Handel unnöthige Fesseln anzulegen. Drittens, das Kapital der Adelichen würde, im Handel angewandt, seinen Besitzer, dessen Familie, und die Nation bereichern: da es hingegen jetzt in Ueppigkeit, Spielen und Ausschweifungen durchgebracht wird, und die Sitten der Nation verdirbt. Viertens: die Söhne reicher Kaufleute würden dann nicht, wie sie jetzt thun, den Stand ihrer Väter verlassen; wodurch täglich das im Handel erworbene Kapital demselben entzogen, und in einen andern Kanal geleitet wird. Eben aus dieser Ursache war in Frankreich das im Handel zirkulirende Kapital sehr klein. Die Flotte, welche La Mothe Piquet im Jahre 1781 wegnahm, konnte, aus Mangel an Käufern, in Frankreich nicht verkauft werden, sondern man sah sich genöthigt, dieselbe nach Ostende zum Verkaufe zu schicken, wo sie von den Engländern und Holländern gekauft wurde. Welche Demüthigung für Frankreich! Der Adelstand und der

Bürgerstand gewinnen beyde dabey, wenn die Adelichen Handlung treiben. Vernunft und Erfahrung lehren diese Wahrheit: und in unsern Zeiten sieht man sie in Frankreich auch so allgemein ein, daß in den Vorschriften (cahiers), welche die verschiedenen Stände der verschiedenen Wahlorte Frankreichs ihren Abgesandten an die Reichsstände mitgaben, beynahe in allen, sowohl vom Bürgerstande als vom Adelstande, dieses mit zu einem der Hauptpunkte gemacht wird.

Der Adelstand von Auxerre verlangt: „Daß, um „die Einigkeit zwischen den drey Ständen zu befestigen; „den verarmten Adelichen ein Mittel in die Hände zu ge„ben, ihre zerrütteten Glücksumstände wieder zu verbes„sern; und um zugleich den Handel und die Manufaktu„ren durch einen neuen Schwung zu heben, die Reichs„stände erklären mögen, daß keine Beschäftigung für „den Adel entehrend sey."

Die Adelichen der Provinz Artois sagen: „Da auf„geklärte Völker in jedem Zeitalter den Kaufmannsstand „für einen eben so ehrenvollen als nützlichen Stand ge„halten haben, so sollen die Reichsstände den französi„schen Adel einladen, sich damit zu beschäftigen; sie sollen „erklären, daß diese Beschäftigung, weit entfernt ent„ehrend zu seyn, vielmehr eine der ehrenvollesten sey, „weil darin auch der kleinste Anfang Hoffnung giebt, all„mählig zu den wichtigsten, und für das Königreich nütz„lichsten Unternehmungen in der Folge zu gelangen."

Eben das sagt auch der Adel der Provinzen Agenois, Auxois, Gien, und vieler andern.

Der Bürgerstand von Angers giebt seinen Abgesandten folgende Vorschrift über diesen Punkt: „Ihr „sollt den Reichsständen vorstellen, daß, so oft ein Kauf-

"mann ein ansehnliches Vermögen durch seine Betrieb-
"samkeit erworben hat, sein Ehrgeiz ihn allemal ver-
"leite, den Adel zu kaufen. Und sobald er adelich ist,
"flieht er alle Arbeit und Beschäftigung aus dem ange-
"nommenen Vorurtheile, ein Edelmann dürfe
"nicht arbeiten. Ihr sollt ihnen vorstellen, daß
"dieses schädliche Vorurtheil eine nothwendige Folge der
"königlichen Edikte sey, welche Standespersonen die
"freyen Künste verbieten, unter Strafe ihre Vorrechte
"zu verlieren; daß hiedurch der Handel nicht nur der-
"jenigen Kapitalien beraubt werde, welche die Edelleute
"demselben entziehen, sondern daß der Handel noch über-
"dies täglich mehr geschwächt werde, durch die Deser-
"tion derjenigen Bürgerlichen, welche am meisten im
"Stande wären, den Handel blühend zu machen; daß
"dieses Drängen der Bürgerlichen zum Adelstande durch
"die Vorrechte des Adels und die Ausnahme von allen
"Abgaben verursacht werde, welche die Regierung dem
"Adelstande bewilligt hat; daß diese Vorrechte zu einer
"Prämie für die Unthätigkeit und zur Strafe
"für die Betriebsamkeit bestimmt zu seyn
"scheinen; daß, durch diese Zunahme des Adelstandes,
"die Stadt Angers mit unthätigen Menschen
"angefüllt worden ist, und die sich eine Ehre daraus ma-
"chen, so zu seyn; daß, da diese zugleich die reichsten
"Bürger sind, daraus die schädliche, moralische Folge
"entsteht, daß in der Meynung des Publikums die Be-
"griffe von Adel und Nichtsthun mit einander verbun-
"den werden, so daß die Ehre, welche dem ersten ge-
"bührt, dem andern gegeben wird. Kaufleute und
"Handwerker klagen, daß dieses böse Beyspiel die Ge-
"müther und die Sitten ihrer Kinder verderbe, und daß

„diese, die sich viel darauf zu gute thun, den Adelichen „nachzuahmen, den Stand ihrer Väter verachten, und „ihr Leben in Unthätigkeit hinbringen."

Die Vorrechte, welche der Adel in Frankreich besaß, waren für den Bürgerstand äusserst drückend. Da der Adel von Bezahlung der Abgaben aller Art ausgenommen war, und die reichen Bürger sich alle adeln liessen: so fiel die schwere Last der ungeheuren Staatsabgaben ganz allein auf die Armen. a) Die Arbeitsamen und Fleißigen mußten die Unthätigen und Faulen erhalten. Die nützlichen Bürger des Staats mußten für die unnützen bezahlen, von denen sie zur Belohnung mit herabsehender Verachtung behandelt wurden.

Während der letzten zwanzig Jahre der Regierung Ludwigs des Funfzehnten, und seit der Thronbesteigung des jetzt regierenden Königs, hatten Uebermuth und Ueppigkeit, unter den unnützen Bürgern des Staates, und Elend und Armuth unter den nützlichen Bürgern desselben, in gleichem Verhältnisse zugenommen. In den Städten hatte der Luxus sogar die niedrigsten Classen ergriffen. Dieser Luxus war ein goldenes Kleid, welches einen siechen Körper bedeckte. Das häusliche Glück wurde den Vergnügungen der Eitelkeit aufgeopfert, und

---

a) Les charges de l'état pesoient entièrement sur les grands. Ils obténoient des graces qui les dédommagoient, et au-delà, des sommes auxquelles ils étoient imposés. Le maréchal de Richelieu, arriéré de plus de vingt ans pour sa capitation, obtint d'abord la moitié de diminution sur sa dette. Ensuite on lui donna des effets royaux, dont la valeur excédoit ce qui lui restoit à payer. Vie privée du maréchal de Richelieu. T. 2. p. 291.

man versagte sich die nöthigen Nahrungsmittel, um geputzte Kleider tragen zu können. Der Bauer hatte, in der Nähe der Städte, alle Laster derselben angenommen, und war faul, träge und geldgierig geworden. Ferne von den Städten konnte er sich durch anhaltende Arbeit nicht einmal das Nothwendige verschaffen. Schwarzes Brod, Wurzeln, Wasser, grobe und zerlumpte Kleider, verfallene Strohhütten: dies war der Anblick, den die Provinzen gewährten. Die Bevölkerung nahm zusehends ab, und in einigen Provinzen verfaulte ein Theil der Erndte auf dem Felde, weil nicht Menschen genug vorhanden waren, um dieselben einzusammeln. Eben so elend lebte der Soldat. Ein wenig warmes Wasser auf grobes und ungenießbares Kommißbrod gegossen; dies war sein Frühstück. Ein Stück schwarzes Brod und ein wenig halbverfaultes oder trockenes Fleisch; dies war sein Abendessen. Auf solche Weise lebten dreymal hundert tausend Frankreicher, während sich der Hof, und was dazu gehörte, in Ueppigkeit und in Wollüsten mästete, und dem Geschrey des Armen nicht nur seine Ohren verschloß, sondern denselben, um durch seinen Anblick im Genusse nicht gestört zu werden, mit unmenschlicher Insolenz, von sich entfernte. Von dem gedrückten Volke erpreßte man das Geld, und dieses Geldes bediente man sich, um dasselbe noch mehr zu drücken. Die feilen, kriechenden Höflinge erniedrigten sich gegen die Grossen bis zu den niederträchtigsten Schmeicheleyen, und predigten unaufhörlich die Lehre: es gäbe zwey Klassen von Menschen, von denen die eine zum arbeiten, gehorchen, bezahlen, seufzen, leiden und dulden; die andere hingegen zum verzehren, befehlen, erpressen, geniessen, quälen und trotzen, von der Natur bestimmt sey. Die ersten Herren des Hofes waren die kriechendsten Schmeichler. Der Gouverneur Ludwigs des Sechszehnten und seiner Brüder, erhielt, auf seine eigene Bitte, einen Befehl von dem königlichen Staatsrathe, wodurch ihm und seinen Kollegen verboten wurde, in Gegenwart ihrer Zöglinge sich zu setzen, sich zu bedecken, und mit denselben zu essen. Bald nachher bekam er das Podagra. Er konnte nun nicht mehr stehen. Aber was that der kriechende Höfling? Er ließ sich ein Taburet in den Saal bringen, kniete darauf, und ließ sich, in dieser Stellung, so lange er mit den Prinzen sprach, von zwey Kammerdienern halten, von denen, ihm zu jeder Seite Einer stand. Und nun macht man den Prinzen noch Vorwürfe! Man wundert sich darüber, daß sie glauben, sie wären mehr als andere Menschen; da sie doch, von der Wiege an, und schon im Kinderröckchen, gewohnt sind, um sich her kriechende Sklaven zu sehen, und mit abergläubischer Andacht angebetet zu werden! Kein Wunder, daß sie sich in spätern Jahren für Gottheiten halten, und ihre Nebenmenschen wie verächtliche Thiere behandeln! Aber, der Vorsehung sey es gedankt, daß diese Zeiten vorbey sind. Ludwig der Sechszehnte schaffte, bey dem jetzigen Dauphin, diese sclavische Etikette ab, und sagte: „Der „Sohn des Monarchen ist ein Kind; er muß daher auch „als ein Kind behandelt werden."

Auf der Etikette wurde, an dem französischen Hofe, sehr strenge; strenger vielleicht als an jedem andern Hofe, gehalten. Ueber die eingeführte Etikette durfte sich Niemand, selbst der König nicht, wegsetzen. Hievon ist, vor einiger Zeit, Ludwig der Sechszehnte, bey seiner Reise nach Cherburg, deutlich überzeugt worden. Der Königin war die Etikette an dem französischen Hofe unerträglich. Sie schaffte, für ihre Person, in vielen Fällen, die Etikette ab; und dieses war vielleicht ein Grund, warum das Volk sie anfänglich haßte, und endlich verachtete.

Unter Ludwig dem Vierzehnten und unter Ludwig dem Funfzehnten beobachtete man die Etikette weit strenger, als nachmals unter der Regierung des jetzigen Königs. So war es, z. B. damals gebräuchlich, daß ein Jeder, den der König anredete (sein Stand und Rang mochte seyn, welcher er wollte) wenn derselbe nicht zu den Personen gehörte, mit denen der König täglich umgieng, bey der Anrede des Königs ganz steif stehen bleiben, und, ohne alle Verbeugung, auf jede Frage nur mit einem einzelnen Worte antworten durfte. Ludwig der Funfzehnte fragte einst, als er aus der Messe kam, in der Gallerie zu Versailles, im Vorbeygehen, den Sohn eines Herzogs: „Wo ist Euer Vater?" Antwort: Trianon. „Was macht er dort?" Promener. „Wo wird er „heute Mittag speisen?" Dargenson.

Für den Staatsmann wurde, in Frankreich, das Studium unnützer, einem philosophischen Auge lächerlicher Gebräuche, das wichtigste Geschäft; und die ganze Nation beherrschte allmählig ein Kleinigkeitsgeist, und ein Hang zu scheinen, statt zu seyn. Hieraus läßt sich der Nationalkarakter der Frankreicher; die förmliche Regelmäßigkeit des französischen Theaters; der Zwang, den die Mode auflegte; die französische Eitelkeit; und die Vortreflichkeit des Stils französischer Schriftsteller, bey Vernachläßigung der Sache, sehr gut herleiten. Nichts hat einen so grossen Einfluß auf den Karakter einer Nation, als die Regierungsform, unter welcher sie lebt, und der philosophische Beobachter wird allemal die eine in dem andern zuverläßig wieder erkennen können.

Frankreich hatte, in seinem vorigen Zustande, keine eigentliche, bestimmte Konstitution. Die Gesetze des Staates waren nirgendwo aufgeschrieben, oder förmlich anerkannt worden. Indessen hatte doch eine Gewohnheit vieler Jahrhunderte gewisse Gesetze festgesetzt, von denen man niemals abwich. Diese Gesetze lassen sich, wie mir scheint, auf folgende vier zurückführen.

Erstes Staatsgesetz. Die französische Regierungsform ist eine Monarchie.

Zweytes Staatsgesetz. Der Monarch regiert unumschränkt. Dieses Gesetz haben die französischen Monarchen niemals, oder doch nur äusserst selten, in seiner ganzen Fülle ausgeübt. Zwar endigten sich ihre Edikte immer mit den Worten, die ein freygebohrner Republikaner nie ohne Staunen und Verwunderung liest: „Dies soll geschehen, weil ich es so haben will." Car tel est notre plaisir. Sic volo, sic jubeo. Aber diese Worte so ganz kahl hin zu setzen, wagten die französischen Monarchen dennoch nicht. Sie gaben allemal, im Eingange ihrer Edikte, einige Scheingründe an, durch welche sie, wie sie sagten, bewogen worden wären, das neue Gesetz zu geben. Außerdem waren die neuen Gesetze der Könige noch der Bewilligung der Parlamenter unterworfen. Diese Parlamenter hatten das Recht, Vorstellungen zu machen: aber freylich hatte auch der König das Recht, diese Vorstellungen nicht anhören zu dürfen.

Drittes Staatsgesetz. Die Krone ist, in dem männlichen Stamme der regierenden Familie, nach dem Rechte der Erstgebohrenheit (primogéniture) **erblich, und kann nie auf die Weiber fallen.** Dies ist das sogenannte Salische Gesetz.

Viertes Staatsgesetz. Die Krone und das Reich können nie getheilt werden.

Diese vier Gesetze machen, wenn ich nicht irre, das ganze Staatsrecht des vormaligen Frankreichs aus. Die Krönung des Königs; seine Salbung mit dem heiligen Oele, welches, zu Rheims, in einer Flasche aufbewahrt wurde, die, in den Zeiten, da noch der Unsinn der Mönche die Welt regierte, durch eine Taube vom Himmel gebracht worden seyn sollte; der Eid, welchen der König bey der Krönung schwor: alles dieses waren bloße Zeremonien, die zu der Etikette gehörten. Als einen Beweis, daß dem wirklich so war, will ich nur anführen, daß, seit Ludwig dem Vierzehnten, jeder König, bey seiner Krönung, feyerlich schwor, zwey Verbrechen nie zu vergeben: Duelle und Knabenschänderey. Aber um beyde Verbrechen bekümmerte sich kein König; beyde wurden ungestraft, und nur zu häufig begangen, und mir ist kein Beyspiel bekannt, daß irgend Jemand in Frankreich, wegen des einen oder des andern Verbrechens, mit dem Tode bestraft worden wäre.

Folgende Anekdote enthält ein auffallendes Beyspiel von der Weise, wie man, an dem französischen Hofe, zu den wichtigsten Stellen gelangen konnte.

Zu der Zeit, da, unter der Regierung Ludwigs des Funfzehnten, der **Herzog von Choiseul** Minister war, wurden demselben verschiedene Plane überreicht, um der Kolonie zu **Cayenne** aufzuhelfen. Der eine dieser Plane bestand darin, daß vorgeschlagen wurde, die, auf dieser Insel schon vorhandene Kolonie, auszubreiten und zu vergrössern. Der zweyte Plan enthielt den Vorschlag, auf der Insel Cayenne, außer der daselbst schon vorhandenen Kolonie, noch eine neue anzulegen. Jedermann hielt den letzten Plan für höchst ungereimt. Aber der Minister nahm denselben an, und bemühte sich, einen Mann zu finden, welchem er die Aufsicht über diese neue Anlage anvertrauen könnte.

Der erste Sekretair des Seewesens schlug Herrn Chanvalon vor. Die Herzogin von Choiseul, welche mit den sogenannten Philosophen und mit den Oekonomisten in genauer Verbindung stand, verwandte sich für den Chevalier Turgot, den diese Herren ihr sehr empfohlen hatten. Der Chevalier Turgot war ein Mann von großem Verstande und von vielen Kenntnissen. Er war ein eifriger Anhänger des ökonomischen Systems; ein geschickter Naturforscher; ein guter Botaniker; bey der Akademie der Wissenschaften stand er in grossem Ansehen; und vormals hatte er, als Maltheserritter, eine Galeere kommandirt. Dem zufolge war dieser Mann ein sehr schicklicher Kandidat für die zu vergebende Stelle. Der Herzog von Choiseul war also leicht zu überreden, daß er diesen Mann dem Könige vorschlug. Nur fand sich eine unerwartete Schwierigkeit. Ludwig der Funfzehnte mochte nicht leiden, daß ihm Leute vorgeschlagen wurden, die er nicht kannte. Nun war aber der Chevalier Turgot beynahe niemals bey Hofe erschienen. Der Bruder des Chevalier, der Intendant Turgot, war als ein thätiger und höchst rechtschaffener Mann bekannt, der seine Intendantenstelle in der Provinz Limosin mit grossem Ruhme verwaltete, und niemals an den Hof kam, um daselbst Gnadenbezeugungen zu erhalten, oder um Beförderung nachzusuchen. In einem andern Lande wäre vielleicht die Empfehlung eines solchen Mannes zu Erhaltung der Stelle hinreichend gewesen: aber zu Versailles halfen bloße Empfehlungen nichts, und man erhielt keine Stelle anders, als durch Kabalen und Intrigen.

Der Chevalier Turgot machte dem Herzoge von Choiseul einen Besuch, und trug sein Verlangen vor. Der Herzog sagte: „Mir scheint es, als wären Sie lange „nicht hier gewesen." — „Sehr lange, in der „That. So lange, daß ich mich selbst kaum „mehr darauf besinne." — „Sind Sie dem Kö„nige persönlich bekannt? Kennt er Ihren Namen?"— „Das weis ich nicht." — „Aber wie geht das zu? „Sie hätten ja ein Recht nach Hofe zu kommen." — „Das habe ich niemals gesucht." — „Wie le„ben Sie dann?" — „Ich lebe auf meinen Gü„tern, sehr vergnügt." — „Man kann aber auf „dem Lande leben, und sich dennoch von Zeit zu Zeit ein„mal sehen lassen." — „Das thue ich, Herr Her„zog. Ich bringe den Sommer auf dem „Lande und den Winter zu Paris zu." — „Mit wem gehen Sie daselbst um?" — „Mit Rouelle, „Cadet, Macquer, und mit einigen andern „Mitgliedern der Akademie der Wissen„schaften." — „Ey! das will ich nicht wissen. Ich „frage, mit welchen Ministern Sie bekannt sind?" — „Mit keinem." — „Wen kennen Sie am Hofe?"— „Niemand." — „Mit welchen Damen des Hofes „haben Sie Umgang?" — „Ich besuche keine „mehr; denn meine Zeit ist zu kostbar und „ich liebe zu sehr die Bequemlichkeit." — „Wie so? Wie so? mit keinen Weibern Umgang!" —

ch lebe mit einem Weibe, welche mein

„ist, und von der ich Kinder habe." — „Kin-
„der! Herr Maltheserritter! Sind Sie verheirathet?"
„— „So gut als verheirathet." — „Aber sind
Sie's?" — „Nur die Zeremonie fehlt noch.
„Ich würde mich gerne verheirathen, um
„meiner Kinder willen: aber ich fürchte
„meinen Bruder zu betrüben. Jedoch,
„Herr Herzog, dieses bleibt unter uns,
„ich ersuche Sie darum." — „Niemand soll et-
„was davon erfahren. Aber lassen Sie uns zur Sache
„kommen. Sie sind Maltheserritter. Sie haben Kin-
„der. Sie wollen sich verheirathen und als Komman-
„dant nach Cayenne reisen. Das Alles kann geschehen.
„Die einzige Schwierigkeit besteht darin, daß ich von
„Ihnen mit dem Könige rede, und ihn zu überreden su-
„che, daß er Sie kenne. Sobald ich zu Seiner Maje-
„stät komme, werde ich mit ihm von Ihrem Bruder,
„dem Intendanten sprechen, und nachher von Ihnen.
„Ich will ihm sagen: Sie seyen einäugig. Ja! ja!
„das soll schon gehen. Den Bischof von Orleans habe
„ich auf eine ähnliche Weise versorgt. Ich sprach mit
„dem Könige von ihm und von seiner Familie, und das
„gelang. Als man ihn nachher dem Könige vorschlug,
„sagten Seine Majestät: Ey, ey! den kenne ich.
„Gute Familie. Alter Adel. Denn, sehen Sie,
„so sind die Könige! Sie geben sich das Ansehen, als
„wüßten sie Alles. Und unser König thut sich was darauf
„zu gute, daß er die Genealogie aller Edelleute seines
„Reichs kenne. Von diesen Dingen haben Sie auf Ih-
„ren Gütern nichts gehört?" — „Nein, in der
„That nicht. Aber, Herr Herzog, wie wol-
„len Sie es anfangen, um mich vorzuschla-

„gen?" — „Ich gestehe, daß ich darüber verlegen bin. „Kennen Sie dann keine Seele zu Versailles, zu St. „Germain, zu Marly?" — „Zu St. Germain „kenne ich den Gärtner des Herzogs Dan„tin." — „Das geht an." — „Zu Trianon „kenne ich den Gärtner Richard." — „Nein, „nein! St. Germain ist besser. Dabey bleiben wir. „Ihr Glück ist gemacht. Leben Sie wohl. Bald sollen „Sie mehr von mir hören."

Nun giengen drey Wochen vorbey; und der Chevalier Türgot fieng schon an die Sache aufzugeben, als er folgenden Brief von dem Herzoge von Choiseul erhielt:

„Kommen Sie nach Versailles, mein Herr, lassen „Sie sich dem Könige vorstellen, und danken Sie ihm, „für die Stelle des Kommendanten zu Cayenne; zu wel„cher Seine Majestät Sie ernannt hat. Ich mache mir „ein grosses Vergnügen daraus, Ihnen diese Nachricht „geben zu können, in der festen Ueberzeugung, daß Sie „der Stelle, zu welcher Sie von dem Könige ernannt „worden sind, Ehre machen, und ein so wichtiges Amt „getreulich verwalten werden. Ich habe die Ehre, u. s. w.

Sogleich reiste der Chevalier Türgot nach Versailles, und besuchte den Herzog von Choiseul, welcher zu ihm sagte: „Ich habe Sie lange warten lassen. Aber es ge„hörte Zeit dazu, dieses Geschäft zu Ende zu bringen." „ — Nun; wie haben Sie es angefangen?" „Ich habe mich auf eine drolligte Weise aus der Sache „gezogen. Ich habe von Ihnen mit dem Herzoge Dan„tin gesprochen, und denselben gebeten, Sie bekannt „zu machen. Ich habe ihm gesagt: Sie wären mit sei„nem Gärtner bekannt; Sie seyen ein grosser Liebhaber „der Naturgeschichte; und ich sey gesonnen, zu Cayenne

„eine neue Kolonie anzulegen. Er hat den Wink ver-
„standen. Vorgestern, als er am Abende von der könig-
„lichen Tafel kam, sagte er zu mir: Sie können
„Ihren Chevalier Türgot nunmehr vor-
„schlagen. Das habe ich gestern gethan. Ich habe
„Sie dem Könige genannt, und Seine Majestät hat
„mir geantwortet: Ey, ey, den kenne ich recht
„gut. Er hat Verstand, Kenntnisse und
„viel Erfindungskraft. Mit diesen Worten un-
„terzeichnete der König das Dekret Ihrer Kommandan-
„tenstelle. Folgen Sie mir, und Sie werden gut auf-
„genommen werden."

Nun gieng der Chevalier mit dem Herzoge nach dem
Schlosse. Als sie in das Zimmer des Königs eintraten,
sagte der König: „Das ist der Chevalier Tür-
„got." — „Ja, Sire!" erwiederte der Herzog „es
„ist der Kommandant von Cayenne." Nun drehte sich
der Monarch um, und der Chevalier gieng vergnügt hinweg. Er hält es für seine Pflicht, dem Herzoge Dantin zu danken. Er geht zu demselben und sagt: „Ich
„komme, mein Herr Herzog, um Ihnen meine Dank-
„barkeit dafür zu bezeigen, daß Sie sich meiner bey dem
„Könige so gütig haben annehmen wollen." — „So,
„so; ist die Sache zu Stande gekommen?"
„ — „Ja, mein Herr Herzog, ich bin ernannt." —
„Kommen Sie eben jetzt von oben herun-
„ter?" — „Ja" — „Haben Sie dem Könige
„für Ihre Ernennung gedankt?" — „Seine
„Majestät hat mir die Gnade erzeigt, mir entgegen zu
„kommen, mich bey meinem Namen zu nennen, und
„mir zu sagen, daß Er mich kenne. Hierüber bin ich
„um so viel mehr erstaunt, da ich niemals die Ehre

„gehabt habe, mich seiner Person zu nähern. Ich glaube
„es Ihrer Gewogenheit schuldig zu seyn, daß Seine Ma-
„jestät mich so gut aufgenommen haben." — „Ja, ich
„habe von Ihnen mit dem Könige gespro-
„chen. Der Herzog von Choiseul hat mir
„gesagt: Sie wären ein Mann von Kennt-
„nissen und mit vieler Erfindungskraft
„begabt."

Der Chevalier Turgot, der sich durch dieses Kompliment geschmeichelt fand, fieng an die Plane herzuzählen,
die er gemacht hatte, um der Kolonie Cayenne aufzuhelfen. Er setzte voraus: der Herzog von Choiseul
habe den Herzog Dantin schon zum Theil davon unterrichtet, und der letztere habe darüber mit dem Könige gesprochen. Aber hierin irrte er sich. Der Herzog Dantin hatte, bloß aus Achtung für den Minister, den Namen desjenigen dem Könige genannt, welchen der Minister zu beschützen für gut fand. Und zwar hatte er dieses
auf folgende Art gethan. Als er mit dem Könige zu
Choisy zu Nacht speiste, kam eine Fasanenfrikassee
auf den Tisch, die dem Könige vortreflich schmeckte. Der
Herzog Dantin sagte: er habe eine solche Frikassee einst,
mit einer Brühe gegessen, die noch besser geschmeckt habe.
„Wo das?" fragte Seine Majestät. „In meinem
„Hause, Sire, zu St. Germain. Der Chevalier Tür-
„got beschrieb meinem Gärtner, wie dieses Gericht zuzu-
„bereiten sey. Der Gärtner sprach hierüber mit mei-
„nem Koche, und diesem ist es vortreflich gelungen."

Der Chevalier Turgot hörte diese Erzählung mit dem
grösten Erstaunen an. Er glaubte, daß der Herzog seiner spotte. Er sollte eine Fasanenfrikassee zu machen verstehen! Das fiel ihm so sehr auf, daß er kein Wort vor-

bringen konnte. Er wurde verwirrt, er erröthete und blieb wie versteinert stehen. „Ey, ey" sagte der Herzog lächelnd „ich sehe wohl, daß Sie sich hier in einem un„bekannten Lande befinden." — „Ich muß geste„hen, daß dieses mein Fall ist." — „Nun „dann, so will ich Sie zurecht weisen. Die Stelle, „welche ich bekleide, erfordert sehr viel Behutsamkeit. „Ich mische mich in Nichts. Der König verlangt, daß „man ihm, von allen denen, welche ihm vorgestellt wer„den, Etwas erzähle. Daher wenden sich die Minister „an uns, wenn sie sich für Jemand interessiren; und „dann nennen wir dem Könige die Namen solcher Perso„nen. Der Herzog von Choiseul ist mein Freund, „und um seinetwillen habe ich eine Gelegenheit gesucht, mit „dem Könige von Ihnen zu sprechen. Sie sehen, daß „es mir gelungen ist. Mir sind Sie dafür keinen Dank „schuldig, und ich freue mich, daß Sie Ihren Zweck „erreicht haben."

Der Chevalier Turgot hat selbst seinen Freunden diese Geschichte, mit allen den kleinen Umständen, die man so eben gelesen hat, erzählt.

Frankreich ist, vermöge seiner Lage, vermöge des Himmelsstriches, unter dem es sich befindet, und vermöge der Fruchtbarkeit seines Erdreiches, mehr zu einem landwirthschafttreibenden Staate, als zu einem handelnden Staate bestimmt. Im vorigen Jahrhunderte wurde, in Frankreich, so viel Getreide gebaut, daß die jährliche Erndte nicht nur zu Befriedigung der inneren Bedürfnisse des Reiches völlig zureichte, sondern daß auch noch sehr viel Korn ausgeführt werden konnte. Seit Colberts

Zeiten gerieth der Ackerbau in Frankreich in Verfall, weil die Handlung, die Manufacturen und die Fabriken, aus unrichtigen staatswirthschaftlichen Grundsätzen, auf Kosten des Ackerbaues, von diesem Minister und seinen Nachfolgern, begünstigt wurden. Dieses, nebst der, in einem getreidereichen Lande, höchst unpolitischen Fruchtsperre, und dem auf das höchste getriebenen Kornwucher, verursachte nicht nur den gänzliche Verfall der Landwirthschaft und des Ackerbaues in Frankreich, sondern auch eine oft wiederkehrende Theurung und schreckliche Hungersnoth.

Der Ackerbau in Frankreich gerieth um so mehr in Verfall, weil der Bauer äusserst gedrückt war, und der Landbesitzer, von seinen Gütern entfernt, den Ertrag derselben in der Hauptstadt verzehrte. Die Vornehmen und Grossen in Frankreich hatten für das Landleben gar keinen Geschmack; sie kannten das Vergnügen nicht, mit welchem man die Frucht eines Baumes geniesst, den man selbst gepflanzt hat. Sie konnten nicht, wie der junge Cyrus zum Lysander sagen: Atqui ego ista sum dimensus, mei sunt ordines, mea descriptio, multæ etiam istarum arborum mea manu sunt satæ.

Der Minister Colbert führte zuerst die Sperrung der Ausfuhr des Getreides in Frankreich ein. Daraus entstand, bald nachher, der Kornwucher, welcher endlich so weit getrieben wurde, daß sich endlich, unter der Regierung Ludwigs des Funfzehnten, alles Getreide Frankreichs in den Händen einer Gesellschaft von Kornjuden befand, welche von der Regierung den Kornhandel gepachtet hatten, unermessliche Magazine mit Getreide anfüllten, und den Preis des Korns, nach Gefallen, erhöhten oder herabsetzten. Die Frankreicher wurden von dieser,

37

durch die Regierung begünstigten Kompagnie, gerade so behandelt, wie die Indianer in Bengalen von der Engländischen Ostindischen Kompagnie behandelt werden. Schloßen die Kornjuden ihre Vorrathshäuser und ihre Magazine zu, so war in Frankreich Hungersnoth: eröffneten sie dieselben, so war Ueberfluß. Die ganze Erndte befand sich in den Händen dieser Wucherer. Schon unter Ludwig dem Vierzehnten hatte Madame Maintenon, die Maitresse des Königs, eine ähnliche Spekulation gemacht, und das Korn des Königreiches wohlfeil eingekauft, um daſſelbe theuer wiederum zu verkaufen. a) Aber im Jahre 1730, während Herr Orry Minister war, fieng man zuerst an, diese greuliche Spekulation ins Groſſe zu treiben. Die Minister suchten, in der Folge, derselben einen Anstrich von Rechtmäßigkeit, ja sogar von Wohlwollen und Großmuth zu geben. Sie bedienten sich der, damals gangbaren und allgemein bewunderten, Ideen des ökonomischen Systems, und gaben das berühmte Edikt des Jahres 1764, vermöge welches die Ausfuhr des Korns in das Ausland erlaubt wurde, unter dem Vorwande, dadurch den Ertrag der Güter zu erhöhen; in der That aber, um den Ertrag des **zwanzigsten Pfennings** (Vingtieme) zu verdoppeln. b)

---

a) Die Maintenon war Schuld an der Hungersnoth. Sie kaufte Korn wohlfeil ein und verkaufte es theuer. **Anekdoten vom französischen Hofe, aus Briefen der Madame d'Orleans, Charlotte Eliſabeth.** S. 98.

b) Die Minister bedienten sich mehr, als einmal ähnlicher Mittel. Im Jahre 1787 hatten sie das Monopol des Fleisches an sich zu ziehen gewußt. Der Preis eines Pfundes Rindfleisch stieg von acht Sous bis auf zwölf, und Paris trug dadurch, in diesem Jahre, achtzehn Millionen mehr ein, als vorher.

Der Plan der Minister war, alles Korn im Königreiche aufzukaufen. Zu diesem Plane gehörte viel Geld; denn Korn kann man nicht auf Kredit kaufen. Aber die reichsten Landbesitzer, die Finanziers, die hohen Magistratspersonen, die Höflinge: alle nahmen an diesem schändlichen Handel Antheil. Einige, in der Hoffnung ihr Kapital zu vermehren und Geld zu gewinnen; Andere, in der Absicht den Werth ihrer Güter zu erhöhen. Ludwig der Funfzehnte spielte dieses scheusliche Spiel selbst mit. Er selbst gab zehen Millionen Livres aus seinem Privatschatze, um die Ausfuhr des Getreides aus dem Königreiche zu begünstigen, und seinen Privatschatz mit Geld anzufüllen, welches er gewann, indem er demjenigen Volke die Nahrung entzog, dessen Liebling er so lange gewesen war, und welches ihm den Namen des Vielgeliebten beygelegt hatte.

Damit das ungeheure Komplott dieser Kornjuden einen desto glücklichern Erfolg haben möchte, so wurde, durch ein Edikt des königlichen Staatsraths, verboten, irgend etwas über die Verwaltung der Finanzen zu schreiben, oder drucken zu lassen: und die Polizey erhielt Befehl, ihre Spione sorgfältig wachen zu lassen, daß über den Kornhandel nichts gesprochen werde. Und so war dann das schreckliche Geheimniß des Plans, welcher angelegt war, um die französische Nation auszuhungern, mit einem undurchdringlichen Schleyer bedeckt. Endlich, am zwölften Julius 1767, verkaufte Herr de Laverdy Frankreich, auf zwölf Jahre, an eine Kompagnie. Der Kontrakt enthielt zwanzig Artikel. In dem neunzehnten Artikel wurde festgesetzt, daß der Kassier der Kompagnie verbunden seyn solle, alle Jahre, im November, der Gesellschaft Rechnung abzulegen, und den Gewinnst unter die Theilnehmer zu vertheilen. Im zwanzigsten Artikel machte der Minister sich anheischig, um **den Segen Gottes auf dieses Unternehmen zu lenken, jährlich sechshundert Livres unter die Armen auszutheilen,** — unter eben die Armen, welche er auszuhungern sich vorgenommen hatte. Der vormalige Polizeylieutenant Sartine war einer der vorzüglichsten Theilhaber an dieser Unternehmung. Die Parlamenter begünstigten, in den Provinzen, diesen Plan des Ministers; ausgenommen die Parlamenter zu Grenoble und Rouen, welche sich widersetzten. Einige Patrioten wagten es, laut zu klagen: aber sie wurden in die Bastille gesetzt. Das Volk murrte über die Minister, und starb Hungers. Fünfmal verursachte diese Kompagnie von Kornjuden, in dem getreidereichen, fruchtbaren Frankreich, eine allgemeine, künstliche Theurung und Hungersnoth; nämlich in den Jahren 1767, 1768, 1769, 1775, 1776. a) Die Menge von Getreide, welche Frankreich hervorbrachte, war indessen so groß, daß es den Unternehmern beynahe unmöglich wurde, alles Korn aufzukaufen, und aus dem Königreiche auszuführen. Sie legten daher, auf den Inseln Jersey und Guernsey, im Kanale, ungeheure Magazine an, und in diesen wurde nunmehr das Korn des Königreichs aufge-

---

a) Schon vorher war, in Frankreich, durch den Kornwucher, Theurung und Hungersnoth entstanden. Einmal zu den Zeiten der Maintenon, wie oben erzählt worden ist. Ferner im Jahre 1729, in welchem Jahre der Minister alles Korn des Königreiches in Pacht gegeben hatte. Auch Machault verkaufte, als er Minister war, einer Kompagnie das Vorrecht, Frankreich auszuhungern zu dürfen. Daher entstanden, in den Jahren 1740, 1741 und 1742 die schrecklichen Theurungen.

thürmt. Der Abbe Terray war ein großer Beschützer dieser Kornwucherer. a) Er dehnte sogar den schändlichen Plan noch weiter aus, und kaufte, im Namen des Königs, auch noch alle in der Nähe der Hauptstadt liegenden Mühlen. Der vortrefliche Türgot suchte diese Räuberbande, welche mit dem Leben von fünfundzwanzig Millionen Menschen spielte, indem sie denselben die zum Unterhalte des Lebens nöthige Nahrung nur kärglich zustießen ließ, zu zerstören. Er fand aber unerwartete Schwierigkeiten, und es wurde ihm unmöglich dieses auf einmal zu thun: aber er rettete wenigstens die Ehre des Königs, indem er den Antheil, welchen der Monarch an dem schändlichen Kontrakte hatte, zurücknahm. Die Theilnehmer des Kornhandels, sobald sie einsahen, daß Türgot ein rechtschaffener Mann war, welcher eben so wenig durch Versprechungen gewonnen, als durch Drohungen furchtsam gemacht werden konnte, wurden gegen ihn auf den höchsten Grad aufgebracht, und wandten alles an, um ihn zu stürzen. Sie streuten heimliche Verläumbungen gegen ihn aus; sie erkauften Voltaires feile Feder, um ihn lächerlich zu machen, welches in dem bekannten Roman: l'homme à quarante écus geschahe; ja, sie klagten ihn sogar bey dem Könige der schwärzesten Laster an. Aber der König, welcher wußte, daß er sich auf den rechtschaffenen Karakter des Türgot verlassen konnte, wies alle diese Klagen von sich ab. Nun ahmten sie Turgots Handschrift nach, schrieben in seinem Namen die schändlichsten Briefe gegen den Monarchen, und

---

a) Der Abbe Terray war frech genug, im Jahre 1773, unter dem Namen eines Schatzmeisters des Korns des Königs (Tresorier des grains du Roi) eine neue Stelle zu schaffen.

legten diese Briefe, als wenn dieselben aufgefangen worden, dem Könige vor. Nachdem der König, sechs Monate lang, diese untergeschobene Korrespondenz seines Ministers gelesen, und sich, wie er glaubte, nunmehr hinlänglich überzeugt hatte, gab er dem vortreflichen Minister endlich den Abschied.

Necker that alles, was in seinen Kräften stand, um dem Kornwucher ein Ende zu machen: aber er fand es unmöglich, die Kompagnie ganz zu zerstören. Er hielt indessen dieselbe, so viel er konnte, in Schranken, und erlaubte ihr nicht, so lange er Minister war, eine Hungersnoth zu veranstalten. Brienne hingegen gab dem Kornwucher einen neuen Schwung. Im Monat April 1788, erlaubte er aufs neue die Ausfuhr des Korns aus dem Königreiche. Umsonst widersetzte sich dieser Erlaubniß das Parlament zu Bordeaux; umsonst wurde dem Minister vorgestellt, daß der Hagel (im Monat Julius 1788) alle Hoffnung der Erndte für dieses Jahr zerstört hätte, und daß dem zufolge, in einem solchen Zeitpunkte, Erlaubniß zu geben Korn auszuführen, eben so viel heiße, als Frankreich vorsetzlich aushungern wollen. Umsonst sagte man alles dieses; vergeblich waren alle Vorstellungen. Der Minister unterstützte die Kornwucherer, und widerrief das Edikt nicht. Er wurde entlassen, und nun kam Necker an seine Stelle. Als Necker, am 26 August 1788, seine Stelle antrat, war Frankreich ohne Korn. Der größte Theil der Erndte des Jahrs 1787 war nach den Inseln Jersey und Guernsey, nach der Küste von Terreneuve, und nach andern Orten gegangen; und was noch in Frankreich zurückgeblieben war, das befand sich in den Händen der Kornwucherer. Die diesjährige Erndte hatte der Hagel zerstört. Hunger, Mangel und

Elend waren allgemein in Frankreich. Necker verbot sogleich die Ausfuhr des Getreides und setzte eine Prämie auf die Einfuhr desselben. Aber dies that keine Wirkung. Necker sah sich daher, so sehr er auch dieses verabscheuete, gezwungen, mit den Kornjuden in Unterhandlung zu tretten, und denselben, zu ungeheuren Preisen, das in ihren Scheunen aufgehäufte Korn abzukaufen. Ludwig der Sechszehnte kaufte, um einen hohen Preis, von den Kornwucherern Getreide und verkaufte dasselbe seinem Volke zu einem geringen Preise, mit Verlust. Der schon vorher so sehr bedrängte königliche Schatz verlohr, bey dieser menschenfreundlichen Weise zu handeln, vierzig Millionen Livres, und die Kompagnie der Kornwucherer gewann zwischen siebenzig und hundert pro Cent.

Der Handel Frankreichs vor der Revolution stand zwar mit der Größe und mit der Lage eines so mächtigen Reiches in keinem Verhältnisse, aber er war dennoch sehr wichtig und ausgedehnt. Aus dem Gewinn, den derselbe verschaffte, wurden die ungeheuren Auslagen des Staates größtentheils bestritten. Er war dreyfach: Wechselhandel oder Papiergeldhandel, der vorzüglich in den innern Städten des Königreiches, zu Paris und Lyon, geführt wurde; der Handel mit den Kolonien, dessen Sitz vorzüglich Bordeaux war; und der Handel mit allen Theilen der Welt, in dessen Besitz Marseille sich befand. Der Sclavenhandel von Nantes und der ostindische Handel von Lorient verdienen kaum erwähnt zu werden.

Der Handel von Marseille ist der wichtigste und ausgebreitetste. Vor einigen Jahren verlangte die Regierung von dem Kommerzkollegium zu Marseille eine Uebersicht dieses Handels. Aus dem damals nach Versailles gesandten Berichte habe ich, durch die Güte eines Freundes, während meines Aufenthalts zu Marseille, im Jahre 1785, einen Auszug erhalten, den ich hier mittheile. Vielleicht ist es in der Zukunft wichtig, die Folgen zu berechnen, welche die französische Revolution auf den Handel hervorgebracht hat; und in diesem Falle kann die nachstehende Uebersicht dieses Handels zur Vergleichung dienen.

Der Handel von Marseille beträgt jährlich ungefähr 350 Millionen Livres. Im Hafen von Marseille liegen beständig 1000 bis 1200 Schiffe und Kähne vor Anker. In diesen Hafen laufen jährlich ungefähr 4000 Schiffe ein, von 15 bis 20 Tonnen, bis zu 6 oder 700 Tonnen. Nämlich:

Aus den franz. westindischen Inseln	90 bis	100
Aus der Levante und der Barbarey	4 —	500
Aus den französischen Seehäfen am Ocean		150
Vom Stockfischfang bey Terreneuve	40 —	50
Aus den italienischen Häfen	1200 —	1300
Aus den spanischen Häfen	300 —	350
Aus der Provence und Languedoc ungefähr		400
Aus den nordischen Seehäfen		150
Kleine Schiffe und Kähne, die Früchte, Brennholz, Kohlen und Lebensmittel bringen		1000
Summe		4000

Der stärkste Handlungszweig ist der Handel mit der Türkey und der Barbarey. Von Marseille aus werden jährlich dahin geschickt: 8,500 Ballen Tücher, welche Draps Londrins, (premiers, seconds, und larges) genannt, und in den Fabriken des Languedocs gearbeitet werden. Jeder Balle enthält zehen bis zwölf Stücke von 16 bis 17 Ellen, wovon jede Elle zwischen fünf und vierzehn Livres gilt. Die Ausfuhr dieses Handlungsartikels macht dem zufolge, zu 1500 Livres den Ballen gerechnet . . . . . . 12,750,000 Liv.

60,000 Zentn. Kaffee von St. Domingue und Martinique, zu 10 Sous das Pfund, geben . .	3,000,000 —
35,000 Zentn. Zucker (Sucre terré), zu 45 Livres der Zentner . .	1,575,000 —
5,000 Zentn. Zucker (Sucre rapé et raffiné), zu 55 Livres der Zentner	275,000 —
450 Fässer mexikanische Cochenille, jedes zu 4000 Livres, . .	1,800,000 —
350 Zentn. Indigo von St. Domingue, zu 7 Livres 10 Sous das Pfund, ...	2,625,000 —
3000 Zentn. holländischer oder französischer Pfeffer, zu 110 Livres der Zentner, ...	330,000 —
Gold- und Silberstoffe, und Tressen aus den lyonischen Fabriken .	1,500,000 —
1200 Ballen spanische Wolle für die Mützenfabriken zu Tunis . .	1,000,000 —
4 bis 500 Ballen wollene tuniser Mützen, die zu Marseille verfertigt werden	600,000 —
1000 Zentn. Kermes, der in Spanien und der Provence gewonnen,	

Latus 25,455,000 Liv.

45

Transport 25,455,000 Liv.

und zum Rothfärben dieser Mützen gebraucht wird, zu 600 Livr. den Zentner, . . . 600,000 —

Ausserdem wird noch in die Levante und Barbarey ausgefahren: Raffinirter Alaun, Mandeln aus der Provence, Quinkalleriewaaren, Bleyschrot, engländisches Zinn in Stangen, russisches und schwedisches Eisen, feine französische Tücher, Papier, Zimmet, Gewürznelken, Muskatennüsse, Ingwer, Liqueurs, Syrops, Grünspan von Montpellier, Brasilienholz, Fernambuckholz, Campescheholz, Bleyminen (Alquifox), Blech, Fajence, Bleyweis, Grapp, Apothekerwaaren, indianische Musseline, Zitz, deutscher und venetianischer Stahl, Gold- und Silberwaaren, Uhren u. s. w. am Werth 6,000,000 —

300 Schiffe, die zum Levantehandel gebraucht werden, davon ist, eins ins andere gerechnet, jedes werth 23,366 Livres . . . 10,000,000 —

Die Ausfuhr nach der Levante von Marseille beträgt dem zufolge, mit den Unkosten und dem zu erwartenden Gewinn, wenigstens . . 42,055,000 Liv.

Einfuhr aus der Levante überhaupt.

Die Waaren, welche aus der Türkey und Barbarey kommen, bezahlen drey pro Cent Zoll; die Waaren, welche von Marseille dorthin zurück gehen, müssen eben so viel Zoll bezahlen, um die Unkosten der Konsulate, der Quarantainen u. s. w. zu bestreiten.

Die gröſten Einfuhren und Ausfuhren ſind zu S m y r - na, C o n ſ t a n t i n o p e l, S a l o n i c h, A l e x a n d r i e n für Egypten, und A l e x a n d r e t t e für Syrien.

Einfuhr aus Syrmna.

Ungefähr 18 bis 20,000 Ballen rohe Baumwolle, jede zu 360 Livres, welche in die Spinnfabriken nach Languedoc, der Normandie und nach der Schweitz verkauft werden.

2000 Ballen, jede zu 230 Livres, rothes, türkisches Garn; jeder Balle hat 1200 Livres an Werth. Sie werden in die Fabriken zu Rouen und auſſer Landes verkauft.

1000 Ballen angorische Ziegenhaare; jeder Balle hat 1200 Livres an Werth.

4 bis 500 Ballen gemeinere Ziegenhaare für die Hutfabrikanten; das Pfund gilt von 25 Sous bis zu 4 Livres und 10 Sous.

3 bis 4000 Ballen Schafwolle.

Gelbes Wachs, Olivenöhl, Galläpfel, weiſſe, geſponnene Baumwolle, Korn und Gerſte, Aliſariwurzel zum Färben, Seide, Tragacanthgummi, Apothekerwaaren, Rhabarber, Opium, Scammoneum, Vitriol, Maſtix, Gummi.

Einfuhr aus Salonich.

7 bis 8000 Ballen rohe Baumwolle, die gröſtentheils nach der Schweitz geht.

3 bis 4000 Ballen Schafwolle.

Hasenfelle, Wachs, Talg, Olivenöl, Kupfer, Tabak in Blättern, grobe wollene Stoffe, viel Korn.

Einfuhr aus Constantinopel.

3 bis 4000 Ballen Schafwolle, Hasenfelle, Kupfer 5 bis 600 Ballen angorische Ziegenhaare, rohe Seide.

Die meisten Bezahlungen dieser Artikel geschehen in Wechselbriefen auf England, Holland und Frankreich, und in baarem Gelde.

Einfuhr aus Egypten.

15 bis 20 Ladungen von Reis; 6 bis 700 Ballen Safran, Sennablätter, Mokkakaffee (welchen die Karavanen von Cairo bringen), arabischen Gummi, rohe, sehr grosse Häute, gesponnene, weise und sehr grobe Baumwolle, Weihrauch, Salmiak, Spezereywaaren, die aus Arabien und von der Küste des rothen Meeres her kommen. Auch erhält man aus Egypten gemeine Baumwollentücher und blaue Tücher, die zu Cairo fabrizirt werden. Die beyden letzten Artikel kommen über die Häfen St. Jean d'Acre und Seyde.

Einfuhr aus Syrien.

1000 bis 1500 Ballen rohe Baumwolle; jeder wiegt 650 Pfund. 4 bis 500 Ballen Seide (soye Tripoline, Baratine, Seydani), die man in Lyon zu den Tressen verbraucht. Der Preis dieser Seide ist 12 Liver 10 bis 14 Sous das Pfund. Syrien liefert auch sogenannte Bouts de Damas, coton et soye; Korn, Olivenöl, 1800 bis 2000 Ballen gesponnene Baumwolle, welche Basa heißt; 5 bis 600 Ballen gesponnene Baumwolle, die Jerusalem genannt wird. Diese Baumwolle wird zu Kerzendochten gebraucht, und gilt 30 bis 40 Sous das Pfund.

Einfuhr von Aleppo.

Durch den Hafen Alexandrette ungefähr 4000 Ballen Baumwollentücher, die Ajamis, Amans, Antioches, Toiles larges genannt werden. Jeder Balle enthält 75 Stück von 10 bis 11 Stab Länge, die zu Marseille, um 8, 9 bis 11 Livres das Stück, verkauft werden. Man druckt und mahlt sie. Sie sind für die Weibertracht in der Provence und in Italien bestimmt. Von Aleppo kommt auch Seide; 3 bis 4000 Säcke Galläpfel; eine geringe Sorte von Zitzen, die Chafarcani heissen; sogenannte Bouts de Coton et de Soie, Ziegenhaare und Spezereywaaren. Vor 20 bis 30 Jahren kamen jährlich 8000 Ballen Baumwollentücher und 8000 Säcke Galläpfel.

Cypern liefert rohe Baumwolle, Schafwolle, Seide, die Chipriotte genannt wird; Alisariwurzel von der ersten Güte, von welcher der Centner 80 Livres gilt; Cyperwein, aber nur so viel, als Kommission gegeben wird.

Die Inseln des Archipelagus liefern wenig. Der Handel dahin ist sehr unbeträchtlich. Ihre Waaren werden zu Constantinopel und Smyrna gekauft. Candia ist die einzige Insel, auf welcher die Europäer Contore haben. Von daher kommen nach Marseille einige Ladungen Olivenöl, gelbes Wachs, Schafwolle. Das vorzüglichste Produkt der übrigen Inseln ist Olivenöl. Morea ist, seit dem Einfall der Russen, aus politischen Ursachen, und wegen des Despotismus und der Tyranney des Gouverneurs, entvölkert und ohne Handel. Vormals erhielt man, aus diesem fruchtbaren Lande, vorzüglich Seide, Korinthen, gelbes Wachs, Oel, Korn, Gerste und Schwämme.

Tunis liefert: 4 bis 5000 Ballen Schaafwolle, Oel, Korn, Bohnen, ungegerbte Häute, Weizen und Gerste, Marokkoleder, Pferdehaare, Talg, Schwämme, Datteln und gelbes Wachs. Ein Theil der Bezahlung geschieht in Zechinen und andern Goldmünzen.

Algier liefert: Korn und Gerste in großer Menge, ungegerbte Häute, gelbes Wachs, Oel.

Tripoli: Korn, Alisariwurzeln, Soda für die Seifenfabriken.

la Calle, ein Contor der königlich französischen afrikanischen Gesellschaft. Der Handel dieser Kompagnie besteht vorzüglich in Korn, welches die Araber 20, 30 bis 100 Stunden weit nach dem kleinen Flecken la Calle bringen. Die Kompagnie erhält jährlich ungefähr 100000 Ladungen Korn, jede zu 300 Pfund an Gewicht; und ungefähr 7 bis 8000 Zentner Korallen, welche sie auf der Küste von Algier und Tunis fischen läßt; sie erhält auch kleine Ochsenhäute und Schaafwolle. Der Hafen la Calle kann höchstens fünf bis sechs Schiffe, zu 100 Tonnen jedes, aufnehmen. Die Direktoren der Kompagnie ernennen, mit Genehmigung des Ministers des Seewesens, den Gouverneur von la Calle, und die übrigen Offiziere. 200 Mann, theils Soldaten, theils Arbeiter, sind hinlänglich zu Bewachung des Platzes und zu Besorgung des Handels. Die Mauren und Araber bringen ihre Waaren in das Fort, und kehren vor Sonnenuntergang wieder zurück.

Aus dem Königreich Marokko erhält man jährlich über 100000 kleine Ochsenhäute, 3 bis 5000 Ballen

Schaafwolle, gelbes Wachs im Ueberfluß, Mandeln, Kupfer, Oel, Kümmel, Anis, Korn, arabischen und Senegal-Gummi, Straußfedern und Elephantenzähne.

Handel mit Amerika.

Man schickt jährlich von Marseille nach den Inseln Martinique, St. Domingue und Cayenne 90 bis 100 Schiffe von 6 bis 700 Tonnen. Ihre Ladungen bestehen in Provencerweinen, Brandtwein, Oel, Seife, Liqueurs, Gemüse, Mehl, gedörrten Früchten, Reis, Stockfischen, Schuhen, Leinwand, Seidenwaaren, Zin, Vergoldungen, Spitzen, Schnupftüchern, und in beynahe allen Artikeln, welche zur menschlichen Bequemlichkeit und Ueppigkeit nothwendig sind.

Der Handel mit Amerika und den westindischen Inseln beträgt ein Kapital von 15 bis 18 Millionen Livres für die Ausfuhr von Marseille, und 20 bis 22 Millionen für die Einfuhr an Zucker, Caffee, Indigo, Leder, Cacao, Baumwolle und andern Produkten der französischen Kolonien. Einfuhr und Ausfuhr nach Amerika betragen zusammen 40 Millionen Livres.

Handel mit Ostindien.

Ehe vor einigen Jahren die neue ostindische Kompagnie in Frankreich errichtet wurde, und so lange der Handel dahin, nach Aufhebung der alten ostindischen Kompagnie, frey blieb, liefen jährlich von Marseille 3 bis 4 Schiffe, von 3 bis 600 Tonnen, mit Ladungen für die Insel Bourbon, die Küste Coromandel, Bengalen und das rothe Meer aus. Die Ladungen dahin bestanden aus Provencerweinen, Brandtwein, Oel, Seife, Langedokertüchern, verarbeiteten Korallen, Bley, Kupfer u. s. w. Dieser Handel hätte sich weit mehr geboben, wenn nicht die von Marseille ausgelaufenen Schiffe genöthigt gewesen wären, bey ihrer Rückkunft aus Ostindien, im Hafen zu Lorient einzulaufen. Der Handel beträgt jetzt ungefähr drey Millionen Livres jährlich.

Negerhandel.

Der Handel mit der Küste Guinea ist von Marseille aus niemals beträchtlich gewesen. Jährlich geschehen eine bis zwey Expeditionen; zuweilen auch gar keine. Der lange Termin, auf welchen die Sklaven zu St. Domingue und Martinique verkauft werden müssen, hat den Provenzalen gegen diesen Handel von jeher eine Abneigung gegeben. Auch haben die Seefahrer der Provence sehr wenig Kenntniß von diesem Handel, weil er von ihnen gar nicht geführt wird.

Getreidehandel.

Zwar bringt die Provence nicht so viel Korn hervor, als sie selbst zu ihrer Konsumtion verbraucht, aber dessen ungeachtet findet man dennoch in den Magazinen zu Marseille beständig wenigstens 50 bis 60000 Ladungen Korn und einen betächtlichen Vorrath von Roggen, Gerste, Bohnen und andern Getreidearten. Die Stadt Marseille, mit der umliegenden Gegend, verbraucht jährlich 180 bis 200000 Ladungen. Die Bauern der Provence bringen den von ihren Erndten eingesammelten Weizen, der von vorzüglicher Güte ist, auf den Markt nach Marseille. Sie verkaufen daselbst die Ladung um 32 bis 34 Livres, und kaufen dagegen, zu ihrer eigenen Nahrung, das grobe afrikanische, türkische und sicilianische Getreide um 22, 24, ja sogar 30 Livres die Ladung. Der Getreidehandel ist in Marseille sehr beträchtlich. Täglich kommen Ladungen von Ankona, Trieste und aus andern Häfen des adriatischen Meers, des Königreichs Neapel, aus Sicilien, aus den päbstlichen und toskanischen Staaten, und die Rhone herunter, an; so wie auch aus der Levante und aus Burgund. Es kommt auch Getreide von den französischen Häfen, die am Ozean liegen, aus Holland, von Hamburg, und von der Nordsee. Von Marseille aus werden alle Provinzen und Länder der Welt, die an Getreide Mangel leiden, versorgt. Spanien, Portugal, Genua und die Provence selbst verbrauchen das Meiste. Man rechnet, daß dieser Handel mit Italien, Frankreich und den nördlichen Ländern (ohne das, was die Levante und Afrika liefert) jährlich gegen 6 Millionen beträgt.

Handel mit beyden Sicilien.

Diese Königreiche liefern jährlich (ohne das Getreide) viel Wolle, Oel, 2000 Kisten Manna, 3 bis 4000 Kisten Lakrizensaft, Seide, Soda, Schwefel, Mandeln und andere Artikel. Das Oel und die Soda werden in den Seifenfabriken verbraucht; die Seide geht nach Lyon, und die Wolle in die Fabriken des Languedoc, der Normandie und Champagne. Die vorzüglichste Ausfuhr von Marseille nach den beyden Sicilien und nach Italien besteht in Zucker und Caffee.

Handel mit Spanien.

Spanien liefert nach Marseille die vorzüglichste Soda für die Seifenfabriken und für die Glas- und Spiegelfabriken. Es liefert auch rohen Alaun, Quecksilber, Kermes, Mandeln, Safran. Ehemals kam viel Seide von Valencia und Murcia; seit einigen Jahren kommt wenig daher, weil die Fabriken zu Valencia und in Catalonien dieselbe selbst verarbeiten.

Mit Cadix ist der Handel am stärksten. Cadix liefert ungefähr 600 Fässer Cochenille, Gold und Silber,

Guatimala Indigo, rohe Häute, Kupfer aus Peru und Mexiko, sogenannte Vigognewolle (laine de Vigogne), Kermeskörner, spanische Wolle, Cacao von Carakas, Vanille, Piaster. Jährlich kommen von Cadix 30 bis 40 Schiffe, welche mit diesen kostbaren Artikeln beladen sind. Die Piaster und das übrige Gold und Silber betragen zusammen jährlich ungefähr 15 Millionen.

Assekuranzhandel.

Die Assekuranz besteht zu Marseille in einem Kontrakt, der das Vermögen des Versicherers zum Pfande giebt. Jeder Kaufmann, der Kredit genug hat, kann assekuriren, wenn er will. Die Assekuranz beträgt jährlich gegen 150 Millionen. Nach der Levante bezahlt man ein bis anderthalb vom Hundert, und eben soviel auch zurück. Nach Amerika, im Hinwege anderthalb vom Hundert, im Rückwege zwey vom Hundert. Nach Ostindien, in Friedenszeiten, vier vom Hundert.

Fabriken und Manufakturen in der Stadt Marseille und ihren Vorstädten.

38 Seifenfabriken, die 170 Kessel enthalten, und 9 Monate des Jahrs 1000 Arbeiter beschäftigen. Sie verbrauchen 200000 Milleroles Oel, und ungefähr 200000 Zentner Soda aus Spanien, Sicilien und Languedoc. Jedes Millerole Oel soll 225 bis 230 Pfund Seife geben. Die Materialien zum Kochen betragen jährlich eine Summe von 15 Millionen Livres.

40 Hutfabriken, theils Wolle, theils Halbkastor. Fast alle Hüte gehen nach Spanien und nach den spanischen Inseln. Diese Manufakturen beschäftigen das ganze Jahr ungefähr 500 Arbeiter und eben soviel Weiber. Der Verkauf beträgt 3 Millionen.

12 Zuckerraffinerien.
10 Fajenceefabriken.
2 Porzellanfabriken.
12 Zizfabriken.
10 Manufakturen von seidenen Strümpfen.
12 Segelfabriken.
12 Segeltuchfabriken.
1 Königliche Gold- und Silberstofffabrik.
1 Tabaksfabrik.
2 Tapetenfabriken.
10 Liquersfabriken.
10 Stärkemehlfabriken.
8 Glasfabriken.
20 Gerbereyen.
3 Marokko-Lederfabriken von allen Farben.
1 Papierfabrik.
2 Brandtwein-Distillereyen.
6 Lichterfabriken.
2 Korallenfabriken.
2 Handschuhfabriken.
7 Wachslichterfabriken.
2 Tunesische wollene Mützenfabriken für die Türken.
1 Vitriolfabrik.
4 Schwefelstangenfabriken.
3 Türkisch-Garnfabriken.
4 Bleyschrotfabriken.
Viele Schuhfabriken für die Kolonien.
Nochmalige kurze Uebersicht dieser verschiedenen Handlungszweige.

Levantehandel, Ein- und Ausfuhr   92 Millionen
Amerika und Westindien   .   .   40   —
                           Latus 132 Millionen

Transport 132 Millionen

Ostindien	3 —
Verkauf von 40 bis 50 Ladungen gedörrter Stockfische und Thran von Terreneuve	4 —
Getreidehandel mit Italien, Frankreich und dem Norden . . .	6 —
Kleinere noch unberechnete Handlungszweige mit Italien, Spanien, Holland, der Nordsee, den französischen Seehäfen, und den französischen Fabriken in Marseille . . .	30 —
Seifenfabriken; bloß für den Ankauf der Brennmaterialien, und Arbeiterlohn	15 —
Verkauf der Seife . . .	15 bis 16 M.
Hutfabriken	3 Millionen
Summe des Handels mit Kaufmannswaaren . . .	208 Millionen
Assekuranzhandel . . .	150 —
Handel mit fremden Geldsorten	15 —
Summe	373 Millionen

In dem Jahre 1788, liefen in dem Hafen zu Nantes ein, 128 Schiffe, worunter 6 von Martinique, 7 von Guadeloupe, und 115 von St. Domingue kamen. Zu Dieppe liefen ein, 61 Schiffe, welche von dem Stockfischfange bey Terreneuve zurück kamen.

In die beyden Häfen zu Rouen und Havre liefen, während des Jahrs 1788, 364 engländische Schiffe ein.

Während des Jahrs 1788 liefen aus dem Hafen du Havre 141 Schiffe aus, nemlich: 68 nach St. Domingue, 34 nach Martinique, 6 nach Tabago, 1 nach

Cayenne, 21 nach Guinea, 1 nach Senegal. Dagegen liefen zu Havre 131 Schiffe aus den Kolonien ein.

Die zweyte große Handelsstadt in Frankreich ist Bordeaux. Von dort aus wird vorzüglich der Handel mit den westindischen Kolonien geführt. Dieser Handel ist die Quelle eines sehr großen Reichthums. Vermöge des ausschließenden Rechts, welches Frankreich besitzt, die westindischen Inseln mit allen Nothwendigkeiten des Lebens zu versorgen, gewinnt das Mutterland funfzig vom Hundert auf allem, was die Inseln hervorbringen; Frankreich theilt folglich mit den Kolonien alle ihre Produkte zur Hälfte. a) Außerdem werden noch, durch den Handel mit den Kolonien, die französischen Manufakturen, vermöge des großen Absatzes dahin, in Thätigkeit gesetzt; Frankreich erhält politischen Einfluß; Schiffahrt; Handel; Bedürfnisse des Lebens und Handelsartikel, als Zucker, Kaffe, Baumwolle, Indigo. Der Handel mit den Kolonien beschäftigte wenigstens 800 große und 6 bis 700 kleine Schiffe. Die Einfuhr aus den Kolonien betrug jährlich ungefähr 243 Millionen; davon brauchte Frankreich für seine eigene Konsumtion, ungefähr 80 Millionen; das übige gieng nach fremden Ländern. Der Handel von Bordeaux besteht beynahe ganz allein im Handel mit den französischen Kolonien, denen, von hier aus, Lebensmittel, und alles Nöthige geliefert, und gegen die Produkte der Inseln umgetauscht wird. Außerdem wird auch noch von Bordeaux, Wein nach dem nördlichen Europa, nach Großbrittanien, und nach Irrland geführt. Aus Irrland erhält Bordeaux jährlich un-

---

a) Motion de M. de Curt, au nom des colonies réunies.

gefähr 40,000 Fässer gepöckeltes Rindfleisch, welches mit Bordeauxwein bezahlt, und nach den Kolonien verführt wird. Irrland verliert bey diesem Handel; weil es mehr Wein verbraucht, als es Pökelfleisch liefert.

Die französischen westindischen Kolonien werden im gröſten Drucke gehalten. Sie müſſen Lebensmittel, sowohl als Kleider, und alles, was ihnen zur Nothwendigkeit und zum Ueberfluße unentbehrlich ist, ausschließungsweise von Frankreich nehmen; und alle diese Waaren werden ihnen, eben wegen des Mangels an Konkurrenten, so schlecht als möglich geliefert. Die Schuhfabriken in Marseille, welche für die Kolonien arbeiten, und deren ich oben schon erwähnt habe, liefern so schlechte Waare, daß ein Europäer ein solches paar Schuhe keine Woche würde tragen können. In der Normandie giebt es eigene Eisenhütten, welche Küchengeräthe für die Kolonien verfertigen, aber so schlecht, und von so brüchigem Eisen, daß die Eisenwaare schon bey dem erstenmal, wenn sie auf das Feuer gebracht wird, springt und verdirbt.

Dem Handel mit den Kolonien hat Bordeaux seinen Reichthum zu verdanken; an welchem diese Stadt, so wie an prächtigen Häusern und Gebäuden, alle übrigen Städte in Frankreich weit übertrift. Der Handel mit den Kolonien ist so leicht, der Gang desselben so einfach, der Gewinnst so sicher, und die Gefahr so gering, daß er gar nicht, wie der Handel anderer Seehäfen (wie z. B. der Levantehandel zu Marseille), Spekulation oder Rechnungsgeist erfordert, sondern beynahe immer das Kapital des reichen Kaufmanns, sicher und gewiß, ohne sonderliche Mühe, ohne Gefahr, und ohne daß Kenntniſſe dazu erfordert würden, mit großem Gewinnste umsetzt. Zwischen einem Kaufmanne von Nantes oder Bordeaux, und einem Kaufmanne von Paris, Lyon oder Marseille, ist, in Rücksicht auf kaufmännische Kenntnisse, ein unglaublicher Unterschied.

Es ist ein Fehler der menschlichen Natur, nie zufrieden zu seyn, sondern, wenn man viel hat, immer nur noch desto mehr zu wünschen: daher hat eben die Einfachheit des Handels mit den Kolonien, und die ungemeine Leichtigkeit, unermeßliche Reichthümer, ohne alles Genie, ohne alle Kenntniße, bloß durch Umsetzung des Kapitals, sich zu erwerben, die Geldgierde der Kaufleute zu Bordeaux nur vermehrt, statt dieselbe zu dämpfen. In ganz Frankreich giebt es keine Kaufleute, und vielleicht, außer den Holländern, in ganz Europa keine, die interessirter und geitziger sind, als die Kaufleute in Bordeaux. Während meines Aufenthalts daselbst, im Jahr 1785, habe ich davon recht sehr merkwürdige und auffallende Beyspiele gesehen. Vaterland, Ehre, guter Name, Menschlichkeit sogar, sind vielen unter ihnen leere Worte, wo es auf Gewinnst ankommt. Ein patriotisch denkender Schriftsteller wirft den Kaufleuten zu Bordeaux mit Recht vor, daß sie im Jahr 1781 fast alle engländische Kauffartheyschiffe assekurirt, und auf diese Weise gegen den König und gegen ihr eigenes Vaterland gewettet haben. a) Einem Mitgliede der Assekuranzkammer zu Bordeaux mußte damals jede Nachricht von einem eroberten engländischen Kauffartheyschiffe unangenehm seyn, es mußte heimlich in seinem Herzen wünschen, daß kein Schiff seiner Nation, kein Kaper, irgend eine

---

a) Lettres critiques et politiques sur les Colonies, et le commerce des villes maritimes de France. 1785. pag. 25.

Prise mache. Aber, sagt der erwähnte Schriftsteller, diese Kaufleute denken, wie jener holländische Schiffskapitain, welchem im vorigen Kriege, ein Admiral heftige Vorwürfe darüber machte, daß er den Feinden seines Vaterlandes Kriegsmunition und Lebensmittel zugeführt habe. „Was?" rief der Holländer aus, den sein Phlegma verließ, „was ihr untersteht euch, mir darüber „Vorwürfe zu machen? Nun so sage ich euch, daß ich „würde mit meinem Schiffe in die Hölle fahren, und „sollte ich auch meine Segel darüber verbrennen, wenn „ich gewiß wäre, dort 50 pro Cent zu gewinnen!"

Indem ich von dem Zustande Frankreichs vor der Revolution spreche, halte ich es für höchst nothwendig, ausführlich den vormaligen Zustand der französischen Kolonien in den westindischen Inseln zu beschreiben. Ein so großer als gemeiner Fehler beynahe aller politischen Schriftsteller besteht darin, daß sie von den Kolonien immer so sprechen, als ob dieselben von Menschen bewohnt würden, die europäische Sitten hätten, und auf europäische Weise erzogen wären. Da aber gerade das Gegentheil statt findet, so muß auch jedes, auf so unrichtige Vordersätze gegründete Raisonnement, nothwendig unrichtig und falsch seyn. Die Nat. Verf. selbst ist oft in diesen Fehler verfallen; sie hat die neue Staatsverfassung auf die westindischen Inseln anwenden wollen, welches schlechterdings unmöglich ist, weil die Menschen dort ganz anders sind als in Europa. Um dieses zu beweisen, sey es mir erlaubt, eine ausführliche Beschreibung des Karakters, der Lebensart und der Sitten der Kreolen, (so heißen die von europäischen Eltern in Amerika gebohrnen Europäer) zu geben. In dem Jahre 1786 zählte man, in dem französischen Antheile der In-

fel St. Domingue, 23,123 weiſſe Menſchen, 16,992
Mulatten, und 332,247 Negerſklaven.

Die franzöſiſchen Kolonien ſind von dem Mutterlande
durch den ungeheuren Ozean getrennt, und durch Klima
und Produkte eben ſo ſehr von demſelben verſchieden, als
ihre Einwohner es durch Erziehung, Sitten, Lebensart
und Regierungsform ſind. Die Kreolen ſcheinen ein ganz
anderes Volk, ganz andere Menſchen zu ſeyn, als die
Europäer, von denen ſie herſtammen. Dieſen Unterſchied
bemerkt man ſehr deutlich bey allen Kreolen; doch bey
keinen ſo auffallend, als bey den franzöſiſchen, welche
mit ihren, in Frankreich gebohrnen Stammeltern, nur
ſehr wenig gemein haben. Der Kreole wird unter einem
brennenden Himmelsſtriche, auf welchen die Sonne beynahe immer ſenkrecht herab ſcheint, gebohren. In ſeiner
Kindheit, und während ſeiner Jugend, iſt er der Liebling
ſeiner Mutter, welche den beynahe allen Weibern des
heißen Himmelsſtriches eigenen Hang hat, ihre Kinder
mit übertriebener Zärtlichkeit zu lieben; oder vielmehr
dieſelben zu verzärteln. Sie läßt dem Kinde völlige Freyheit. Keine Windeln feſſeln ſeine noch zarten Glieder;
ganz ungeſtört bewegt er ſie hin und her: und darum
wird er auch ſtark und gelenkig. Die ſchnelle Entwickelung
der phyſiſchen Kräfte des Kreolen iſt auffallend. Wahr-
ſcheinlich trägt das warme Klima viel dazu bey; vielleicht auch die nährende Milch einer geſunden und ſtar-
ken Negeramme. Wenigſtens bemerkt man, daß von
Negerinnen geſäugte Kinder ſich, im Ganzen genommen,
beſſer befinden, und ſtärker werden, als die Kinder
welche eine weiße Amme geſäugt hat. In einem warmen Klima; umgeben mit den mannigfaltigen Produkten des heißen Erdſtriches; in einem Lande, wo es kei-

nen Winter giebt, sondern wo die Natur, ohne Aufhören thätig, und immer fruchtbar, beständig zerstört, und beständig hervorbringt; in dem Hause seiner Eltern, von denen er zärtlich geliebt wird; und unter der Aufsicht einer Mutter, welche mit blinder Zuneigung alle Wünsche des Kindes nicht nur erfüllt, sondern denselben entgegen kommt; einer Mutter, welche nicht nur gar nicht wagt, ihrem Kinde etwas abzuschlagen, sondern überdieß seinen Launen nachgiebt, seinem Eigensinne schmeichelt, und seine Tücke entschuldigt; in einer solchen Lage wächst der junge Kreole auf: Was er sieht, will er haben; was man ihm zeigt, fordert er. Nie wird ihm widersprochen; nie hat er einen Wunsch, der nicht sogleich befriedigt, nie ein Verlangen, das nicht sogleich erfüllt würde. Fehler, und sogar Laster, duldet man an ihm, und überläßt der Zeit, ihn davon zu bessern. Auf diese Weise ist der Kreole, schon als Kind, der absoluteste Despot. Er ist mit Sklaven umgeben, die seinen Worten, ja schon seinen Winken gehorchen müssen, die vor ihm kriechen, ihm schmeicheln, und seine Launen mit Geduld und Unterwürfigkeit ertragen. Seine Spielgesellschafter sind die Kinder der Sklaven, und oft vertreibt er sich die Zeit damit, sie zu schlagen, und sie zum Gegenstande der Ausbrüche einer boshaften oder grausamen Gemüthsart zu machen. Unter solchen Umständen wächst nun der junge Kreole allmählig zum Jünglingsalter heran. Durch diese sonderbare Erziehung wird seine Einbildungskraft, auf Kosten aller übrigen Seelenkräfte, genährt. Er strengt dieselbe an, er übt sie, um einen Wunsch auszufinden, welcher ihm nicht sogleich gewährt werden könnte. Er strengt sie an, und muß es thun, weil er bald genug fühlt, daß glücklich seyn nicht darin besteht, das zu erhalten, was wir for-

dern, sondern daß das süßeste aller Vergnügen darin zu
finden ist, über die Aussichten in die Zukunft die gegen»
wärtige Zeit zu vergessen; weil er bald genug einsehen,
oder doch wenigstens fühlen lernt, daß der einzige wahre
Genuß, dessen der Mensch fähig ist, im Verlangen,
Wünschen, Erwarten und Hoffen besteht; ein Genuß,
der bey Seelen, welche mit einer feurigen Einbildungs»
kraft von der Natur begabt sind, die Wirklichkeit bey
weitem übertrift. Die Einbildungskraft des jungen Kreo»
len wird durch diese Erziehung schon sehr frühe außer»
ordentlich lebhaft; vielleicht trägt auch dazu der tägliche
Anblick des unermeßlichen Ozeans bey, welcher, in un»
geheurer Entfernung beyde Welten von einander abson»
dert. Die so früh, und auf Kosten der übrigen Seelen»
kräfte, genährte Einbildungskraft des Kindes, hat alle»
mal für den Jüngling die unangenehme Folge, daß sie
ihn unfähig macht, zu irgend einem bestimmten Berufe
in der Gesellschaft sich vorzubereiten; nicht einmal zu
demjenigen, den er sich selbst gewählt hat. Jede Einschrän»
kung, jeder Zwang, ja sogar die Unterwürfigkeit, welche
die gesellschaftliche Ordnung erfordert, und ohne welche
dieselbe gar nicht bestehen könnte, alles dieses sind ihm
unerträgliche Fesseln, die er sobald als möglich abzuwer»
fen sucht; oder die er vielmehr sich gar nicht anlegen las»
sen will. Seine immer geschäftige Einbildungskraft führt
ihn von einem Gegenstande zu dem andern unaufhaltsam
fort; alles kostet er, aber nichts will ihm schmecken;
allem nähert er sich, aber bey nichts mag er verweilen,
und auf diese Weise entsteht in ihm ein immer fortdau»
render Wunsch nach neuen Gegenständen, nach starken
Erschütterungen, und was die unausbleibliche Folge ei»
ner solchen Gemüthsart ist, Veränderlichkeit und Man»

gel eines festen, zuverläßigen Karakters. Bleibt der Kreole auf der Insel, so lebt er, von aller Möglichkeit sich Kenntnisse zu erwerben, abgeschnitten, in einem Lande wo er gar keine Erziehung erhalten kann, und überläßt sich ganz den Phantasien einer lebhaften Einbildungskraft. Er überläßt sich denselben ohne Zurückhaltung, in einem Alter, wo die stärksten Leidenschaften ihn bestürmen; in einem heißen Himmelsstriche; in einem Lande, wo sich ihm, in der dreyfachen Klasse der Negern, Mulatten und Kreolen, unzählige Gelegenheiten zur Ausschweifung darbieten. Die Mulattinnen vorzüglich, diese, durch freye Männer von zur Sklaverey verdammten Müttern erzeugte Weiber, haben einen Hang zur Wollust, welcher alles übertrift, was man sich in Europa vorzustellen im Stande ist. Diese sind es auch gemeiniglich, welche den Kreolen ganz beherrschen. Durch nichts zurück gehalten, überläßt sich der Kreole als Jüngling ganz dem Hange zum Vergnügen. Er überläßt sich diesem Hange mit solcher Heftigkeit, und genießt so anhaltend, so wiederholt, und so unvorsichtig, daß entweder erschöpfte Kräfte ihm nur noch ein Verlangen übrig lassen, das nun nicht mehr befriedigt werden kann: oder, daß die menschenfeindliche Krankheit, welche hier zuerst entstanden ist, und von hier aus über Europa sich verbreitet hat, allmählig seine Gesundheit untergräbt, und ihn, lange vor der Zeit, dem Grabe zuführt. Der lebhafte, tyrannische, unbeständige Karakter des Kreolen macht ihn zum Ehestande wenig geschickt; denn zum Glücke des Ehestandes wird gegenseitige Nachgiebigkeit und Beständigkeit des Karakters nothwendig erfordert. Der verheyrathete Kreole begeht wiederholte Untreue mit seinen Sklavinnen, und über seine Frau wacht er mit übertriebener Eifersucht. Er ist nicht aus Liebe, sondern aus Selbstsucht eifersüchtig. Er maßt sich alles an; und erlaubt seiner Frau nichts. Kein Freund, kein Verwandter, kein Nachbar darf sich ihr nähern, oder in freundschaftlichen Gesprächen einige Stunden mit ihr hinbringen. So verlebt der Kreole, auf der Insel, wo er gebohren wurde, seine Tage; sehr einförmig, im bloßen physischen Genuße. Er wird bald alt, und stirbt frühe. Derjenige aber, welcher nach Europa geschickt wird, um dort seine Erziehung zu erhalten, kommt entweder zu Verwandten, oder in Pensionsanstalten. Hier soll er nun europäische Sitten annehmen, und europäische Kenntnisse sich erwerben. Dazu gehört aber Anstrengung und Zwang. Seine Lehrer und Verwandten behandeln ihn nun mit europäischer Strenge. Er soll auf einmal alle übeln Angewohnheiten aufgeben, seine Unbeständigkeit und Flüchtigkeit ablegen, seine Einbildungskraft im Zaume halten, und Gedächtniß und Urtheilskraft üben. Eine solche Veränderung ist aber schlechterdings unmöglich, daher hat auch diese Strenge keine andere Folgen, als daß der Jüngling Europa hassen und verachten lernt, und sich nach dem glücklichen Lande, in welchem er gebohren ist, schmachtend und sehnend zurückwünscht, nach dem Lande, wo ihm alle europäische Weisheit, wie er glaubt, zu gar nichts weiter helfen würde; daher er sich den auch gar nicht um dieselbe bekümmert. Lange schon im Voraus zählt er die Tage, die er noch in Europa zuzubringen gezwungen ist, und besteigt endlich mit Freuden das Schiff, welches ihn in seine Heymath wieder zurückbringen soll. Dort hilft er dann die ungünstigen Begriffe der Kolonisten von Europa vermehren und ausbreiten. Eben weil sich die Kreolen an europäische Sitzu gar nicht gewöhnen können, hat man in Europa, und vorzüglich in Frankreich, die sehr unrichtige Meynung, daß es ihnen an Talenten fehle, und daß ihr Verstand eingeschränkt sey. Wollte man ihnen in Europa eine bessere, ihrem Hange und ihren Leidenschaften mehr angemessene Erziehung geben, so würde man auch finden, daß es den Kreolen so wenig an Fähigkeiten fehlt, daß sie vielmehr die meisten Europäer darin weit übertreffen. Die Kreolen sind gemeiniglich gut gebaut, groß und stark; ihr Gesicht hat vielen Ausdruck, welcher durch die bräunliche Farbe ihrer Haut noch mehr erhöht wird. Die weisse und zarte Haut kälterer Länder, und die rothen Wangen, welche man dort antrift, darf man unter einem brennenden Himmelsstriche nicht erwarten. Blick und Gang des Kreolen haben den Ausdruck von Stolz, und von Gefühl des eigenen Werths. Bey den europäischen Damen sind sie, ihrer dunkelgelben Gesichtsfarbe und der geringen Kultur ihres Verstandes ungeachtet, sehr beliebt; hingegen den Männern in Europa sind sie verhaßt. Man behauptet: sie wären zu Allem unfähig; die Natur habe sich an dem physischen Theile ihres Körpers erschöpft, und den moralischen ganz vernachläßigt. Diesen Vorwurf aber macht man ihnen, wie ich schon gesagt habe, mit Unrecht. Die Kreolen beschuldigt man in Europa auch, daß sie einen sehr starken Hang zum Spiele hätten. Sonst sind sie aufrichtig, großmüthig, gesellschaftlich, gastfrey mit Aufwand, eitel, zutraulich, tapfer, zuverläßige Freunde und gute Verwandte. Aller der kleinen, selbstsüchtigen Laster, welche die Menschheit entehren, sind sie nicht leicht fähig, und es scheint bemerkenswerth, daß es in den Kolonien, unter den Kreolen, niemals, oder doch nur äusserst selten, Verbrecher giebt.

Dies allein zeigt schon hinlänglich für die natürliche Güte ihres Karakters.

So sind die Kreolen. Aber weit interessanter ist der Karakter der westindischen Weiber, der Kreolinnen. Gleich auf den ersten Blick unterscheiden sie sich von den Europäerinnen. Sie sind groß, schön gewachsen, schlank. Ihre Bildung hat den, Weibern wärmerer Himmelsstriche eigenen, Vorzug, daß die untere Hälfte des Körpers länger ist, als die obere. Dadurch werden alle ihre Bewegungen äusserst einnehmend und reitzend. Vorzüglich aber ist ihr Gang zierlich, auszeichnend, stolz, schwankend, nachläßig, gefällig. Durch die leichte, dünne, dem warmen Klima angemessene Bekleidung, welche mit dem griechischen Gewande große Aehnlichkeit hat, bemerkt das Auge nicht nur deutlich die Bewegungen und Beugungen aller Glieder, sondern es entdeckt sogar beynahe das Spiel der schönen Muskeln. Keiner der künstlichen Panzer, in welche europäische Frauenzimmer sich einschnüren, entstellt die natürliche Schönheit ihrer Bildung; keine Poschen verbergen fehlerhaft gebildete Hüften; kein Reifrock füllt mägere Schenkel aus. Solcher Mittel bedürfen sie nicht. Sie bedecken nur leicht die Reitze, welche ihnen die Natur verlieh, nur so viel, als nöthig ist, um dieselben dem Auge zu verhüllen, ohne sie jedoch ganz zu verbergen. Was aber die Kreolinnen vorzüglich interessant macht, ist ihre Gesichtsbildung. Zwar sind sie nicht vollkommene Schönheiten; aber darum nur desto reitzender. Regelmäßige Schönheit gefällt dem Manne von kaltblütigem Verstande, der immer Schönheit nur nach mahlerischen Regeln mißt und beurtheilt: nicht so regelmäßige gefällt hingegen mehr dem Manne von lebhafter Einbildungskraft, welcher in dem reitzen-

den Gegenstande das zu sehen glaubt, was er selbst hinein-
legt. Die Kreolinnen haben weder die weisse Haut, noch
die blühenden rothen Wangen der europäischen Frauenzimmer; die Farbe ihres Gesichts ist blaß, oft sogar etwas gelblich. Hier sind weder Rosen, noch Lilien; aber
dagegen das, was man in Frankreich vorzüglich und aus-
schliessungsweise P h y s i o g n o m i e nennt; Ausdruck im
Gesichte. Dazu tragen ihre offenen, grossen, lebhaften,
schwarzen Augen nicht wenig bey. Dieses Auge, dessen
Stern von dem obern Augenliede zum Theil bedeckt wird,
und das untere Augenlied nicht ganz berührt, ist das
wahre Auge der Schönheit; das Auge, dem nichts
widersteht. Es hat alle schmachtenden Reitze des
blauen Auges; und noch vieles vor demselben voraus.
Drängt es sich unter dem obern Augenliede ein wenig
hervor, so wird es lebhaft, fröhlich, geistreich, feurig,
leidenschaftlich. Verbirgt es sich etwas mehr unter den
langen, schwarzen, seidenen Wimpern: so wird es sanft,
schmachtend, wollüstig, andächtig.

Ochi pietosi a riguardare; a mover parchi.
In einem solchen Auge mischt sich, unwiderstehlich, reitzend
sanftes Schmachten und anlockende Lebhaftigkeit; auf eine
herzenrührende Weise schmelzen, in den Blicken eines
solchen Augenpaares, Zärtlichkeit und Freude in einander.

Die Kreolinnen kleiden sich mit vielem Geschmacke.
Sie verstehen sich darauf, durch ihren Anzug alles Schöne,
was ihnen die Natur gab, auf das Beste zu zeigen. Ver-
schönern wollen sie selten, oder nie. Keine Kreolinn
schminkt sich; sie weis zu gut, daß das erborgte Roth
mit der natürlichen Farbe allzusehr abstechen würde.

Hinsinkende Unthätigkeit, die aber weder Nachläßig-
keit, noch Kälte, noch Trägheit ist, zeichnet alle Bewe-

gungen, alle Handlungen der Kreolinn aus. Von Jugend auf gewohnt, nichts zu thun; von einem heissen
Klima erschlafft; von Sclaven umgeben, welche jedem
Worte gehorchen, ehe es noch ganz ausgesprochen ist, jeden Wink, jeden Blick ihrer Gebieterin verstehen; ver-
schläft sie die eine Hälfte des Tages, und vertändelt, auf
weichen Polstern wollüstig hingestreckt, die andere Hälfte.
Zwischen dem Verzärteln ihrer Kinder; dem Zanken mit
ihrem Manne; dem Quälen ihrer Sclaven; und den
Täuschungen einer lebhaften Einbildungskraft, die alle
ihre Freuden verschönert, alle ihre Leiden unerträglich
macht, verfließt ihr die Zeit, und immer noch zu langsam. Ihre Nerven leiden bey dieser unthätigen Lebensart und ihr Körper wird ausserordentlich reitzbar. Was
eine europäische Dame kaum bemerkt, erweckt bey der
Kreolinn die heftigsten Ausbrüche von Zorn; und leider!
sind nur zu oft ihre Sclaven die Schlachtopfer dieser un-
begreiflichen Mischung von Indolenz und Lebhaftigkeit.
Entsteht aber in der Kreolinn ein Wunsch, ein Verlangen, eine Zuneigung: dann schafft sich ihre ganze Gemüthsart um. Ein Funke von Liebe verwandelt sich bey
ihr bald in die stärkste Leidenschaft. Gewohnt despotisch
zu befehlen, will sie, verlangt sie, liebt sie, mit schrecklicher Heftigkeit. Erhält sie, was sie verlangt — Ge-
genliebe; sind ihre Wünsche befriedigt: so hört auch ihre
Liebe auf, und sie sehnt sich nach einem neuen Gegenstande. Finden sich aber Schwierigkeiten: so wird sie
hartnäckig und eigensinnig. Schwierigkeiten zu finden,
ist ihr neu; durch die Neuheit gereitzt, bemächtigt sich
ihrer ganz der Wunsch, dieselben zu überwinden; und
dann liebt sie mit einer Zärtlichkeit, mit einer Heftigkeit,
mit einer Innigkeit, mit einer Anhänglichkeit an den ge-

liebten Gegenstand, deren nur selten Weiber in Europa fähig sind. Will man sich hievon überzeugen, so erinnere man sich, daß die zärtliche Geliebte eines Sterne und eines Raynal, die berühmte Eliza Draper, eine Kreolinn war. Und welch eine unbeschreibliche Feinheit von Empfindungen herrscht nicht in ihren gedruckten Briefen! Welch eine glühende Wärme, die in dem kalten Europa beynahe erfriert! Welch ein zarter Hauch von Gefühlen, der in keine andere, als in gleich gestimmte Seelen übergehen kann, und darum auch einen Sterne und einen Raynal bezauberte!

Gesellschaft von Männern suchen die Kreolinnen sehr; aber mit ihrem eigenen Geschlechte, und unter sich, vertragen sie sich nicht. Die europäischen Damen sind ihnen ganz verhaßt; sie haben gegen dieselben eine wahre Antipathie. Immer glauben sie, man ziehe ihnen diese vor, und darüber sind sie aufgebracht und neidisch. Auf den Inseln besuchen sich die Kreolinnen nicht oft. Wenn sie sich besuchen, so sind sie gegen einander äußerst höflich, zuvorkommend und gefällig; aber selten oder nie hat man wahre, aufrichtige Freundschaft zwischen zweyen von ihnen bemerkt. Sie verzärteln, wie ich schon gesagt habe, ihre Kinder, und lieben auch ihre Verwandten mit der lebhaftesten Anhänglichkeit. Unbeständigkeit, Veränderlichkeit, Kaprizen, schnell aufsteigende, und eben so schnell wieder vergehende Wünsche sind Hauptzüge ihres Karakters. Ihre Männer lieben sie; auf den Inseln bleiben sie denselben getreu, und leben in ihrer Gesellschaft, kleiner Zänkereyen ungeachtet, glücklich. Reisen sie aber nach Europa, so kommen sie mit ganz andern Begriffen vom Ehestande von dorther zurück; daher erlaubt auch der Kreole nicht gerne seiner Frau eine Reise nach der alten

Welt. Stirbt der Mann, so ist er in kurzer Zeit von der Frau ganz vergessen, so zärtlich sie ihn auch vorher geliebt hatte. Nichts findet man seltener, in den westindischen Inseln, als eine Wittwe. Ueber schnelle Heyrathen kreolischer Wittwen habe ich sehr oft die europäischen Verwandten des ersten Mannes, in Schottland und in Frankreich, klagen gehört; aber allemal schienen mir diese Klagen ungerecht; denn wer die Menschen kennt, der weiß auch, daß die gefühlvollen, zärtlichen Seelen, welche am feurigsten lieben, auch am schnellsten vergessen, und daß das Eine die unausbleibliche Folge des Andern ist, und nothwendig seyn muß. Im Ehestande, wie in der Liebe, sind die Kreolinnen bis auf einen unglaublichen Grad eifersüchtig. Sie sind es ohne Grund, auf bloßen Argwohn, und die freygelassenen schwarzen Sclavinnen, welche dem Manne dienen, werden daher allemal von seiner Frau gequält, und mit einem unerbittlichen Haß verfolgt, der nicht selten in empörende Grausamkeit ausartet. Eher will die Kreolinn den geliebten Gegenstand selbst, als seine Zuneigung verlieren; man hat daher nicht selten gesehen, daß Kreolinnen ihre Männer, oder Liebhaber, welche ihnen zur Eifersucht Ursache gegeben hatten, vergifteten. Auch giebt es Beyspiele von kreolischen Weibern, die aus Eifersucht gestorben sind. Den Tanz lieben sie bis zur Uebertreibung und mit Leidenschaft; ungeachtet der Wärme des Klima; ungeachtet der Schwäche und der Zartheit ihres Körpers; ungeachtet ihrer natürlichen Indolenz. Sie wissen zu gut, wie sehr die Bewegung des Tanzens ihre natürlichen Reitze erhöht, und wie vortheilhaft die Schönheit ihres schlankgebauten Körpers dabey erscheint. Sie tanzen heftig, und geben im Tanzen den Takt an. Die meisten singen auch sehr schön, und mit Empfindung. Einsamkeit ziehen die Kreolinnen, auch in den Städten, aller Gesellschaft vor. Eben deswegen sind sie in Gesellschaft blöde und zurückhaltend. Den Unterhaltungston der europäischen Damen kennen sie gar nicht, und machen daher, wenn sie nach Frankreich kommen, mit den gesprächigen Frankreicherinnen einen sonderbaren Contrast. Sie leben äusserst mäßig. Früchte, Zuckerwerk, Caffee, Schokolate machen beynahe ihre ganze Nahrung aus. Niemals trinken sie Wein, aber desto häufiger Limonade. Auch halten sie selten Mahlzeiten zu bestimmten Stunden, sondern essen, wenn es ihnen einfällt. Langer Schlaf, Unordnung in der Lebensart, heftige Leidenschaften und allzufrühes Heyrathen untergraben ihre Gesundheit und schwächen ihren Körper; sie werden daher sehr frühe alt, und verlieren ihre Schönheit. Wie Blumen blühen sie, sie verwelken aber eben so schnell. Sie sind fruchtbar und gebähren leicht. So zärtlich sie auch ihre Kinder lieben, erlaubt dennoch die Sorge für ihre Gesundheit ihnen nicht, dieselben zu stillen, sondern sie wählen dazu eine gesunde und starke Negerin. Die Amme und das Kind sind beständig unter den Augen der Mutter, und diese sucht, durch zärtliche Liebkosungen und durch mütterliche Sorgfalt, ihrem Kinde die noch grössere Sorge zu ersetzen, welche dasselbe von seiner Mutter zu erwarten berechtigt wäre, wenn nicht die Natur sie in die Unmöglichkeit gesetzt hätte, eine so angenehme Pflicht zu erfüllen. Die Amme wird jederzeit zur Belohnung frey gelassen.

Wenn man bedenkt, daß die Kreolinnen keine andere Erziehung erhalten, als diejenige, welche ihnen die Natur giebt, so muß man sich über ihren natürlichen, gesunden Verstand und über ihre richtigen Urtheile wun=

dern. Ihre Seele ist groß und stark, und den einmal gefaßten Entschluß halten sie unveränderlich. Dadurch werden sowohl ihre Verirrungen grösser, als auch ihre guten Entschlüsse fester. Vorzüglich zeichnen sie sich durch einen ungewöhnlichen Beobachtungsgeist; durch' ein untrügliches Gefühl für alles, was gut, schicklich, anständig ist; durch Feinheit und Zartheit der Empfindung; und durch Erhabenheit der Gesinnungen aus. Das Gefühl leitet sie oft besser und richtiger, als die europäischen Damen durch Grundsätze geleitet werden. Vermöge eines, durch Erziehung und Lebensart genährten Stolzes, verachtet die Kreolinn alles, was klein und niedrig ist; sie haßt alle krummen Wege; alle verächtlichen Kunstgriffe; sie geht gerade zu; auch dann, wann sie unrecht geht. Gegen ihre Sclaven ist sie hart und grausam, aber gegen alle andere Menschen gefällig, dienstfertig, mitleidig und wohlthätig. Sie bedaurt den Unglücklichen, der sie um Hülfe anfleht; sie weint mit ihm und giebt ihm reichlich; befiehlt aber, vielleicht eine halbe Stunde nachher, wegen eines geringen Versehens, einen Sclaven bis auf das Blut zu peitschen, und sieht ohne Mitleiden zu, wenn der Befehl vollzogen wird. Doch nimmt die grausame Behandlung der Sclaven täglich ab, und viele Kreolinnen haben schon angefangen, die schwarzen Menschen auch als M e n s c h e n zu behandeln. Möchte doch dieses schöne Beyspiel bald allgemein und überall nachgeahmt werden! Wie viel ein solches Betragen gegen die Neger für ihre Ausbildung wirken würde, davon sind die freygelassenen Neger in Nordamerika ein auffallendes Beyspiel; denn unter ihnen giebt es schon jetzt geschickte Aerzte, vortrefliche Dichter und vorzügliche Mahler, die sich durch Erfindung und Darstellung auszeichnen.

Frankreich besitzt in Europa auch noch die Insel Corsika. Der Anblick dieser schönen Insel ist vom Gestade des Meeres ausserordentlich reitzend. Amphitheatralisch erhebt sich vom Ufer das Land. Im Vorgrunde erblickt man angebaute Felder und Gärten, worin Weinreben, Maulbeerbäume, Oelbäume, Orangenbäume und Zitronenbäume stehen. Weiter herauf sieht man zerstreute Landhäuser, Klöster und kleine Dörfer; und endlich hinter diesen, nackte, kahle Felsen. Das Klima ist warm, das Wetter beynahe immer schön, und der Himmel rein und unumwölkt. Im Ganzen ist die Insel wenig angebaut, und die Abgaben, so groß sie auch sind, bezahlen nicht die Kosten, welche ihre Unterhaltung erfordert. Der Corse, eines herumirrenden Lebens gewohnt, läuft in unzugänglichen Gebirgen umher. Er hat Verstand und Scharfsinn; er ist tapfer und kühn; er hat einen unbezwinglichen Hang nach Freyheit und Unabhängigkeit, so wie alle Bewohner der Gebirge; ein Hang, der, bey ihm, durch den Druck der französischen Regierung und durch die bürgerlichen Kriege, noch zugenommen hat. Er ist mäßig, Kastanienmehl und Ziegenmilch, oder Schafmilch, macht den größten Theil seiner Nahrung aus; darum vernachläßigt er den Feldbau. Er ist aufrichtig, großmüthig und gastfrey; gerne theilt er mit dem Reisenden, welcher ihn in den Gebirgen besucht, seine Kastanien und seinen Käse. Er ist stolz, träge, rachsüchtig, abergläubisch und unreinlich. Sein Weib und seine Töchter behandelt er als Sclavinnen, und läßt sie die härteste Arbeit verrichten. Seine Kleidung besteht aus einem langen wollenen Mantel mit einer Kapuze; ein Mantel, der genau so aussieht, wie die Kutte der Kapuziner. Niemanden gehorcht er, vor Niemand bückt er sich, als vor einem unreinlichen Bettelmönche. Diesem küßt er den Saum des Rockes und die schmutzige Hand. Wenn dieser ihm droht, dann zittert er; sonst nie. Die häßlichen, eckelhaften, verächtlichen, dummen Bettelmönche machen sich die Ehrfurcht, welche der Corse für ihre heiligen Mährchen hat, zu Nutze, und erhalten das Volk in Unwissenheit und Aberglauben. In den Städten ist der Corse gebildeter und weniger rauh; er macht aber doch noch immer mit den französischen Stutzern einen sonderbaren Contrast. Die Weiber in den Städten sind stolz und eitel, aber schön und geistreich. Das Spiel lieben sie bis zur Uebertreibung. Mit den französischen Damen können sich die Corsikanerinnen nicht vertragen; Sitten und Gemüthsart sind zu sehr verschieden.

Der Nationalkarakter der Frankreicher läßt sich, wie mir scheint, auf folgende Punkte zurück führen. Der Frankreicher ist eitel, unreinlich, mäßig, geschwätzig, heftig, unterrichtet. Die Eitelkeit der Frankreicher, aus allen Ständen, und in jedem Alter, ist unglaublich groß. Immer suchen sie nur zu scheinen, nie zu seyn. Immer sehen sie nur auf das Aeussere, auf das, was in die Augen fällt, und vernachläßigen darüber das Wesentliche, die Sache selbst. Eine schöne Figur ist daher in Frankreich eine grosse Empfehlung, und Kleider machen daselbst, im eigentlichen Sinne des Wortes, Leute. Ein Frankreicher lebt von Brod und Wasser, oder wenigstens von Kaffee und Brod, wenn es ihm am Gelde fehlt, und verwendet das wenige, was er hat, auf seine Kleider. So kümmerlich er sich auch oft behelfen muß, so wenig darf dieses in seinem Anzuge sichtbar seyn. Jeder Frankreicher hat Achtung für sich selbst, wenn er gut angezogen ist; und glaubt zu seyn, was er vorstellt. Aus eben dieser Eitelkeit entstand auch der Antheil, den man in Frankreich an Allem nahm, was den Hof betraf; und die grosse, übertriebene Ehrfurcht für den König. Hofneuigkeiten, so unbedeutend sie auch seyn mochten, wurden, in Kaffeehäusern und in Privatgesellschaften, mit wichtiger Miene, erzählt und wieder erzählt, und derjenige Erzähler, dem viele solche kleine Anekdoten bekannt waren, wurde dadurch ein Mann von Ansehen und Gewicht. Für seinen König hatte der Frankreicher eine Achtung und eine Ehrfurcht, die bis zum Uebertreiben gieng. Er war stolz auf die Größe, auf die Macht, ja sogar auf den Despotismus seines Königs.

Die Unreinlichkeit der Frankreicher ist unglaublich groß, vorzüglich in den südlichen Provinzen; in der Provence und in Languedok. Reinlichkeit und Betriebsamkeit sind, wie mir scheint, immer mit einander, bey jedem Volke, verbunden, und beyde stehen in einem so genauen Verhältnisse, daß man, beynahe zuverläßig, wenn man den Grad der einen kennt, auch auf die andere schliessen kann. Beyde findet man vorzüglich in freyen und wohlhabenden Staaten, wo die unteren Classen des Volks, durch die Arbeit ihrer Hände, mehr erwerben können, als unumgänglich nothwendig ist, um sich die Bedürfnisse des Lebens anzuschaffen. Auch die Religion hat auf beyde einen auffallenden Einfluß. Betriebsamkeit und Reinlichkeit sind, bey derselben Regierungsform und unter übrigens völlig gleichen Umständen, allemal grösser in protestantischen Ländern, als in katholischen; davon sieht man in der Schweitz das allerauffallendste Beyspiel. Wahrscheinlich liegt der Grund in den vielen Feyertagen der Katholiken, den vielen Opfern für Seelenmessen, und andern ähnlichen Ursachen. In Frankreich ist ein gänzlicher Mangel an Betriebsamkeit. Die reichsten und grösten Kaufleute sind Ausländer, hauptsächlich Schweizer. Die reichsten Banquiers in Paris und Lyon sind alle, ohne Ausnahme, Schweitzer.

Wo Reinlichkeit fehlt, da fehlt auch zuverläßig Gefühl für Anständigkeit, und Sittsamkeit, a) welche die Reinlichkeit des Gemüths ist. Der Mangel an Sittsamkeit, an dem feinen, zarten, edlen Gefühle, vermöge welches wir einen dichten Schleyer über alle Gegenstände zu werfen suchen, die uns an unsere Verwandtschaft mit den Thieren erinnern, und die süße Illusion, daß wir göttlichen Ursprungs und ganz Seele sind, stöhren könnten; der Mangel an diesem Gefühle, dem wahren Gürtel der Venus, welchen selbst Jupiter, als Juno denselben trug, nicht eher zu lösen wagte, als bis er sich mit ihr in eine dichte, den Augen der Götter und der Sterblichen undurchdringliche Wolke, gehüllt hatte: der Mangel an diesem Gefühle, sage ich, ist in Frankreich sehr auffallend, und bey dem andern Geschlechte in der That empörend. Was Madame Rambouillet in Yoriks Reise that und sagte, das thun und sagen täglich auf den Boulevards zu Paris, am hellen Mittage, Damen von dem ersten Range und von dem besten Tone. Ich habe Engländerinnen gekannt, welche, wenn sie den sonderbaren Anblick zum erstenmale sahen, nicht nur erschrocken sich wegwandten, sondern beynahe in Wuth darüber geriethen, und von diesem Augenblicke an die französische Nation haßten und verabscheuten: sie hielten nämlich

---

a) In der französischen Sprache giebt es nicht einmal ein Wort, welches Sittsamkeit, oder das, was der Engländer delicacy nennt, ausdrückte.

durch einen so gänzlichen Mangel an Sittsamkeit ihr ganzes Geschlecht für beleidigt.

Die große Mäßigkeit der Frankreicher im Essen und Trinken ist bekannt. Ihre Nahrung besteht größtentheils aus Brod, Gemüse, Obst, Kaffee, dünnen Fleischbrühen; selten aus Fleisch. Wein trinken sie wenig, und niemals unvermischt. Um Leckereyen bekümmern sie sich nicht, und essen mehr um den Hunger zu stillen, als um die Zunge zu kitzeln. Von den Engländern sind sie, in Allem, was Mäßigkeit betrift, gerade das Gegentheil, und wenn man die Lebensart beyder Nationen genau kennen gelernt hat, so wundert man sich nicht länger, daß die eine größtentheils aus fetten und starken, die andere hingegen aus schwachen und hagern Menschen besteht. Der vorzüglichste Spott der Engländer gegen die Frankreicher bestand von jeher darin, daß sie denselben vorwarfen, sie müßten sich mit magerer Suppe und Froschschenkeln begnügen, während sie selbst sich mit Rinderbraten mästeten. Wie man sich etwas darauf zu gute thun könne, ein starker Fresser zu seyn und wie man über Mäßigkeit spotten könne, das konnte der Frankreicher nie einsehen, und juckte daher die Achseln, wenn er hörte, daß ihm der Engländer einen so lächerlichen Vorwurf machte. Karakteristisch ist unstreitig dies Betragen für beyde Nationen; aber die unpartheyische Philosophie entscheidet zu Gunsten des Frankreichers, der besser seinen Geist, als seinen Körper nährt.

Die Gesprächigkeit der Frankreicher, welche sehr oft in Geschwätzigkeit, aber nur selten in Schwatzhaftigkeit ausartet, kennt Jedermann. Man hört ihnen gerne zu, und ihr Umgang ist belehrend; denn sie sprechen selten oder nie von Dingen, die ihnen unbekannt sind, sondern gemeiniglich nur von Gegenständen, die sie kennen, oder die sie wenigstens zu kennen glauben. Im Gespräche hat der Frankreicher vor allen übrigen Nationen der Welt auffallende Vorzüge. Einer seiner grossen Fehler ist die heftige Gestikulation, und die Leidenschaft, mit welcher er seine Gedanken vorträgt. Der Eifer, mit dem er seine Meynung vertheidigt, erlaubt ihm nicht, Gegengründe anzuhören, und vermöge seiner natürlichen Heftigkeit und Ungeduld unterbricht er wohl gar im Gespräche seinen Gegner, ehe dieser noch seine Rede geendigt hat. Der Umgang mit unterrichteten Frankreichern ist daher immer nur für den Hörer, und selten, oder nie für den Sprecher lehrreich, so ein verständiger Mann der Zuhörer auch seyn mag. Der unverzeihliche Fehler des Unterbrechens im Gespräche, welcher allemal einen einseitigen Mann verräth, und Eitelkeit und Eigenliebe bezeichnet, dieser Fehler war dem grossen Franklin, während seiner Gesandtschaft in Frankreich, im Umgange vorzüglich unangenehm und auffallend. Wenn er bey guter Laune war, pflegte er den muntern Frankreichern zu beweisen, daß die nordamerikanischen Wilden weit höflicher wären, als sie. „Wenn diese Wilden versam„melt sind" sagte er „so steht derjenige, welcher sprechen „will, auf, und alle übrigen beobachten indessen ein tie„fes Stillschweigen. Hat er seine Rede geendigt und sich „wiederum niedergesetzt, so lassen sie ihm noch fünf bis „sechs Minuten Zeit zum Nachdenken, damit, wenn er „noch etwas zu sagen vergessen haben sollte, oder etwas „hinzu zu setzen hätte, er noch einmal aufstehen und es „hersagen könne. Einander zu unterbrechen, sogar in „gewöhnlichen Gespräche, wird für höchst unanständig „gehalten. Wie verschieden ist nicht diese Sitte von dem

„Converſationston vieler zierlichen Geſellſchaften in Eu-
„ropa: wo, wenn Ihr Eure Meynung nicht ſo ſchnell,
„als möglich herplappert, Ihr von der ungeduldigen Ge-
„ſchwätzigkeit derjenigen, mit denen ihr ſprecht, mitten
„in Eurer Rede angehalten werdet, ohne daß Euch er-
„laubt würde, dieſelbe zu endigen!"

Die Heftigkeit der Frankreicher iſt in allen ihren
Handlungen ſehr groß. Dieſe Heftigkeit iſt mit Ungeduld, Unbeſtändigkeit, Flüchtigkeit, Leichtſinn und Veränderlichkeit verbunden; und alle dieſe Eigenſchaften ſind
ſo innig in den Nationalkarakter der Frankreicher verwebt, machen ſo ſehr Grundzüge deſſelben aus, daß man
ſie nicht nur in den Debatten der Nationalverſammlung
deutlich entdeckt, ſondern daß auch dieſe Verſammlung
ſogar geglaubt hat, in ihren Verhandlungen darauf
Rückſicht nehmen zu müſſen, und nicht vergeſſen zu dürfen, wie der Karakter der Nation beſchaffen ſey, welcher
ſie Geſetze vorſchreiben will. Man höre, wie ſich ein
berühmtes Mitglied der Verſammlung, Herr Rabaud
de St. Etienne, darüber ausdrückt: „Eine Bemer-
„kung iſt der Nationalverſammlung nicht entgangen:
„nämlich die Kenntniß des Nationalkarakters der Frank-
„reicher, welche ſich auch in der Verſammlung ſelbſt deut-
„lich genug gezeigt hat. Schnell im Faſſen, ſchnell im
„Ausführen, ungeduldig zu genießen, entdeckt der
„Frankreicher nicht ſobald das Ziel, als er auch ſchon
„brennt, dahin zu gelangen. Schwierigkeiten ſind ihm
„Mittel, Widerſtand Bewegungsgründe, und der
„Damm, durch welchen man dieſen Strom aufzuhalten
„ſucht, dient zu weiter nichts, als ihn reiſſender zu ma-
„chen. Ein ſolches Volk darf nicht wie ein anderes ge-
„führt werden. Langſamkeit des Magiſtrats, und tiefes

„Nachdenken über die Mittel, hätten daſſelbe in Unthä„tigkeit eingeſchläfert. Zu viele Betrachtungen machen „ihm zu viel Langeweile. Die Athenienſer führte man „mit Worten, aber die thätigen Frankreicher wollen „Handlungen; ihre Ungeduld verlangt Thatſachen: Al„les, was ſie lange aufhält, bringt ſie auf, oder erweckt „in ihnen Widerwillen, und dann- gehen ſie plötzlich zu „andern Gegenſtänden über, um ihre unermüdete Thä„tigkeit ausüben zu können. Oberflächliche Beobachter „halten den Frankreicher für veränderlich und flüchtig; „aber in demjenigen, was ich ſo eben geſagt habe, liegt „der Grund dieſes Irrthums. Der Frankreicher giebt „den Gegenſtand, nach welchem er ſtrebte, auf, ſobald „ſein ſchneller und ſicherer Blick ihm zeigt, daß es klüger „ſey, darauf Verzicht zu thun; aber er verfolgt denſelben „hartnäckig, ſo lange ſeine Thätigkeit dabey Beſchäfti„gung findet. Er verläßt den Gegenſtand ſeines Wun„ſches leichter, als ein anderes Volk, weil er ihn früher „erſchöpft: dieſer Unterſchied iſt eine Folge der Schnellig„keit ſeines Scharfſinns und der Heftigkeit ſeines Ka„rakters." a)

Im Ganzen genommen iſt der Frankreicher beſſer unterrichtet; er kennt Perſonen und Sachen beſſer als alle andere Völker des Erdbodens. Aber ſeine Kenntniß iſt gemeiniglich einſeitig, ſelten oder niemals gründlich und wiſſenſchaftlich, weil er ſie nicht, wie wir, aus Büchern ſchöpft, oder durch eigenes Nachdenken erlangt, ſondern ganz allein durch den Umgang und aus der Converſation erlernt.

---

a) Nouvelles réflexions ſur la nouvelle diviſion du Royaume.

erlernt.—Originale Schriftsteller giebt es in Frankreich eben so selten, als es dort in der Gesellschaft Sonderlinge giebt. Ein Sonderling zu seyn, eigene Meynungen haben zu wollen, heißt in Frankreich sich lächerlich machen. Jeder spricht, jeder denkt, jeder ißt und trinkt, und kleidet sich, wie sein Nachbar, oder wie die Gesellschaft, mit welcher er täglich umgeht. Wer sich anders beträgt, der verliert, von diesem Augenblicke an, das Recht in der Gesellschaft zu erscheinen. Und stellte er auch die Weisheit in eigner Person vor, wäre er ein Sokrates, ein Plato, ein Zeno, ein Epiktet, so würde ihn alle seine Weisheit verächtlich machen, wenn er sich unter das allgewaltige Joch der Mode nicht beugen wollte. Gerade aus dieser Ursache sind die Frankreicher von manchen Fehlern nicht zu bessern; gerade aus dieser Ursache sind sie zur Freyheit völlig ungeschickt und unvorbereitet. Freyheit ist jetzt in Frankreich Mode, und wird auch als Modesache behandelt. Man muß heftiger Aristokrat, oder heftiger Demokrat seyn, sonst steht man allein. Bald aber wird der Enthusiasmus erkalten, bald wird die Mode vorübergehen, eine andere Mode wird diese verdrängen; und jeder Menschenfreund stimmt wohl mit mir in den Wunsch ein, daß es eine weniger gefährliche Mode seyn möge!

Die ernsthaften Wissenschaften (die spekulativen sowohl, als die praktischen) sind in Frankreich im grösten Verfall; aber alles, was zum Flitterstaate der Gelehrsamkeit gehört, ist dort im grösten Flor. Fein gedrechselte Perioden; blendende Antithesen; hinreissende Deklamation; simulirte Empfindung; Crocodillthränen erlogener Gefühle; der Stelzengang der Uebertreibung; verführerische Kunstgriffe der Sophisterey; und was es sonst noch für verächtliche Mißbräuche der Beredsamkeit geben mag, die man bey einer gesunkenen, verdorbenen, verfallenen Nation, in dem letzten Zeitpunkte ihrer Existenz, allemal antrift, und die man in Griechenland, im Zeitalter der Sophisten, so wie zu Rom unter den Kaisern findet: alle diese verächtlichen Künste, welche die Menschheit entehren, indem sie Vernunft und Wahrheit verbannen; alle diese Künste haben die Schriftsteller Frankreichs bis zu einer Höhe gebracht, wovon wir in Deutschland noch gar keine richtigen Begriffe haben, und die doch gewiß der Aufmerksamkeit und der Untersuchung des Philosophen werth sind.

Alle ernsthaften Wissenschaften sind, wie ich schon gesagt habe, im Verfalle. Die Theologie ist die Theologie der Sorbonne, die vormalige Theologie der Jesuiten. Priester und Mönche sind unwissend, abergläubisch und unaufgeklärt. Sie theilen das Volk in zwey grosse Classen: in solche, die Nichts, und in solche, die Alles glauben. Mit der ersten Classe geben sie sich nicht ab; mit der zweyten hingegen, die in Frankreich noch ausserordentlich groß ist, beschäftigen sie sich ganz. Dieser Classe erzählen sie ihre heiligen Mährchen, hören die Beichte an, und nehmen (was die Hauptsache ist) das Geld, in dieser Welt, für Seelenmessen, welche den Verstorbenen in jener Welt zu gute kommen sollen. In den Klöstern herrscht eine Finsterniß des Geistes, wie im Zeitalter eines Hildebrandts. Da giebt es keine aufgeklärte, gelehrte, verehrungswürdige Aebte, wie in einigen Klöstern Deutschlands; da giebt es keine Mönche, wie zuweilen unter uns, die lesen, denken und untersuchen. In der Bibliothek des Klosters modern dort und zerfallen in Staub die kostbarsten Ueberreste des Alterthums; noch unbekannte, nicht edirte, klassische Schriftsteller. Die Bibliothek wird selten geöffnet, wenig benutzt, und einen aufgeklärten, philosophischen Bibliothekar, wie z. B. der Bibliothekar des Klosters zu St. Gallen in der Schweitz ist, würde man in ganz Frankreich vergeblich suchen. Indessen zeichnen sich unter den Mönchen die **Benediktiner** aus, so wie sie sich überall und von jeher ausgezeichnet haben. Einige von ihnen, die Benediktiner der **Congregation von St. Maur**, haben uns ein diplomatisches Werk geliefert, das der Zeit trotzt, und durch welches ihr Name, noch bey der Nachwelt, mit Dank genannt werden wird.

In den Nonnenklöstern war Finsterniß und Aberglaube noch grösser, und in einigen derselben, in den südlichen Provinzen Frankreichs, giengen Greuel vor, die ich mich zu erzählen scheue, ob ich sie gleich zuverläßig weis, da ich einst, wegen einiger Folgen derselben, als Arzt um Rath gefragt worden bin; indem die Aebtissinn einen einheimischen Arzt zu fragen, nicht wagen durfte. Als einen Beweis der Denkungsart französischer Nonnen kann ich mich nicht enthalten, folgende Bemerkung zu erzählen, die ich einst von ungefähr machte. Auf einer Reise durch die Provinzen Frankreichs, im Jahre 1785, kam ich nach Agen. Es war zwar noch früh am Tage, indessen bestimmte mich die schöne Lage des Städtchens an der Garonne, und das vortrefliche Wetter, die Nacht da zuzubringen. Nachdem ich im Gasthofe die nöthigen Einrichtungen getroffen hatte, gieng ich aus und spazierte in der Gegend umher. Eben war ich im Begriffe nach dem Gasthofe zurückzukehren, als ich in einer Strasse der Stadt, die Kapelle eines Nonnenklosters offen fand. Ich gieng hinein und fand die Kapelle klein, aber recht artig. Ich wollte eben wieder herausgehn, als mich die Bemerkung, daß ich ganz allein war, und der schöne Anblick der letzten Strahlen der untergehenden Sonne, welche, durch die Fenster der Kapelle, die gegenüberstehende Wand vergoldeten, zurückhielt. Ich stellte mich, auf eine Lehne gestützt, dem Hauptaltare gegenüber, und verlor mich in Gedanken, über einen Gegenstand, der mich damals sehr beschäftigte. Aus diesem Traume wurde ich auf die sonderbarste Weise aufgeweckt, als ich meine Augen in die Höhe hob und die Mahlerey an der Decke erblickte. Ein so sonderbares Gemälde war mir noch nicht vorgekommen. Eine Nonne, umgeben mit himmlischem Glanze, scheint, aus Fülle von angenehmen Empfindungen, in Ohnmacht zu sinken. Nachläßig hingestreckt liegt sie da; mit halbgeschlossenen, wollusttrunkenen Augen, mit schmachtendem Blicke und mit ausgestreckten Armen erwartet sie ihren himmlischen Bräutigam, der auch, in Gestalt eines schönen und zärtlichen Jünglings, aus den Wolken herabsteigt. Nahe dabey steht folgende Inschrift:

Quid non conatur Amor!
Coelos in terris adumbrare
Carmeli filiae tentarunt,
Anno Salutis
1773.

Einen solchen Begriff also machen sich die Nonnen vom Himmel; in Fülle hoffen sie dort zu genießen, was ihnen auf der Erde auch nur zu kosten verboten bleibt.

Ist die Theologie in Frankreich im Verfall, so ist es die Arzneywissenschaft noch weit mehr. Von dieser kann man in der That sagen, sie sey seit funfzig Jahren wenig vorgerückt. Daher ist in Frankreich die Profession eines Arztes sehr verachtet. Der Titel eines Doktors

welcher in England adelt und den Rang vor allen Land-
edelleuten (Esquieres) giebt; dieser Titel, welchen man
in England, als eine Belohnung, solchen Gelehrten
schenkt, die sich durch ihre Verdienste um das menschliche
Geschlecht auszeichnen, wie z. B. einem Franklin,
einem Priestley, einem Herschel; dieser Titel ist in
Frankreich nicht nur von keinem Werthe, sondern er
macht lächerlich und setzt dem Spotte aus. In Deutschland und in England ist per Stand eines Arztes mit Recht
ein sehr angesehener Stand; denn derselbe erfordert, in
diesen beyden Ländern, mehr Zeit und grössere Kosten,
um sich zu einem gewissen Ansehen darin zu erheben, als
jeder andere gelehrte Stand. Ein Arzt, der seine Wissenschaft gründlich kennen lernen will, muß, mehr oder
weniger große Reisen ausser seinem Vaterlande unternehmen, um in mehreren Ländern Kranke zu beobachten,
und die verschiedenen Kurmethoden verschiedener Länder
mit einander vergleichen zu können. Ein nicht gereiseter
Arzt bleibt allemal, wenn er nicht ein Mann von ausser-
ordentlichem Genie ist, einseitig und voller Vorurtheile seines Vaterlandes. Diese Wahrheit wird auch so allgemein
eingesehen, daß engländische und deutsche Aerzte eine Reise
ausser ihrem Vaterlande als unumgänglich nothwendig zur
Vollendung ihrer Studien ansehen; und seitdem dieser vortrefliche Grundsatz allgemein angenommen worden ist, hat
die Arzneywissenschaft in beyden Ländern grosse Schritte zu
ihrer Vervollkommnung gethan, während sie in allen den
Ländern, deren Aerzte nicht reisen, (in Spanien, Italien,
Frankreich) zurückgeblieben ist. In Frankreich wird die
Arzneykunde, von dem aufgeklärten Theile der Nation,
mit der Goldmacherkunst in einen Rang gesetzt. Beyde,
sagt man, versprechen viel und halten nichts; beyde er-

halten sich auf Unkosten der Leichtgläubigen; und beyde verdienen die Verachtung und den Spott des Philosophen. Der Frankreicher, welcher auf diese Weise spricht, hat auch in der That nicht Unrecht, wenn er dieses strenge Urtheil nur von den Arzneygelehrten seiner Nation fällt; denn diese sind gröstentheils sehr unwissend. In den Häusern der Kranken, zu denen sie gerufen werden, spielen sie die Rolle des Beichtvaters, das heißt: sie bringen in die Geheimnisse der Familie ein und machen sich unentbehrlich, weil man, nachdem sie einmal mit alle dem bekannt geworden sind, was man gerne verborgen halten möchte, nicht ohne Gefahr, wenigstens nicht ohne Furcht durch ihre Schwazhaftigkeit zu leiden, sie verabschieden kann. Gerade aus dieser Ursache sind auch sehr viele Ex-Jesuiten Aerzte geworden; sie legten nur die Kutte ab, und trieben nachher dasselbige Geschäft fort, welches sie vorher getrieben und in der Schule der Jesuiten gelernt hatten, und mit demselben Erfolge. Die ganze Wissenschaft der meisten französischen Aerzte besteht darin, ein Abführungsmittel, eine Aderlässe, oder ein Clystir zu verordnen; ohne Rücksicht, ob die Krankheit gerade dieses oder jenes Mittel erfordere. Eine andere Ursache der Verachtung, in welche die Arzneywissenschaft in Frankreich gefallen ist, besteht darin, daß sich die Aerzte gar nicht durch vorzügliche Schriften ausgezeichnet haben. Die medizinischen Schriften in Frankreich sind so schlecht geschrieben; so unkorrect; so durch Sprachfehler, und durch unverständliche, undeutliche Ausdrücke entstellt; so leer an grossen Gedanken und an neuen Ideen, daß bey einer Nation, bey welcher die Kunst vortreflich zu schreiben, als die höchste Stufe menschlicher Vollkommenheit angesehen und dem zufolge *über alles andere*

geschätzt wird, Werke, welche so weit von diesem Ideal
der Vollkommenheit sich entfernen, unmöglich geachtet
werden, oder ihren Verfassern Ruhm erwerben können.
Jeder Leser, welcher auch nur einen flüchtigen Blick in
das Buch thut, und darin so viele Worte und so wenige
Gedanken findet; und noch überdies barbarische Ausdrücke, bey welchen sich weder Verfasser noch Leser etwas
Deutliches und Bestimmtes denken können, wie z. B.
Schärfe, Unreinigkeit des Geblütes,
Reitzbarkeit der Nerven, Unordnung der
Lebensgeister, Hitze im Geblüte, Versto-
pfung der Gefäße, Saburra, a) und hundert
andere ähnliche, nichtsbedeutende Worte; jeder, sage
ich, welcher diese Ausdrücke findet, die in einem Lande,
wo die Kunst schön zu schreiben, so hoch gestiegen ist und
so sehr geschätzt wird, barbarisch klingen müssen, legt
das Buch aus der Hand, und seine Verachtung der göttlichen Kunst nimmt zu, statt daß er nur dem Verfasser
hätte Vorwürfe machen sollen. Aus den Schriften der
engländischen Aerzte sind solche, unphilosophische und
barbarische Ausdrücke, gröstentheils verbannt, und auch
aus den Schriften deutscher Aerzte werden sie es in unsern
Zeiten mehr und mehr. Von der königlichen medizinischen Societät in Paris, welche in Frankreich
in der Arzneywissenschaft den Ton angiebt, bemerkt man,
daß dieselbe, unter ihren einheimischen Mitgliedern,
wenige berühmte praktische Aerzte zählt; daß sie nicht

---

a) Acrimonie, fougue des humeurs, ebullition du
sang, trouble des esprits, racornissement, crispa-
tion des nerfs, tensions des fibres, engorge-
ments, obstructions des vaisseaux, saburre.

einmal korrekt schreibt; a) und daß unter den Schriften, welche diese Gesellschaft in den letzten Zeiten gekrönt hat, sich nur wenige über das Mittelmäßige erheben. Auf den französischen Universitäten ist die Arzneywissenschaft im allergrößten Verfalle. b)

Unter allen ernsthaften Wissenschaften ist keine so tief in Frankreich gesunken, als die Philosophie. Auch nur eine flüchtige Betrachtung der sonderbaren Schicksale, welche diese reizende Göttin (die, zur Führung der Sterblichen bestimmt, vom Himmel auf die Erde herabstieg) betroffen haben; auch nur eine flüchtige Betrachtung ihrer Schicksale, erweckt Erstaunen und Verwun-

---

a) Ju dem Progamm der Société Royale de médecine für 1785 kommt folgende Stelle vor: Il est essentiel, de détruire ici l'erreur, où sont quelques médecins, physiciens et chirurgiens, qui ne correspondent point avec la société, parcequ'elle a déja des Associés et Correspondants, dans les lieux qu'ils habitent. La compagnie est éloignée d'avoir adopté ce principe. (Quel est ce principe? On n'a parlé que d'une erreur; et qu'elle est cette erreur?)

b) Le défaut du mal est aisé à reconnoitre dans l'espèce d'annéantissement, où est tombé l'enseignement public de la Médecine. On entend chaque jour les Professeurs même gemir de ces abus, et élever des voeux impuissants, pour les reformer. Nul plan dans le cours d'études, nul choix d'auteurs, nul secours pour une jeunesse avide de s'instruire. Quelques idées prises au hazard, quelque foible lecture d'une vaine compilation, ou d'un commentaire fade et insipide, sont les seules ressources, avec lesquelles un Médecin est lancé dans la pratique. Journal général de France. 1785.

berung. In ihrer Kindheit, ehe noch alle ihre Reitze sich entwickelt hatten, schien sie sanft, einnehmend und gesprächig; sie war immer in Gesellschaft der Tugend, und oft fand diese, wegen ihrer schönen Begleiterin, hie und da eine Herberge, wo man sie, wäre sie allein gekommen, abgewiesen haben würde. Schon in diesem zarten Alter, schon in ihrer Kindheit, hatte die Philosophie einen Liebhaber, der, von ihren Reitzen eingenommen, sich ihr aufopferte, und, aus Liebe zu ihr, starb. Sokrates war dieser Mann. In ihrer Jugend bezauberte ihre Schönheit die Welt, und Plato wurde vorzüglich von ihr begünstigt. Im männlichen Alter war sie sich selbst sehr ungleich; sie artete aus; sie wurde launigt; sie hatte bald diesen, bald jenen Liebhaber; und gieng immer von einem Extreme zu dem entgegengesetzten über. Bald überließ sie sich, mit Epikur und Aristipp, ganz und gar der Freude; sie lachte, scherzte und sang; sie flocht Kränze für ihre Lieblinge und pflückte für sie Rosen, welche sie ihnen dann erst übergab, nachdem sie vorher alle Dornen von denselben sorgfältig weggenommen hatte; bald nahm sie eine strenge und ernsthafte Miene an, und predigte, in Gesellschaft eines Zeno, eines Seneka, eines Epiktet, Gleichheit der Menschen, Verachtung der Freude, philosophischen Stolz und Unfühlbarkeit gegen Schmerzen; bald grübelte sie mit Aristoteles, um auszufinden, in wieferne das, was Niemand wissen kann, und Niemand weiß, zu wissen möglich sey; bald — — — doch ich würde den Leser ermüden, wenn ich alle die Thorheiten erzählen wollte, welche die Philosophie in ihrem männlichen Alter begieng, obgleich noch immer Spuren ihrer jugendlichen Schönheit und Liebenswürdigkeit übrig bliben. Im spätern Alter artete sie ganz aus; die Freundin ihrer jüngern Jahre, die Tugend, verließ sie; und nun ward aus ihr eine unausstehliche Schwätzerin, die mit Worten spielte und an Spitzfindigkeiten Vergnügen fand. Seit der Mitte des gegenwärtigen Jahrhunderts ist sie in Frankreich tief gesunken, und hat sich sehr verdächtlich gemacht. Sie ist beleidigend, hämisch, intolerant, selbstsüchtig, geschwätzig, spöttisch, dezisiv, sophistisch und bekehrungssüchtig geworden: sie beweißt nicht mehr, wie vormals, ihre neuen Sätze, sondern sie spottet über diejenigen, welche dieselben nicht annehmen wollen. Wer nicht denkt wie sie, von dem behauptet sie, daß es ihm an Gemeinsinn, an gesundem Menschenverstande fehle. Apostel und Emissarien der neuen Lehre ziehen in der Welt umher; sie suchen Proselyten zu machen, und auch andere zu diesem neuen Unglauben zu bekehren. Der Kern der modernen, den Geist niederschlagenden und das Herz verderbenden Philosophie besteht in folgenden Sätzen: „1) Es giebt keinen „Gott, sondern die Welt ist von selbst und „durch Zufall entstanden." 2) „Die Seele „ist nicht unsterblich, sondern sie hört mit „dem Körper zu leben auf." 3) „Es giebt „keine Seele, sondern der Mensch ist blos „Körper, blos Materie, und hat nichts „Geistiges an sich." 4) „Physisches Ver„gnügen und physischer Schmerz sind die „Quelle und die Beweggründe aller unse„rer Handlungen, und physisches Vergnü„gen der einzige vernünftige Zweck der„selben." 5) „Tugend ist ein Unding; denn „sie setzt Aufopferung voraus. Aufopfe-

„rung ist aber unmöglich, weil jeder Mensch
„immer nur mit Rücksicht auf sich selbst, mit
„Rücksicht auf seinen eigenen Vortheil, aus
„Eigenliebe, handelt, und handeln muß."

Dieses ist der Kern der neuern französischen Philosophie, welche auf den Ruinen der Religion und der Moral ruht, und welche von jeher die Philosophie verdorbener Zeitalter gewesen ist. In Frankreich wird sie laut und öffentlich geprediget; sie ist dort die Modelehre, und wenn man sich nicht lächerlich machen will, so muß man sie annehmen, oder sich wenigstens stellen, als nähme man sie an. Ein solcher Philosoph, welcher den dogmatischen Atheismus prediget, zeigt allemal einen Mangel an richtigem Verstande; denn er behauptet etwas, das eben so ungereimt ist, als dasjenige, was er verwirft. Das Daseyn eines höchsten Wesens läßt sich freylich nicht mathematisch darthun, aber das Nichtdaseyn eines solchen Wesens eben so wenig. Wie verkehrt muß demnach der Sinn eines Mannes seyn, der, in einer zweifelhaften Sache, blos aus Parodoxiesucht, aus Liebe zum Sonderbaren, Dasjenige verwirft, was die weisesten und besten Menschen aller Zeitalter angenommen hatten, und zwar ohne einen einzigen Grund mehr für seine Behauptung zu haben, als jene hatten! Wie verkehrt muß der Sinn eines Mannes seyn, der, wenn er endlich nach vieler Mühe dahin gelangt ist, diesen falschen Satz für wahr zu halten; nachdem er sich, durch viele Mühe, einer so reichen Quelle erhabener Gesinnungen, als der Glaube an Gott ist; eines so großen Trostes im Unglücke, als der Glaube an die Vorsehung gewährt; und einer so starken Triebfeder zu großmüthigen Handlungen, als der Glaube an die Tugend ist, freywillig beraubt hat: wie verkehrt muß er seyn, wenn er, zu einer so kahlen, zu einer so unfruchtbaren Lehre, zu einer **negativen Dogmatik**, welche alles raubt und nichts wiedergiebt, Proselyten zu machen sucht! Wer ist wohl mehr des Mitleidens und des Bedauerns würdig, als ein solcher Mann!. Solche Männer aber sind die neuen französischen Modephilosophen. Ein großer Schriftsteller hat neulich die Folgen dieser Philosophie mit starken Zügen geschildert. a) „Nach dieser neuen „Lehre" sagt er „ist ein König ein bloßer Mann; eine „Königin blos ein Weib; ein Weib gehört in das Thier„geschlecht, und zwar nicht einmal oben an. Königs„mord, Vatermord und Gotteslästerungen sind bloße Er„dichtungen des Aberglaubens, welche die Rechtsgelehr„samkeit verderben, indem sie dieselbe ihrer Einfachheit „berauben. Der Mord eines Königs, einer Königin, „eines Bischofs, eines Vaters, ist ein bloßer Todtschlag; „und wenn das Volk, auf irgend eine Weise, durch ir„gend einen Zufall, dabey gewinnt, so ist es der allerver„zeihlichste Todtschlag, den man eben nicht zu strenge un„tersuchen und bestrafen darf. Nach der Lehre dieser „barbarischen Philosophie, welche die Frucht eines kalten „Herzens und eines trüben Verstandes ist, und welcher „es eben so sehr an wahrer Weisheit, als an Geschmack „und an Zierlichkeit fehlt, können Gesetze nicht anders, „als vermöge des Schreckens, den sie um sich her verbrei„ten, und vermöge des Vortheils, welchen jedes Indi„viduum, zu Beförderung seiner eigenen Plane, in den„selben findet, erhalten werden. In den Lauben der

---

a) E. Burke reflections on the revolution in France. p. 114.

„Academie dieser Philosophen, und am Ende einer jeden „Aussicht erblickt man weiter nichts, als den Galgen."

Der dogmatische Atheismus, verbunden mit der epikuräischen Philosophie, hat in Frankreich eben die Wirkungen hervorgebracht, welche derselbe in Griechenland und in Rom hervorbrachte. Alle die genannten Reiche haben ihren Untergang gröstentheils dieser Lehre zu verdanken. Ein grosser Schriftsteller hat dieses ausführlich dargethan. a) Die Griechen waren durch diese Philosophie weit früher verdorben worden, und daher gieng auch Griechenland weit früher unter. Polybius erzählt: man habe zu seiner Zeit, keinem Griechen trauen können, und wenn derselbe auch noch so viele Eide geschworen hätte; da hingegen ein Römer jeden Eidschwur heilig gehalten habe. „Borgt ein Grieche von Euch Geld" sagt Polybius „und er giebt Euch zehen Schuldversprechungen, zehen Bürgen, stellt zehen Zeugen, so ist es „ihm dennoch unmöglich sein Versprechen zu halten. Aber „der Römer hält sein Wort, um des Eides willen, den „er geschworen hat. Sehr weislich ist also die Furcht „vor der Hölle in die Politik eingeführt worden, und die„jenigen, welche diese Lehre bestreiten, handeln nach un„richtigen Grundsätzen." Voltaire hielt dafür: der Atheismus führe zu allen Verbrechen. b) Auch die alten

---

a) Je crois, que la secte d'Epicure, qui s'introduisit à Rome, sur la fin de la République, contribua beaucoup à gâter le coeur et l'esprit des Romains. Les Grecs en avoient été infatué avant eux. Aussi avoient-ils été plûtôt corrompus. Montesquieu grandeur et décadence des Romains.

b) L'Athéïsme peut, tout au plus, laisser subsister

Philosophen waren dieser Meynung. Plutarch erzählt: a) Cyneas habe an der Tafel des Pyrrhus, in Gegenwart des Fabricius, von der epikuräischen Philosophie gesprochen, und Fabricius habe gesagt: „er wünsche, daß alle Feinde der Römer Anhänger dieser „Sekte werden möchten, weil sie alsdann leicht zu über„winden seyn würden."

Friedrich der Grosse sah schon im Geiste voraus, in welches Verderben die neuere französische Metaphysik Frankreich stürzen würde. Er schrieb an D'alambert: „Eure französische Schriftsteller sind, meiner „Meynung nach, nicht mehr, was sie im vorigen Jahr„hunderte waren. Ich befürchte sehr, daß ihre Grund„sätze Europa wiederum in die Barbarey zurück führen „werden, aus welcher es sich kaum noch gerissen hat. Alle „Schriften, welche aus Frankreich kommen, enthalten „weiter nichts, als Lehren für die Fürsten und Vorschrif„ten über die Kunst zu regieren. Das metaphysische Ge„schwätz, mit welchem diese Schriften angefüllt sind, er„wärmt und erhitzt die Köpfe des Volks, und ich glaube, „daß diese Gährung grossen Schaden anrichten wird" b)

---

les vertus sociales dans la tranquille apathie de la vie privée, mais il doit porter à tous les crimes dans les orages de la vie publique.
                                        VOLTAIRE.

a) Plutarch, in dem Leben des Pyrrhus.
b) Vos écrivains françois ne sont plus, à mon avis, ce qu'ils étoient dans le siècle précédent. Je crains que leurs principes ne ramenent l'Europe à ces tems barbares, dont elle est à peine sortie. Tous les écrits, qui viennent de chez voús, ne contiennent que des leçons aux souverains, des préceptes sur l'art de gouverner. Le bavardage mé-

Vorzüglich auffallend ist, in Frankreich, die unphilosophische Intoleranz, und die Wuth, mit welcher die modernen Philosophen einen Jeden verfolgen, der anders denkt als sie. Friedrich der Große sagte einst: „Hätte D alambert Macht genug, so würde er alle „diejenigen verfolgen, die nicht so denken, wie er denkt. „Er hat sich einen Grundsatz gemacht, welcher so lau„tet: Niemand soll Verstand haben, als wir und unsere „Freunde." Voltaire gerieth, in den letzten Jahren seines Lebens, in Wuth, so oft er von der christlichen Religion sprach. Er nannte diese Religion: L'infame, und er endigte alle Briefe an seine Freunde mit den Worten: écrasez l'infame. Er that alles, was in seinen Kräften stand, um Friedrich den Großen dazu zu bewegen, daß derselbe, mit Gewalt der Waffen, die katholische Religion zu zerstören unternehmen möchte. Aber Friedrich, welcher einen weit richtigern Verstand hatte, als alle die französischen Afterphilosophen, wollte von einem solchen Vorschlage nichts hören. Der Pabst Ganganelli ließ eine von Friedrichs Schriften öffentlich verbrennen. Voltaire schrieb an Friederich, und forderte den König auf, daß Er sich an dem Pabste rächen möchte. „Schade, Sire" schrieb Voltaire „daß nichts dabey zu „gewinnen steht, wenn der Bruder Ganganelli gestraft „wird. Wollte Gott, er hätte irgend ein schönes Gut in „Ihrer Nachbarschaft, oder Sie wären nicht so weit „von unserer lieben Frau zu Loretto entfernt!" Fried-

---

taphysique, dont ils sont remplis, échauffe et exalte la tête des peuples, et cette éffervescence peut, selon moi, produire un grand mal. Lettres de Frédéric second.

rich antwortete: „Und stünde auch Loretto neben mei-
„nem Weinberge, so würde ich dennoch keine Hand daran
„legen. Nicht etwa darum, weil ich Ehrfurcht vor den
„Geschenken habe, welche von der Dummheit geheiligt
„worden sind, sondern darum, weil man Schonung für
„alles dasjenige haben muß, was ein Gegenstand der
„öffentlichen Verehrung ist. Man darf niemals Aerger-
„niß geben, und hielte man sich für klüger, als Andere,
„so muß man, aus Gefälligkeit, aus Mitleiden über ihre
„Schwäche, ihrer Vorurtheile schonen. Es wäre sehr
„zu wünschen, daß die vorgeblichen Philosophen unserer
„Tage eben so dächten, wie ich denke!" Der Philosoph
Hume war so intolerant, daß er, sogar auf seinem
Sterbebette, wenige Stunden vor seinem Tode, in laute
Klagen darüber ausbrach, daß er sterben müsse, ehe er
noch die christliche Religion ganz habe gestürzt sehen
können.

Niemand wurde von den französischen Philosophen so
anhaltend, so hartnäckig, und auf eine so boshafte Weise
verfolgt, als Rousseau. Voltaire, Dalem-
bert, Diderot, Hume, nebst ihrem ganzen An-
hange, hatten sich verschworen, diesen grossen Mann um
allen litterarischen Ruf zu bringen. Voltaire schrieb
an Dalembert, über Rousseau, jenen merkwürdigen Brief, welcher, nach dem Tode der beyden Gelehrten, gedruckt worden ist. In diesem Briefe heißt
es: „Eure Lobeserhebungen, Euer blinder Enthusias-
„mus hat Rousseau zu dem Manne gemacht, der er jetzo
„ist. Sein Ruf, Seine Berühmtheit, sind Euer Werk.
„Und nunmehr seht Ihr ein, was für eine Belohnung
„Ihr dafür zu gewarten habt, wenn Sein Pasquill
„(Rousseaus Geständnisse) gedruckt wird. Ge-

„gen diesen undankbaren Menschen bleibt uns nur ein
„einziges Mittel übrig. Wir müssen uns nämlich Alle
„gegen ihn verschwören; wir müssen ihn, auf alle Weise,
„um alle Achtung bringen; wir dürfen ihn gar nicht mehr
„aus unsern Händen lassen; und wir müssen so lange
„fortfahren ihn lächerlich zu machen, bis er dahin ge-
„bracht ist, daß ihm kein Mensch mehr ein Wort glaubt.
„Ich will anfangen, ich will das Beyspiel geben; folgt
„mir Alle nach. Erinnert euch an die Schrift Akakia.
„Was hatte ich wohl von Maupertuis zu fürchten,
„nachdem ich jene Broschüre gegen ihn geschrieben hatte!"

Der Plan der Philosophen, durch Beraubung der Geistlichen die Religion zu stürzen, ist nicht erst seit der Revolution entstanden, sondern es ist ein sehr alter Plan,
an welchem schon lange Zeit gearbeitet wurde. Ein
Mann, welcher in Staatsgeschäften grau geworden ist,
Burke, sagt: „Diese atheistischen Patres haben eine
„ganz eigene Bigotterie; sie sprechen gegen die Mönche
„mit dem Geiste eines Mönchen. Sie bedienten sich der
„Intrige, wo Gründe oder Witz nicht helfen wollten.
„Sie fuhren unaufhörlich fort, auf alle Weise, und durch
„alle nur möglichen Mittel, diejenigen anzuschwärzen
„und um ihren Ruf zu bringen, welche nicht zu ihrer
„Parthey gehörten. Wer die Art ihres Verfahrens be-
„obachtet hat, der muß auch schon lange bemerkt haben,
„daß es ihnen nur an Macht fehlte, um die Intoleranz
„der Sprache und der Feder in eine Verfolgung zu ver-
„wandeln, welche weder Freyheit, noch Eigenthum,
„noch Leben achten würde."

„Die schwache und unterbrochene Verfolgung, welche
„man gegen sie, mehr einer hergebrachten Gewohnheit
„zufolge als aus wirklicher Rachsucht ausübte, schwächte

„sie eben so wenig, als sie ihre Bemühungen verminderte.
„Es entstand weiter nichts daraus, als daß, theils durch
„die Schwierigkeiten, welche sie fanden, theils durch den
„guten Erfolg ihrer Arbeiten, ein heftiger und boshafter
„Eifer in ihnen entstand; ein Eifer von einer bisher in
„der Welt noch nicht bekannten Gattung. Dieser bemäch-
„tigte sich ihrer Gemüther ganz, und der Umgang mit
„ihnen, der außerdem angenehm und lehrreich gewesen
„seyn würde, wurde hierdurch ganz unausstehlich. Ein
„Geist der Kabale, der Intrige, des Proselitismus, be-
„lebte alle ihre Gedanken, Worte und Handlungen.
„Und da der Eifer der Kontroverse bald sich nach Macht
„sehnt, so unterhielten sie einen Briefwechsel mit frem-
„den Fürsten, durch deren Ansehen und Macht sie hoff-
„ten, die Veränderung hervorzubringen, welche sie be-
„absichtigten. Ihnen schien es gleichgültig, ob diese Ver-
„änderung durch den Donnerkeil des Despotismus, oder
„durch das Erdbeben eines Volksaufruhrs geschehe. Der
„Briefwechsel dieser Gesellschaft mit dem verstorbenen
„Könige von Preußen beleuchtet ganz den Geist ihrer
„Handlungen. Aus eben der Ursache, aus welcher sie
„bey Fürsten kabalirten, beförderten sie auch in Frank-
„reich den Handel mit dem Papiergelde, und suchten,
„auf alle Weise, litterarischen Ruhm nur denjenigen zu-
„kommen zu lassen, welche von ihrer Parthey waren."

„Schriftsteller, vorzüglich wenn sie gesellschaftlich, auf
„einen Zweck und nach einer Richtung arbeiten, haben
„großen Einfluß auf die Meynung des Publikums; da-
„her hatte das Bündniß dieser Schriftsteller mit den Rei-
„chen keinen geringen Einfluß, den Haß und den Neid
„des Volkes von dem Geldreichthume abzuziehen, und
„gegen die Geistlichen zu lenken."

„Ueberhaupt scheint es mir, daß die neue kirchliche
„Einrichtung in Frankreich nur errichtet ist, um so lange
„zu dienen, bis die christliche Religion gänzlich ausge-
„rottet werden kann, nachdem erst die Gemüther gehö-
„rig zu diesem letzten Streiche vorbereitet seyn werden.
„Wer noch zweifelt, ob die philosophischen Fanatiker,
„welche am Ruder sitzen, einen solchen Plan haben, der
„kennt weder ihren Karakter noch ihre Gesinnungen.
„Diese Schwärmer sagen öffentlich, ein Staat könne
„besser ohne Religion, als mit derselben bestehen; und
„sie behaupten, sie wären im Stande, alles Gute, was
„die Religion bewirke, durch ein neues, ihnen zugehö-
„riges Projekt zu ersetzen — nämlich durch eine neue
„Erziehungsmethode, welche sie erfunden haben, und
„welche auf genaue Kenntniß der physischen Bedürfnisse
„des Menschen gegründet ist. Diese Bedürfnisse werden
„zu einer aufgeklärten Eigenliebe benutzt, die, wenn sie
„genug gebildet seyn wird, sich in der allgemeinen Liebe,
„und im Patriotismus verlieren soll. Der Plan einer sol-
„chen Erziehung ist schon lange bekannt. Jetzt heißt die-
„selbe in der neuen Sprache, die bürgerliche Erzie-
„hung (civil education)."

In wie ferne diese Bemerkungen eines berühmten Mannes gegründet seyn mögen, getraue ich mir nicht zu entscheiden; aber daß diese Schilderung des Geistes der modernen französischen Philosophie, im Ganzen genommen,
sehr richtig und wahr ist, daran kann ich, nach allem,
was ich in Frankreich gesehen und gehört habe, gar nicht
zweifeln. Das Einführen einer neuen und philosophischen
Religion, in einem Reiche, welches 22 Millionen unauf-
geklärter Menschen enthält, müßte doch mit unendlichen
Schwierigkeiten verbunden seyn!

Die Künste blühten in Frankreich, aber die Zeiten des guten und reinen Geschmacks waren vorbey, und ein falscher Geschmack, der alle Werke der Kunst mit unnützen Zierrathen überhäufte, hatte dessen Stelle eingenommen. Die Baukunst war, zu der Zeit, da unter Ludwig dem Vierzehnten die berühmte Fassade des Louvre gebaut wurde, auf dem höchsten Gipfel; seither ist sie sehr gesunken. Diese Fassade, welche man nicht ohne Bewunderung betrachten kann, und welche, sowohl an edler Einfalt der Anlage, als an Schönheit der Ausführung, den schönsten Werken der griechischen und römischen Baukunst gleichkommt, macht dem Zeitalter Ludwigs des Vierzehnten mehr Ehre, als alle übrigen, auf seinen Befehl erbauten Palläste zusammengenommen. Seit dieser Zeit haben die französischen Baumeister, bey allen neuen Gebäuden, kleinen und großen, diese Kolonade bis zum Ueberdrusse kopirt. Das letzte große Werk der französischen Baukunst ist die noch nicht ausgebaute Kirche der Sainte Genevieve zu Paris. Dieses Gebäude ist, von außen sowohl als von innen, mit unnützen Verzierungen überladen. a)

---

a) Le Brun hatte den sonderbaren Einfall, um Ludwig dem Vierzehnten zu schmeicheln, ihm zu Ehren eine neue Säulenordnung zu erfinden, welche er die französische Ordnung nannte. Acht und vierzig Säulen dieser Ordnung stehen in der berühmten Gallerie zu Versailles. Ein Baukundiger beschreibt diese Ordnung auf folgende Weise: Cet ordre a des coqs, des soleils et des fleurs de lis dans son chapiteau; l'entablement est enrichi de sculptures, qui représentent des chiffres et des dévises de Louis XIV., des corrohnes royales, et des colliers des ordres de St. Michel et du St. Esprit. Sur la corniche sont rangés des trophées, auxquels des enfants attachent des guirlandes de fleurs.

Ueber die französische Musik hat Rousseau in einem vortreflichen Aufsatze alles gesagt, was sich sagen läßt. Ich maße mir nicht an, darüber zu urtheilen. Der Zustand der Dichtkunst und des Theaters ist, durch schöne Schriften großer Kenner, hinlänglich bekannt. Mit dem Theater muß jetzt nothwendig eine Veränderung vorgehen, indem alle die Stücke, welche vormals mit dem grösten Beyfalle aufgeführt wurden, auf die neuen und veränderten Sitten nicht mehr passen können. Die Bildhauer= und die Mahlerkunst haben vortrefliche Werke geliefert. Künftig werden sie wahrscheinlich zu mechanischen Künsten herabsinken, und, außer den Büsten und Portraiten der Mitglieder der Nat. Vers., die man ihnen zu verfertigen übertragen wird, wenig Beschäftigung finden.

Die mechanischen Künste sind in Frankreich sehr weit zurück, und die Manufakturen stehen mit den Engländischen in folgendem Verhältnisse: Französische Baumwollentücher und Zitze sind nicht so gut, als die Engländischen; Seidenwaaren, Gazen, Blonden, Handschuhe, Parfums, Battiste, Porzellan sind besser und wohlfeiler als die Engländischen; Leinwand, Fayence, Stahlwaaren, Glaswaaren, Gold= und Silberarbeiten sind schlechter und theurer, als ähnliche Waaren der Engländer.

In allem, was die Schiffahrt betrift, stehen die Frankreicher den Engländern weit nach; vorzüglich in der, auf Schiffen so unumgänglich nöthwendigen Reinlichkeit. Auf den engländischen, dänischen und holländischen Schiffen ist die Reinlichkeit und Ordnung bewunderungswürdig; auf den spanischen, französischen, und zum Theil auch auf den schwedischen Schiffen, ist die Unreinlichkeit unbeschreiblich groß. Dieser Mangel an Reinlichkeit ist sowohl den Schiffen als dem Schiffsvolke schädlich; er erzeugt eine große Menge menschenfeindlicher Insekten, von denen, sogar auf den königlichen Schiffen, niemand frey bleibt. Außer diesen giebt es noch, auf den französischen Schiffen eine besondere Art von Käfern, die Ravets genannt werden, und sich außerordentlich stark vermehren. Auch Mäuse und Ratten sind in großer Menge vorhanden, ohne daß man kräftige Maßregeln zu ihrer Zerstörung anwendet. Als Folgen der Unreinlichkeit, entstehen auf den Schiffen sehr oft ansteckende Krankheiten. Ventilatoren, Gewitterableiter, Destillirmaschinen, sind auf französischen Schiffen unbekannte Dinge.

Von der Gelehrsamkeit überhaupt, oder von dem, was wir in Deutschland unter diesem Ausdrucke verstehen, kann man sagen, daß sie in Frankreich gar nicht vorhanden sey. Ein eigentlicher Gelehrter, das heißt, ein Mann, der mit der Wissenschaft, welcher er sich gewidmet hat, gründlich bekannt ist; alle Theile derselben, im Ganzen und im Detail, studirt; deren Geschichte, Entstehung und Fortgang kennt; sich ohne Aufhören mit dem Zustande derselben in allen Ländern bekannt zu machen sucht; alle neuen Erfindungen kennt; mit einem Worte, gleichsam ein lebendiger Inbegriff seiner Wissenschaft, von ihrem ersten Ursprunge an bis auf die neuesten Zeiten, genannt werden konnte, wie z. B. (um nur zwey zu nennen) Haller war, oder Kästner ist; ein solcher Mann ist in Frankreich außerordentlich selten. Vielleicht verdient la Lande allein den Namen eines Gelehrten nach dieser Definition, während Deutschland, an Männern, die sich diesem Ideal mehr oder weniger nähern, so reich

ist. Die Ursache davon anzugeben scheint leicht. Gelehrsamkeit wurde verachtet, wurde nicht geschätzt; denn sie
diente in Frankreich zu nichts. Man konnte dieselbe, weder in der Akademie, noch in Gesellschaften, noch bey
den petits Soupees der Großen, noch am Putztische der
Damen gebrauchen; darum suchte auch niemand, sie sich
zu erwerben. Daß man sie um ihrer selbst willen studiren
müsse; daß gelehrte Untersuchungen dem Forscher selbst,
ohne alle Rücksicht auf andere, den reinsten Genuß gewähren; das schien man in Frankreich gar nicht zu wissen. Dort galten nur solche Kenntnisse, mit denen man
prahlen, oder die man wenigstens andern wieder mittheilen konnte. Man wollte nichts einnehmen, als was sich
sogleich wieder ausgeben ließ; nur kursirende Münze,
gleichviel ob ächt oder falsch; und keine Schaumünzen,
die man in den Schrank zurücklegt, um sich, von Zeit zu
Zeit, an ihrem Anblicke zu ergötzen. Der abgeschmackte
Grundsatz des Seneka: Scire tuum nihil est, nisi te
scire hoc sciat alter, a) war der Grundsatz aller französischen Gelehrten; daher die vielen Encyklopädien, und
Wörterbücher, und Handbücher, und Almanache, und
portatife Wissenschaften, die in Frankreich zuerst entstan-
gen, und leider! nur zu sehr auch in andern Ländern
nachgeahmt worden sind. Man begnügte sich mit der
Oberfläche, und drang nicht bis auf den Grund. Stellen
in Akademien, und andere einträgliche gelehrte Stellen,
erhielt man, nicht durch Verdienst, sondern durch Kabalen und Intrigen; durch Schmeicheln und Kriechen;
durch Prahlen und Großsprechen; durch Verläumden und

---

a) Deine Kenntnisse sind nichts werth, wenn andere nicht
wissen, daß du diese Kenntnisse besitzest.

Anschwärzen; durch Weiber und Minister; durch Gönner und Freunde. Der Mann von wahrem Genie, welcher seine eigene Größe kannte, fühlte, und sich zu so verächtlichen Künsten nicht herablassen konnte, mußte darben. a) Einer der grösten Männer, die Frankreich hervorgebracht hat; ein Mann, dessen Kopf und Herz gleich vortreflich waren; ein Mann, welcher eine ganz neue Wissenschaft schuf; welcher neue Gesetze der Natur entdeckte; und welcher, über der unaufhörlichen Beschäftigung mit seiner Lieblingswissenschaft, endlich den Gebrauch seiner Augen verlor; Rome de Lisle, kam nicht in die Akademie, und allen Mitgliedern derselben wurde verboten, ihn in ihren Schriften zu zitiren; weil er, zwar sehr bescheiden, aber unwiderleglich, einen Irrthum in Büffons Schriften gezeigt hatte. Er lebte bis an sein Ende in der grösten Dürftigkeit, und es wurde bey ihm wahr, was Addison sagt: „daß oft gerade diejenigen Vorzüge und „Eigenschaften eines Mannes, welche ihn am ersten em„pfehlen sollten, seiner Beförderung am meisten im Wege „stehen."

So sehr es an Gelehrsamkeit in Frankreich fehlte, so viele öffentliche Orte gab es dennoch, wo dieselbe zur Schau getragen wurde. Kein Land hatte so viele Akademien, die alle königlich waren. Nur allein Paris

---

a) Quelle horrible peine a un homme, qui est sans proneurs et sans cabale, qui ne'st engagé dans aucun corps, mais qui est seul, et qui n'a que beaucoup de mérite pour toute recommandation, de se faire jour à travers l'obscurité, où il se trouve, et de venir au niveau d'un fat qui est en crédit.

LA BRUYERE.

besaß folgende königliche Akademien: Eine Akademie der Wissenschaften; eine Akademie der Inskriptionen und schönen Wissenschaften; eine französische Akademie; eine chirurgische Akademie; eine medizinische Akademie; eine Akademie der Bildhauerkunst; eine Akademie der Baukunst; eine Akademie der Musik; eine Akademie des Ackerbaues; eine Akademie der Tanzkunst: a) eine Akademie der Fechtkunst; b) eine Akademie der Reitkunst; und eine Akademie der Schreibkunst: c) derer, die nicht königlich waren, nicht einmal zu gedenken.

Vor der Revolution war in ganz Frankreich, die Zahl der Journale und Zeitungen bestimmt. Es durfte, ohne Erlaubniß, kein neues Journal, und keine neue Zeitung angefangen werden. Und eine solche Erlaubniß konnte endlich die Regierung selbst nicht mehr geben, weil dieselbe, in jedem Fache, einem Journale das ausschließende Recht, auf die Wissenschaft, von welcher es handelte, verpachtet hatte. So bezahlte, z. B. der Mercure de France der Regierung jährlich, für das ausschließende Vorrecht, das Neueste der Litteratur wöchentlich dem Publikum vorlegen zu dürfen, eine beträchtliche Summe.

---

a) Diese Akademie wurde von Ludwig dem Vierzehnten gestiftet; sie versammelte sich in einem eigenen Gebäude, und theilte Preise aus.

b) Auch diese Akademie hatte Ludwig der Vierzehnte gestiftet, und derselben große Privilegien ertheilt. Jeder Fechtmeister, welcher Mitglied dieser Akademie war, erhielt, nach 20 Jahren, unentgeltlich einen Adelbrief für sich und seine Nachkommen. Ludwig der Vierzehnte, der so strenge Gesetze gegen die Duelle gab, belohnte dennoch so königlich die Leute, welche die Kunst, methodisch zu morden, lehren sollten.

c) Die Mitglieder dieser Akademie waren lauter Schreibmeister. Sie hielt ihre Sitzungen, theilte Preise aus, hatte Mitglieder und Korrespondenten, einheimische und auswärtige, eben so, wie die Akademie der Wissenschaften.

Auch das Journal de Médecine, das Journal de Physique, das Journal des Sçavants, und andere Journale, bezahlten. Diese litterarischen Vorrechte wurden den Wissenschaften und den schönen Künsten sehr schädlich, weil es den Herausgebern gleichgültig war, ob sie gute oder schlechte Aufsätze lieferten; das Publikum mußte ihre Journale dennoch kaufen, da sie die Einzigen waren. Die französische Litteratur blieb, wegen dieses Monopols, beständig einseitig, und in die Gelehrsamkeit wurde der drückendste Despotismus eingeführt, ein Despotismus, der um so viel unerträglicher war, da er die Freyheit des Denkens einschränkte, welche doch, ihrer Natur nach, keiner Einschränkung unterworfen seyn darf. Jedes Journal war im Besitze einer litterarischen Sekte, welche darüber wachte, daß nichts geschrieben wurde, was ihrem eigenen Systeme entgegen zu seyn schien. Das Journal de Trevoux war von den Jesuiten, die Année litteraire von den Jansenisten, das Journal de Médecine von der Pariser Fakultät gepachtet; und auf eben diese Weise jedes andere Journal. Litterarischen Ruhm konnte in Frankreich niemand erhalten, der nicht zu einer litterarischen Sekte gehörte. Das Linneische System ist, nun schon seit dreyßig Jahren, über ganz Europa angenommen, aber noch bis im Jahr 1790 lehrte man in Paris nach Tournefort; und die größten jetztlebenden französischen Botaniker, Lheritier und Cavanilles sind von der Akademie ausgeschlossen, weil Jussieu in Paris die Botanik gepachtet hatte, und keinen Linéaner dulden wollte. Ganz Europa brauchte die Chinarinde, während ihr Gebrauch in Frankreich noch von der Regierung verboten war; in ganz Europa bedienten sich schon die Aerzte des Brechweinsteins, nur in Frankreich war sein

Gebrauch noch nicht erlaubt; ganz Europa hatte schon Newtons berühmte Entdeckungen angenommen, und noch waren, durch die Kabalen der Akademie der Wissenschaften, die Franzkreicher der Hypothese des Cartefius zugethan. So viel bewirkten der Partheygeist, die litterarischen Monopole, und die ausschließenden Vorrechte!

Von den Sitten in Frankreich scheint es überflüßig viel zu sagen. Nur die Weiber und über das Verhältniß beyder Geschlechter gegen einander, sey es erlaubt, einige Beobachtungen mitzutheilen. Dabey ist aber im Voraus zu bemerken, daß alles, was hier gesagt wird, nur von den höhern Klassen, von Damen von Stande, Karakter und Ton, zu verstehen sey. Die niedrigen Klassen zu schildern, scheint unnöthig zu seyn. Sie bleiben sich überall gleich, und die Verworfenen sind in Frankreich noch verworfener als anderswo. Deutsche Reisende, welche keine andern Weiber kennen lernten als diese, haben dieselben außerdem, bis zum Ekel treu und wahr beschrieben.

Ich glaube nicht, daß es für den Philosophen, für den Menschenforscher, und für den Geschäftsmann, ein interessanteres und lehrreicheres Studium geben kann, als den Karakter der Damen vom Rang und Stande in dem vormaligen Frankreich. Durch sie geschah alles, und ohne sie geschah nichts. Sie setzten Minister ab, und setzten Minister ein; sie regierten das Schicksal von Frankreich, oft von Europa; sie bildeten den Neuling, und überlisteten den Erfahrnen; sie lehrten Weisheit, Klugheit und Menschenkenntniß, und waren, auch für den größten Menschenkenner, zu weise und zu klug. Geschwätzig, und dennoch verschloßen, sagten sie alles; nur nicht was man gerne wissen wollte. Entdeckten sie ein Geheimniß, so suchten sie eines herauszulocken. Sie spielten alle Rollen gleich glücklich, gleich natürlich. Sie sprachen selten von sich, und dennoch niemals anders, als in Beziehung auf sich selbst. Einen Unerfahrnen in die Welt zu führen, und einem Erfahrnen zu beweisen, daß seine Erfahrung nichts sey, dieß waren die beyden großen Gipfel ihrer Kunst. Empfindung hatten sie nicht, Liebe kannten sie nicht, und dennoch sprachen sie von nichts so gerne, als von Liebe und von Empfindung. Obgleich eiskalt, schienen sie beständig zu glühen. Auf den ersten Blick unterschieden sie den Mann der mit ihnen umgieng. Sie sahen, was er war, was er werden konnte, und welche Stelle sie ihm, in ihrem Hofstaate anvertrauen durften. Sie schienen gar nicht zu beobachten, und beobachteten unaufhörlich: sie schienen sich um nichts zu bekümmern, und sie bekümmerten sich um alles; sie schienen immer offenherzig und aufrichtig, und dennoch konnte man Jahre lang mit ihnen umgehen, ohne sie ganz kennen zu lernen. Wie Rousseau, eben so richtig als schön, sagt: „waren sie die krummen Linien, deren „Asymptote der Geschäftsmann war. Er näherte sich ih„nen beständig, ohne sie jemals zu berühren." Wollte man in der großen Welt leben, um sich darin zu bilden, oder um darin sein Glück zu machen, so mußte man sie kennen, und mit ihnen umzugehen wissen; denn ohne sie geschah, wie schon gesagt worden ist, nichts; und gegen ihren Willen irgend einen Plan durchzusetzen, davon war gar die Rede nicht. Bey ihnen fand man die Schule der Intrige; sie waren das Werkzeug der Kabale. Ihre Plane waren nicht kurz, nicht von heute auf morgen. Sie sahen tief in die Zukunft, und ließen daher vieles gescheßen, das gegen ihre Wünsche war, das ihnen gar nicht gefiel, um, wenn der Zeitpunkt da seyn würde, den Punkt, welchen die Zeit selbst mitbringen muß, alsdann auf einmal den Streich schlagen zu können, zu welchem sie, vielleicht Jahre lang, mit unverrücktem Blicke, den Arm aufgehoben hatten. Sie waren selten schön, noch seltener gut gewachsen, immer geschminkt, heftig in ihrem Betragen und in allen Bewegungen, und daher einem feinfühlenden Manne allemal unausstehlich. Sanftmuth, Unschuld, Bescheidenheit, Weiblichkeit, traf man bey ihnen gar nicht an. In der Jugend waren sie spröde und gelehrt; im Alter galant und bigott. Sie änderten im Alter ihren Geschmack, wie Friedrich der Große; und vielleicht aus derselben Ursache. Friedrich liebte die Musik über alles, er widmete ihr, 40 Jahre lang, wenn er nicht im Felde war, täglich 4 Stunden; er fand aber in den letzten Jahren seines Lebens, gar keinen Geschmack mehr daran, weil er seine Vorderzähne verloren hatte, und die Flöte nicht mehr blasen konnte. a) Er liebte die Musik nur so lange, als er selbst mitspielen konnte, nachher verlor er den Geschmack daran; so auch die französischen Damen!

Der Mann von Erziehung, von Rang und von Stande in Frankreich, welcher beständig in der großen Welt lebte, theilte alle verheyratheten Frauenzimmer (unverheyrathete blieben im Kloster, so lange bis sich jemand um sie bewarb) in vier Klassen: in die Pruden, die Koketten, die Zärtlichen und die galanten Damen. Eine Prude hieß eine Dame, die sich nicht in den Weltton

---

a) Diese Anekdote erzählt Herr Kapellmeister Reichardt. Man sehe Burney's history of Music.

schickte, die zurückhaltend war, die in Gesellschaft wenig sprach, die nur für ihren Mann lebte, und Zucht und Ehrbarkeit liebte; mit einem Worte, die schätzbare Matrone. Unter dieser Klasse fand man in Frankreich Damen von vortreflichem Kopfe und von dem besten Herzen. Eine Kokette hieß diejenige, welche jedem, der sich ihr näherte, glatte Worte gab, jedem versprach und keinem gewährte. Unter diese Klasse gehörten gemeiniglich die jungen und schönen Damen. Eine Zärtliche (femme tendre) hieß diejenige, welche nur einen Liebhaber hielt, und wenn dieser verabschiedet war, einen andern wählte, aber immer nur einen. In diese Klasse gehörten vorzüglich die Damen vom mittlern Alter. Eine galante Dame endlich, wurde diejenige genannt, welche mehrere Liebhaber zu gleicher Zeit hatte. Mit dem Worte Liebhaber verbinde ich keineswegs einen unedlen oder groben Sinn; davon ist hier die Rede nicht, sondern ich will damit bloß dasjenige ausdrücken, was man in Italien Cicisbeo, Cavaliere servente, nennt. Der Mann hat seine Geschäfte, er kann nicht zu jeder Stunde seiner Frau zu Gebote stehen, um sie dahin zu begleiten, wohin sie zu gehen wünscht, und gehen muß sie dennoch; allein gehen kann und darf sie nicht, sie wählt sich daher, mit Bewilligung des Mannes, einen Begleiter. Dieser ist bloß allein der Vertraute; sobald er mehr wird, ist er schon dadurch entlassen, und das Verhältniß hört eben so auf, als wenn es gar nie da gewesen wäre.

In keinem Lande war der Ehebruch so häufig als in Frankreich. Folgende Geschichte verdient als ein Beyspiel der Sitten des vormaligen Frankreichs, hier erzählt zu werden.

In dem Jahre 1787 wurde Beaumarchais, von dem Banquier Kornmann zu Paris, wegen Ehebruch und Verführung angeklagt. Herr Kornmann lebte zu Straßburg und war im Besitze eines beträchtlichen Vermögens. Im Jahr 1774 heyrathete er Mademoiselle Fäsch, von Basel in der Schweiz, ein liebenswürdiges, reiches, junges Frauenzimmer. Bald nachher gieng Herr Kornmann nach Paris, und lebte daselbst 6 Jahre lang mit seiner Frau sehr glücklich. Im Jahre 1779 machte er die Bekanntschaft des Herrn Daudet, ersten Syndiks der Stadt Strasburg. Dieser Daudet war ein verdorbener Mann, ohne Religion, ohne Moral, ohne Grundsätze. Schon in seiner Jugend hatte sich sein Vater genöthigt gesehen, ihn ins Gefängniß setzen lassen zu müssen, um ihn von der Strafe zu retten; aber kaum war er wieder frey, als er auch schon seine Betrügereyen und seine Ausschweifungen wiederum anfieng. Im Jahre 1770 war er, unter dem angenommenen Namen eines Grafen von Laubergen, zu Neuschatel in der Schweiz, verführte daselbst die Weiber und bestahl die Männer, a) endlich aber wurden seine Betrügereyen entdeckt, er ward wegen eines falschen Wechselbriefs angehalten, und entgieng nur

---

a) Im Jahr 1770 schrieb Daudet, von Neuschatel, an seinen Freund zu Paris folgende Worte: J'ai inspiré la passion la plus vive à cette jeune tête (Madame de F.) qui est toute émerveillée de voir un François galant, car le Neubourgois sont rustics avec les femmes. Si tu pouvois assassiner son mari, agé de 50 ans, qui est à présent à Paris, et qui a 1,500,000 de bien, elle m'épouseroit demain. Moi je ne suis pas amoureux, et je suis tout surpris de voir mes succès.
Lettres de Daudet, 4. p. 49.

durch eine schnelle Flucht, der Todesstrafe. Mit diesem Manne wurde Madame Kornmann bekannt. Er, in alle geheime Kunstgriffe der feinern Verführungskunst eingeweiht; sie, eine junge, noch unerfahrne Dame, da war es dann kein Wunder, daß er seinen schändlichen Zweck bey ihr sehr bald erreichte. Sie verließ ihren Mann und ihre Kinder, um Tage und Nächte mit Daudet zuzubringen. Daudet liebte die Kornmann nicht; aber er erhielt von ihr die großen Summen, welche er nöthig hatte, um seine Ausschweifungen mit Mädchen aus der niedrigsten Klasse fortsetzen zu können. Kornmann erfuhr endlich die Aufführung seiner Frau und verbot dem Verführer, ferner sein Haus zu besuchen; aber Daudet kam dennoch, Madame Kornmann nahm seine Parthie gegen ihren Mann, und dieser hatte jetzo in seinem eigenen Hause keinen ruhigen Augenblick mehr. Vorstellungen, Bitten und Zureden, waren vergeblich, und Daudet vergaß sich zuweilen, in unbesonnenen Reden, so weit, daß er Herrn Kornmann drohte, er wollte ihn umbringen. Dieser sah daher kein anderes Mittel, sich Ruhe zu verschaffen, als seine Frau bey dem Polizeylieutenant, Herrn le Noir, zu verklagen. Daudet verreiste nun auf eine kurze Zeit, in Geschäften des Prinzen von Nassau, unterhielt aber eine Korrespondenz mit der Kornmann. Die Briefe wurden aufgefangen, Herr Kornmann erhielt einen Verhaftbrief von dem Minister, und Madame Kornmann wurde nach einem Kloster gebracht, ohne daß irgend Jemand, außer ihrem eigenen Manne wußte, wo sie hingekommen war. Sie gestand nunmehr, daß sie von Daudet schwanger sey. Unvermuthet und unerwartet schreibt jetzo Beaumarchais an den Advokaten des Herrn Kornmann, den Herrn Turpin, einen sehr insolenten Brief, in welchem er sagt: er nehme Madame Kornmann in seinen Schutz, und er verlange, daß Herr Kornmann seine Frau sogleich wieder frey lasse und zu sich nehme: wo nicht, so würde er seine Feder und seinen Kredit anwenden, um Kornmann zu Grunde zu richten. Kornmann war hierüber sehr bestürzt; er kannte Beaumarchais nicht, und hatte ihn nie gesehen; er konnte daher nicht begreifen, wie es zugehe, daß sich dieser in seine Familienangelegenheiten mische. Er geht zu le Noir und beklagt sich. Le Noir antwortet: Beaumarchais sey ein Bösewicht, aber ein sehr gefährlicher Bösewicht; denn durch seinen Verstand, und durch die Kunst zu belustigen und zu verführen, habe er sich überall Anhänger verschafft, und es würde ihm nichts leichter, als gegen Jeden, der ihm misfalle, eine Verschwörung anzufangen und demselben gefährlich zu werden. Er selbst fürchte ihn, und überdies wisse er, daß Beaumarchais sich vorgenommen habe, Madame Kornmann auf alle Weise zu beschützen, und da er mit zwey Parlamentsgliedern sehr vertraut umgehe, und zwar mit zweyen, die beyde einen sehr großen Einfluß auf die übrigen hätten, so möchte es wohl der Klugheit nicht gemäs seyn, gerichtlich gegen ihn zu verfahren. Was das uneheliche Kind betreffe, mit welchem Madame Kornmann jetzo schwanger gehe, so nehme er (le Noir) es über sich, nach ihrer Niederkunft dieses Kind zu entfernen (de le faire disparoitre); er habe mehr als zweyhundert Kinder entfernt, und wisse schon, wie er sich, in einem solchen Falle, zu verhalten habe. Daudet war indessen zurückgekommen, und Kornmann verlangte, daß er in Verhaft genommen werden solle, um über die Juweelen der Madame Kornmann, welche er mit sich nach Holland genommen hatte, Rechenschaft abzulegen. Le Noir schlug diese Bitte aus sehr sonderbaren Gründen ab. a) Indessen erlaubte le Noir, daß Daudet und Beaumarchais die Madame Kornmann in ihrem Kloster täglich besuchten, mit ihr ein geheimes Verständniß unterhielten, und verhinderten, daß sie sich nicht mit ihrem Manne aussöhnte. Sie war in dieses Kloster gebracht worden, damit sie, von ihrem Verführer entfernt, in der Einsamkeit, Zeit haben möge, über ihr voriges Leben nachzudenken; und statt dessen fand sie an diesem Orte Gelegenheit zu noch grösseren Ausschweifungen. Le Noir selbst, der Handhaber der Gerechtigkeit, der Polizeylieutenant le Noir, hatte sich in Madame Kornmann verliebt, sie verführt, und sie täglich in ihrem Gefängnisse besucht. Kornmann erfährt dieses, und bittet sich von den Ministern zu Versailles die Erlaubniß aus, seine Frau wiederum zu sich nehmen zu dürfen, aber diese Erlaubniß wird ihm abgeschlagen. Le Noir und Beaumarchais nehmen die Madame Kornmann aus dem Kloster, in welchem sie sich befindet, und bringen sie, unter dem Vorwande, daß das Kloster zu ihrer Niederkunft kein bequemer Ort sey, an einen andern Ort, in ein Privathaus, wohin Kornmann keinen Zutritt hat. Daudet, Beaumarchais und le Noir mißbrauchen die Gewalt der Justitz, um einen Mann seiner Frau zu berauben, um das unglückliche Schlachtopfer ihrer Verführung ganz in ihre Gewalt zu bekommen, und sie den

---

a) Qu'une sévérité de ce genre, en pareil cas, n'etoit plus dans nos moeurs; que s'il falloit arrêter tous les hommes, qui dans Paris vivent avec les femmes des autres. on seroit bientot contraint de s'assurer des trois quarts de la ville.

Bitten, Vorstellungen und Zureden ihres Mannes, ihrer Verwandten und aller Wohldenkenden zu entrücken!

Mit der Verführung der Frau waren aber diese Bösewichter nicht zufrieden; sie wollten auch den Mann zu Grunde richten, und leider! gelang es ihnen. Kornmann war Banquieur und sie untergruben seinen Kredit. Sie streueten heimlich aus, er würde sich nicht lange mehr halten können, er würde bald bankerott werden, und dergleichen mehr. So vielen Anfällen konnte Kornmann nicht widerstehen; mit einer Bilanz, deren Actives das Passive um eine ganze Million Livres übertraf, sah er sich genöthigt, seine Zahlungen einzustellen. Durch Beaumarchais und Daudet machte Madame Kornmann bald eine neue Bekanntschaft, die Bekanntschaft des Kardinals von Rohan; und an ihm erhielt Kornmann einen neuen Feind. Zu eben dieser Zeit kam Beaumarchais zu Herrn Kornmann, um ihn zu zwingen, gewisse Artikel zu unterschreiben, welche eine Art Vergleich mit seiner Frau seyn sollten. Als Kornmann sich weigerte, den Beaumarchais zum Schiedsrichter zwischen sich und seiner Frau anzunehmen, antwortete dieser: „Vergessen Sie nicht, „daß Peter Augustinus Caron de Beaumarchais Sie zu „Grunde richten wird. a)" Bald nachher wurde Herr Kornmann in seinem eigenen Hause vergiftet, aber die Dosis war nicht stark genug; er schlief sechs und dreyßig Stunden an einem fort, erwachte dann, war einige Tage krank, und erholte sich wieder. Kornmann reiste einige Wochen nach Spaa, um seine Gesundheit herzustellen, und nach seiner Rückkunft fand er, daß Beaumar-

---

a) Souvenez-vous, que Pierre Auguftin Caron de Beaumarchais vous perdra.

chais, während seiner Abwesenheit, sich einer ihm zuge­
hörigen Summe von 900,000 Livres bemächtiget, fal­
sche Zeugen gedungen, und einen Kriminalprozeß gegen
ihn angefangen hatte. Le Noir brauchte sein ganzes An­
sehen, und alle Mittel, welche er, als Polizeylieutenant,
in Händen hatte, dazu, den Herrn Kornmann zu ver­
folgen, und an einem finstern Abende wurde Kornmann
vor der Thür seines Hauses, von einem Manne (wahr­
scheinlich von Beaumarchais selbst) angegriffen, und es
ward mit einer Pistole auf ihn geschossen. Der Schuß
durchlöcherte die Hutform an zwey Stellen, traf aber,
zum Glücke, den Kopf nicht. Der Prozeß ist, so viel
man weiß, niemals zum Spruche gekommen.

In den Gesellschaften der Pariser Damen, in ihren
kleinen und grossen Zirkeln wurde über den Werth neuer Bü­
cher geurtheilt, süße Romane und artige Gedichte wurden
vorgelesen, die Neuigkeit des Tages ward erzählt, und
die skandalöse Chronik ward geschmiedet. In diesen Ge­
sellschaften wurden eine Menge sonderbarer und auffallen­
der Geschichten erfunden, welche am folgenden Tage ganz
Paris erfuhr, und welche man um so viel eher glaubte
und für wahr hielt, je unglaublicher und wunderbarer
sie zu seyn schienen. Leichtgläubigkeit ist ein
Hauptzug im Karakter des Pariser. Er zweifelt niemals,
und die Kunst, ihm eine Lüge, so ungereimt dieselbe auch
seyn mag, für Wahrheit aufzubringen, besteht nur
darin, daß man sie recht dreist behaupte. Wagte es
doch Cagliostro, als er in der Bastille saß, in seiner Recht­
fertigungsschrift, sich für einen Magus auszugeben; zu
erzählen, wie er in Malta gebohren, in den egyptischen
Pyramiden erzogen, durch alle Theile der Welt gereißt,
und endlich, aus Liebe zu den Frankreichern, nach Paris

gekommen ſey, um dort wohl zu thun und ſein Geld zu verſchwenden. Ich befand mich damals in Paris, ich kam in viele Geſellſchaften, und beynahe durchgängig hörte ich, daß man dieſes Feenmährchen für eine wahre Geſchichte hielt. Je wunderbarer und unglaublicher die Erzählung iſt, habe ich geſagt, deſto wahrſcheinlicher findet man dieſelbe, und deſto ſchneller glaubt man ſie. Dieſes iſt in der That buchſtäblich wahr. Feine Betrüger, welche das menſchliche Herz kennen und ihre Rolle im Großen zu ſpielen vorhaben, machen ſich dieſe Bemerkung zu Nutze und erreichen ihren Zweck; nicht dadurch, daß ſie etwas Aufſerordentliches, ſondern dadurch, daß ſie etwas ſchlechterdings Unmögliches zu thun verſprechen. Die Leute in der groſſen Welt, die Vornehmen, Groſſen und Reichen, haben ihre Gefühle ſchon ſo ſehr abgeſtumpft, daß nur die allerſtärkſte Erſchütterung auf ſie wirken kann. In alten Zeiten brauchten ſie, um ſich dieſe Erſchütterung zu verſchaffen, Gladiatoren und Giftmiſcher; in neuern Zeiten thun dieſen Dienſt Trauerſpiele, Stiergefechte, das Boxen in England, Grahams himmliſches Bette, die Convulſionen des Abbe Paris, Goldmacherkunſt, Geiſterſehen, Magnetismus, Cagliostro, und endlich, wenn der Verfall aufs höchſte geſtiegen iſt, wie in Frankreich, Königsmord. Dieſes iſt der letzte Punkt. Wenn man einmal ſo weit kommt, dann bleibt weiter nichts mehr übrig, als daß ſich eine ſolche Nation unter ſich ſelbſt ermorde; daß das Schwert des Vaters gegen den Sohn, und das Schwert des Sohns gegen den Vater ſich kehre; daß das Weib den Mann, und der Mann das Weib umbringe; daß Bürgerblut den Erdboden dünge, damit er einer künftigen beſſern Generation, als die gegenwärtige iſt, deſto reichlicher Früchte bringen möge. Wenn das Morden vorüber ist, wenn der Bürgerkrieg aufgehört hat; dann entsteht, wie die Geschichte lehrt, in einem solchen Lande Ruhe — Ruhe und Stille, wie sie in einer Gegend herrscht, über welche die Pest mit ihrem vergiftenden und verheerenden Hauche hingezogen ist.

Da ich einmal der Leichtgläubigkeit der Frankreicher, und des ihnen eigenen Hanges erwähnt habe, das Unglaubliche glaubwürdig zu finden, so sey es mir vergönnt, ein paar Worte über eine Geschichte zu sagen, welche sehr viel Aufsehen gemacht hat: ich meyne die Geschichte der eisernen Maske. Diese Geschichte scheint Erfindung eines müßigen Kopfes, zu Belustigung des leichtgläubigen Publikums, oder vielleicht Erfindung eines Staatsmannes, zu irgend einem wichtigen Zwecke, gewesen zu seyn. Es läßt sich, aus physischen und medizinischen Gründen darthun, daß ein Mann, dessen Gesicht beständig mit einer mit Sammt gefütterten eisernen Maske bedeckt wäre, nicht, ohne an seiner Gesundheit zu leiden, lange leben könnte. In den Registern der Bastille kommt von einem solchen Gefangenen gar nichts vor, es geschieht seiner keine Erwähnung. Und wer hat diese Geschichte zuerst erzählt? Voltaire, der so unzuverläßige Voltaire. Er selbst sagt, a) Niemand habe, vor ihm, diese Anekdote erzählt, und er habe sie von einigen Höflingen erfahren (qu'il la tenoit des gens de cour). Hier sagt er schon eine Unwahrheit; denn er hat die Geschichte aus einem politischen Romane genommen. b)

---

a) Siècle de Louis XIV. Questions sur l'Encyclopédie.
b) Mémoires secrets pour servir à l'histoire de Perse. 1729.

Dies ist der Ursprung der Erzählung und alles Authentische, was wir davon wissen. So große Mühe man sich auch in der Folge gegeben hat, über diese Geschichte etwas auszufinden; so viel Mühe sich selbst der Staatsminister Malesherbes gab, welchem alle Archive, nicht nur der Bastille, sondern des ganzen Königreiches, offen standen, so wenig fand sich dennoch, aller Bemühungen ungeachtet, irgend ein Umstand, der die Wahrheit derselben bestätigt hätte. Alles beruht auf demjenigen, was Voltaire, ohne den geringsten Beweis, erzählt. Die Erzählung hat indessen, vor einiger Zeit, durch die, von dem Abbe Giraud Soulavie herausgegebene, Lebensgeschichte des Marschalls von Richelieu, neues Interesse erhalten. Der Herausgeber hat, in diese Lebensgeschichte, einen namenlosen Aufsatz eingerückt, worin das Geheimniß des Mannes mit der eisernen Maske aufgedeckt seyn soll. Es wird erzählt: die Tochter des Herzogs Regenten von Orleans habe diesen Aufsatz, als den Preis einer Blutschande, von ihrem Vater, dessen Lüsten sie sich dafür überließ, erhalten, und dagegen habe sie ebendenselben Aufsatz wiederum ihrem Liebhaber, als den von ihm verlangten Preis seiner Gefälligkeiten für sie, überlassen müssen. Welch ein Gewebe von Abscheulichkeiten! Wie leicht ist es möglich, daß, unter solchen Umständen, der ganze Aufsatz, der ja von Niemanden unterschrieben ist, entweder von dem Herzoge Regenten, oder von seiner Tochter, oder vom Marschall untergeschoben und erdichtet worden seyn kann. Vielleicht ist derselbe sogar von dem Herausgeber errichtet, welcher, als einer der dreistesten Großsprecher, schon lange bekannt ist, a) und welcher, durch das ganze Buch,

---

a) Nachdem der Abbe Giraud Soulavie von seiner

den Marschall Richelieu, (dessen despotische Grundsätze allen, die ihn kennen gelernt haben, bekannt genug sind) wie einen Turgot, oft sogar wie einen Algernon Sidney sprechen läßt. Gesetzt aber, man wollte annehmen, daß ein, auf eine so empörende Weise erhaltener Aufsatz wirklich authentisch sey, so läßt sich dennoch deutlich darthun, daß das darin entdeckte Staatsgeheimniß unmöglich das Geheimniß des Mannes mit der eisernen Maske seyn könne. Hieben halte ich mich nicht auf; denn dieser Beweis ist schon anderswo, ausführlich und überzeugend, geführt worden. a) Worauf beruht also die Geschichte der eisernen Maske? Auf dem Zeugnisse des unbekannten und ungenannten Verfassers eines politischen Romans, auf der Erzählung Voltaires und auf den Erdichtungen eines unzuverläßigen Schriftstellers. Wer wollte nun noch länger zweifeln, daß diese Geschichte, die gar nichts Authentisches für sich hat, eine Erdichtung sey; daß man seine Zeit verlieren würde, wenn man sie

---

Reise in die südlichen Provinzen Frankreichs zurückgekommen war, schenkte er dem königlichen Naturalienkabinette unter andern schönen Dingen, auch eine versteinerte Kornähre, mit folgender Aufschrift: Epi de froment pétrifié, trouvé à dix pieds sous terre. Pièce rare et unique. Einer meiner Freunde, welcher zugegen war, als der Abbe das Geschenk überreichte, sagte zu ihm: Mais, mais, Monsieur l'abbé, comme vous y allez; l'on diroit que vous nous prenez pour des cruches.... Allons donc, allons, taisez-vous, sagte der Abbe, indem er ihn unterbrach, je n'ignore pas tout ce que vous pourriez me dire; mais ils veulent du merveilleux, et il est si aisé de les satisfaire. Ein Geschichtschreiber, der nach solchen Grundsätzen handelt, kann doch unmöglich zuverläßig seyn.

a) La Bastille devoilée. Neuvième livraison. p. 104.

aufzuklären suchte; und daß sie, gleich der Geschichte des Kindes mit dem goldenen Zahne, sich endlich so entwickelt, daß die Thatsache, zu deren Erklärung man so viele Hypothesen erfunden hatte, gar nicht vorhanden war, sondern auf einem bloßen Gerüchte beruhte. Ob die beyden Urkunden, welche der Jesuit Griffet zuerst bekannt gemacht hat, wirklich vorhanden waren, oder noch sind, und ob diese Urkunden Beweiskraft haben, darüber lassen sich noch starke Zweifel erheben. Ich halte es aber nicht der Mühe werth, mich bey einem ungegründeten Volksmährchen länger aufzuhalten.

Quand l'absurde est outré, l'on lui fait trop d'honneur
De vouloir, par raison, combattre son erreur.
LA FONTAINE.

Den Zustand von Frankreich vor der Revolution habe ich hier, größtentheils nach eigenen Beobachtungen, geschildert, um den philosophischen Leser auf die Bemerkung zu leiten: wie wichtig es sey, der Beantwortung der folgenden beyden Fragen seine ganze Aufmerksamkeit zu gönnen, wenn er über die französische Revolution und ihre Folgen richtig urtheilen will:

I. In wiefern war das Volk, dessen Zustand so eben beschrieben worden ist, zur Freyheit vorbereitet?

II. In wiefern dient die neue Regierungsform und die neue Staatsverwaltung, welche es nun angenommen hat, dazu, dasselbe frey zu machen, und es frey zu erhalten?

Die erste Frage läßt sich, aus dem bisher Gesagten, völlig beantworten; die zweyte Frage wird in den folgenden Abschnitten, durch Thatsachen, beantwortet werden.

Die Frankreicher hatten durch den Druck, unter welchem sie, während der vorigen beyden Regierungen lebten, einen immer zunehmenden Haß und Abscheu gegen den Despotismus erhalten. Aber Haß gegen den Despotismus ist noch nicht Liebe zur Freyheit; einer alten wankenden Staatsverfassung den letzten Stoß geben, heißt noch nicht eine neue aufbauen. „Eine alte unleidliche „Konstitution mit der Wurzel ausrotten," sagt ein berühmter deutscher Schriftsteller, „heißt noch gar nicht, „eine neue glückliche gründen. Der Uebergang aus dem „Despotismus zur wahren Freyheit ist halsbrechend. „Die Geschichte aller Staatsrevolutionen, deren wir so „viele umständlich kennen, lehrt, daß die Völker dabey „gewöhnlich nur aus einem Despotismus in einen andern „gestürzt, und oft, wenigstens auf eine Zeitlang, un„glücklicher als vorhin geworden sind." a)

Freyheit besteht nicht darin, daß ein Volk keinen König und keinen Adel habe; nicht darin, daß es seine Gesetzgeber selbst wähle, sondern darin: „daß ein Jeder, „so lange er die Personen der übrigen nicht beleidigt, „und so lange er sie in dem ruhigen Genusse des Erwerbs „ihrer Betriebsamkeit nicht stört, gewiß seyn könne, selbst „gleichfalls das Erwerb seiner eigenen Betriebsamkeit ru„hig zu genießen, und für seine Person völlig sicher zu „seyn." b) Ein Volk aber, welches einer solchen Freyheit zu genießen wünscht, muß dazu vorbereitet und gebildet seyn; eine Nation, welche lange an sclavische Unterwürfigkeit gewohnt war, kann einen so hohen Grad

---

a) Schlözers Staatsanzeigen, Heft 56. S. 499.
b) De Lolme constitution of England. p. 245.

von Freyheit nicht ertragen. Ein ewiges Gesetz der Natur, das eben sowohl in der moralischen als in der physischen Welt gilt, gebietet: daß alles, was fest, beständig und dauerhaft seyn soll, langsam und allmählig entstehe, und nie durch einen Sprung geschehe. Was schnell entsteht, vergeht auch schnell; was langsam wächst, wird felsenfest. Tausende von Pilzen schießen in einer Nacht auf, und zerfließen des andern Tages in Schleim, während die majestätische Eiche durch Jahrtausende fortwächst, und dann den Stürmen und den Elementen Trotz bietet. „Völker, welche einmal an Herrscher ge„wöhnt sind, können dieselben nicht mehr entbehren. „Versuchen sie das Joch abzuwerfen, so entfernen sie sich „nur desto mehr von der Freyheit; denn indem sie eine „zügellose Ausgelassenheit, welche derselben gerade entge„gen gesetzt ist, für die Freyheit selbst halten, gerathen „sie beynahe immer, durch ihre Revolutionen, in die „Hände von Verführern, welche ihnen noch schwerere „Ketten auflegen, als sie vorher trugen." a)

„Freyheit" sagt ein vortreflicher Schriftsteller, „Frey„heit ist nicht eine Pflanze, die schnell aufschießt; Zeit „allein kann ihr Kraft geben. Sie faßt nur Wurzel in „einem Erdreiche, welches ihr angemessen ist; und soll sie „blühend und bleibend seyn, so muß sie sorgfältig gepflegt, „und vor den Gefahren, von denen sie beständig umgeben „ist, mit unabläßiger Aufmerksamkeit geschützt werden. „Aber wie sie zu schützen, wie sie zu pflegen sey, dies „können die Menschen allein durch Erfahrung lernen; „eine Art von Erfahrung, mit welcher diejenigen, welche „unter einer absoluten Monarchie zu leben gewohnt

---

a) J. J. Rousseau Discours sur l'inégalité.

„gewesen sind, bekannt zu werden, kaum Gelegen„heit gehabt haben können. Vergeblich wird daher eine „Regierungsform, die darauf abzielt, einem Volke Frey„heit zu geben, bey demselben eingeführt werden, wenn „es nicht vorbereitet ist, dieselbe zu erhalten. Kaum „noch der Knechtschaft entgangen, kann es schwerlich die„jenige Freymüthigkeit der Denkungsart, die Größe der „Seele und den muthigen Geist besitzen, welche vielleicht „nur das Gefühl von Unabhängigkeit einflößen kann, und „welche doch so nothwendig sind, um die Uebereinstim„mung zwischen dem Karakter des Volks und dem Wesen „einer freyen Regierungsform hervorzubringen, ohne „welche Uebereinstimmung eine solche Regierungsform „nicht lange bestehen kann." a)

Drey Klassen von Menschen haben vorzüglich dazu beygetragen, die Revolution in Frankreich vorzubereiten und zu befördern; die Papierwucherer (Agioteurs), die sogenannten Philosophen, und die Physiokraten oder Oekonomisten. Jede dieser drey Parthien ward täglich stärker und mächtiger; jede wirkte für sich, und als sie sich endlich vereinigten, da konnte ihnen nichts mehr widerstehen. Die Papierwucherer und die Oekonomisten arbeiteten anfänglich nach ganz entgegengesetzten Grundsätzen; sie arbeiteten gegen einander. Je mehr der Geld- und Papierreichthum in Frankreich aufkam, desto weniger konnte das ökonomische System eingeführt werden; und wenn es eingeführt werden sollte, so mußte der Papierwucher nothwendig aufhören. Das Interesse dieser beyden Parthien war sich demzufolge ge-

---

a) Sheridan history of the revolution in Sweden p. 139.

rade entgegengesetzt; aber bald fand sich ein Punkt, in welchem das Interesse beyder zusammentraf, wodurch unter ihnen eine Vereinigung zu einem gemeinschaftlichen Zwecke entstand. Dieser Punkt war die Aufhebung der Klöster und die Einziehung der Güter, welche der Geistlichkeit zugehörten. Die Oekonomisten wollten auf diese Weise eine große unfruchtbare a) Klasse von Menschen ausrotten, die ihnen zugehörigen Güter aus ihren Händen nehmen, und der hervorbringenden Klasse übergeben. Die Papierwucherer hingegen hatten, bey Einziehung der geistlichen Güter, die Aussicht zu neuen Spekulationen, zu neuem Papiergelde und die Hoffnung, einen Staatsbankerott, der sie alle zu Grunde gerichtet hätte, zu verhüten. Beyde hatten dem zufolge ein gemeinschaftliches Interesse gegen den Adel und die Geistlichen. Zu ihnen gesellten sich nun auch noch die Philosophen: denen es blos allein um Ausrottung der christlichen Religion und um Aufhebung aller Geistlichen zu thun war. Diese Vereinigung dreyer, so mächtiger Sekten war eine der ersten Ursachen der Revolution. Und wenn man die Beschlüsse der Nationalversammlung mit philosophischem Auge durchliest, so wird man darin eine sonderbare Mischung von ökonomischen, philosophischen und papierwucherischen Grundsätzen finden. Alles wird deutlich, wenn man diese Bemerkung beständig gegenwärtig behält. Das ökonomische System, ob es gleich, wie Smith behauptet, nicht vollkommen ist, ist dennoch, unter allen Systemen der politischen Oeko-

---

a) Ich bediene mich dieser Kunstausdrücke, weil ich voraussetze, daß der Leser mit dem System der Oekonomisten bekannt sey.

nomie, dasjenige, welches der Wahrheit am nächsten kommt. Es beruht auf dem grössen Grundsatze der vollkommensten Gerechtigkeit, und der vollkommensten Freyheit. Es ist ein schönes, großmüthiges, gerechtes und erhabenes System. Statt daß sonst jede Nation einen Kordon um ihre Gränzen zieht, und allen ihren Nachbarn zuruft: „über diese Gränze sollt Ihr nicht kommen, „wenn Ihr verbotene Waaren bey Euch führt; und ver„boten ist alles, was bey Euch die Natur oder die Kunst „hervorbringt; Alles dieses dürft Ihr in unser Land nicht „einführen, oder, wenn Ihr es einführen wollt, so „müßt Ihr schweren Zoll bezahlen." Statt dessen sagt eine Nation, welche die Grundsätze der Oekonomisten befolgt, zu ihren Nachbarn: „Gott setzte uns alle auf die „Erde; Euch auf jenen, uns auf diesen Fleck Landes; „bey Euch wächst, was wir nicht haben, und bey uns „wächst, was Euch fehlt: laßt uns also unsere Waaren „umtauschen; Handlungsstädte und Seehäfen stehen „Euch bey uns offen; bringt, was Ihr wollt, so viel „Ihr wollt, und auf welche Weise Ihr wollt, und for„dert dagegen von uns, was Ihr zu haben wünscht; „nichts ist verboten; alles ist frey, so wie Gott und die „Natur es machte. Die Worte Einschränkung, Han„delsverbot, Kontrebande, und andere ähnliche Worte, „sollen in unserem freyen Lande nicht gehört werden." Der Erfinder dieses schönen und menschenfreundlichen Systems war der Arzt Quesney. Seine zahlreichen Nachfolger und Anhänger haben an dem, von ihm erfundenen Systeme, nichts geändert, sondern dasselbe, so wie er es gab, angenommen. Einige derselben sprechen von ihrem Stifter, mit eben dem Enthusiasmus, mit welchem Lukrez vom Epikur sprach. Der Marquis von Mirabeau, einer der berühmtesten Vertheidiger des ökonomischen Systems, sagt: „Seit dem Anbeginne „der Welt haben vorzüglich drey große Erfindungen den „politischen Gesellschaften Festigkeit gegeben, obgleich „ausser diesen noch mancherley andere Erfindungen die„selben bereichert und ausgeschmückt haben. Die erste „ist die Erfindung der Schreibkunst, welche allein der „menschlichen Natur das Vermögen giebt, ihre Gesetze, „ihre Verträge, ihre Annalen und ihre Entdeckungen un„verändert mitzutheilen. Die zweyte ist die Erfindung „des Geldes; durch welches alle Verhältnisse zwischen „zivilisirten Gesellschaften zusammengehalten werden. „Die dritte ist die ökonomische Tabelle, das Re„sultat aus den beyden ersten, welches beyde vollständig „macht, indem es ihren Gegenstand vervollkommnet: „dieses ist die große Entdeckung unsers Zeitalters, deren „Früchte unsere Nachkommen einernden werden."

Das ökonomische System war so sehr dem, über ganz Europa, von allen Staaten angenommenen politischen Plane (dem Systeme der Handlungsbalanz) entgegen, und enthielt so paradoxe Sätze, daß es mehr eine glückliche Spekulation, als ein ausführbares Staatssystem zu seyn schien. Die ganz ungegründeten und falschen Begriffe von Handlungsbalanz; vom Gelde, als einziger Reichthum und nicht als bloße Waare betrachtet: diese Begriffe, und eine Menge anderer, die ihnen untergeordnet waren, machten die Grundlage der Verhältnisse aller europäischen Staaten, das Wesen ihrer Traktaten, ihrer Friedensschlüsse und ihrer Handlungsverbindungen aus. Ueberall war es darauf abgesehen, viel Geld einzunehmen, und wenig davon auszugeben, um desto mehr im Lande behalten zu können. Ueberall war dies der Plan, und nirgends gelang er. Das Geld schlüpfte, wie eine Schlange, durch die Hände des Staatsmanns, und entgieng ihm, ehe er es noch gefaßt hatte. Das ökonomische System, welches weit richtiger und konsequenter war, blieb dem spekulativen Denker, und das System der Handlungsbalanz dem praktischen Staatsmanne. Es war auch, noch vor zwanzig Jahren, nicht einmal der Anschein vorhanden, daß das ökonomische System jemals grossen Einfluß auf die europäischen Staatsgeschäfte haben würde. Es schien nicht wahrscheinlich, daß irgend eine große Nation den Versuch machen sollte, durch freywillige Trennung von ihren Kolonien; durch Vernachläßigung des Handels und der Schiffahrt; durch Eröffnung ihrer Städte und Seehäfen für alle Völker der Welt; durch Aufhebung der Mauthhäuser; durch Abschaffung solcher Zölle und Abgaben, welche den Handel betrafen; durch Gleichmachung aller Menschen unter sich; durch Verzichthun auf Eroberungen; und ohne andere Staatseinkünfte als eine Landsteuer: es war nicht wahrscheinlich, daß irgend eine große Nation den Versuch machen würde, durch so neue, und, wie sie den Staatsmännern scheinen mußten, so unsinnige Mittel, groß, reich und glücklich werden zu wollen. Smith sagte, noch im Jahre 1786. „Das„jenige System, welches die Produkte des Erdbodens „für die einzige Quelle der Einkünfte und des Reichthums „eines Staats hält, ist, soviel ich weis, nie von einer „Nation angenommen worden, und es ist bis jetzt nur „noch in den Spekulationen einiger weniger gelehrter „und verständiger Männer in Frankreich vorhanden. Es „wäre in der That nicht der Mühe werth, ausführlich „die Irrthümer eines Systems zu widerlegen, welches

„niemals, in irgend einem Theile der Welt, Schaden „angerichtet hat, noch wahrscheinlich anrichten wird." Wie wenig ist aber diese politische Voraussagung erfüllt worden!

Das ökonomische System hat nicht nur in Frankreich sehr viele Anhänger, sondern die Zahl derselben ist auch in England sehr groß, und nimmt täglich zu. Daran ist der amerikanische Krieg vorzüglich schuld. Der Ausgang dieses Krieges hat deutlich bewiesen, was für ein großer Gewinn für England der Verlust der amerikanischen Kolonien war. Handlung und Schiffahrt sind, seit diesem Kriege, auf einen weit höhern Grad gestiegen, als sie jemals vorher in England gewesen waren. Die großen Unkosten, welche die Erhaltung der Kolonien dem Mutterlande verursachte, haben aufgehört, und die ungeheure Summe, welche in dem Handel mit den amerikanischen Kolonien steckte, ist diesem jetzt entzogen, und zu Aufmunterung inländischer Manufakturen, oder zu dem Handel mit europäischen Ländern, verwandt worden. Auf diese Weise wird dieselbe Summe nun in einem Jahre zwey=drey=und mehrmal umgekehrt, welche vorher, in dem Handel mit Amerika, oft in drey Jahren nur einmal umgekehrt wurde. In England giebt es schon eine große Anzahl politischer Denker, die da sehnlichst wünschen, daß es möglich seyn möchte, die westindischen Kolonien und auch Ostindien aufzugeben. Aber der Plan der engländischen Regierung scheint diesem Systeme ganz entgegen; denn sie legt neue Kolonien bey den Antipoden, und neue Handlungskontore unter den Nordamerikanischen Wilden an.

Auch in Deutschland hat das ökonomische System viele Anhänger, und wirklich scheint es bemerkenswerth, daß

Kaiser Joseph der Große den Grundsätzen dieses Systems, wie aus einigen seiner letzten Verordnungen erhellt, sehr günstig war, ob er gleich wohl einsah, daß dieses System in seinem ganzen Umfange einzuführen, unmöglich seyn würde. Folgende Stelle Josephs scheint völlig im Geiste der Oekonomen geschrieben zu seyn. „Der „Grund und Boden, den die Natur zu des Menschen „Unterhalt angewiesen hat, ist die einzige Quelle, „aus welcher alles kommt, und wohin alles zurückfließt, „und dessen Existenz, trotz allen Zeitläuften, beständig „verbleibet. Aus dieser Ursache ergiebt sich die untrüg„liche Wahrheit, daß der Grund allein die Bedürfnisse „des Staats ertragen, und nach der natürlichen Billig„keit kein Unterschied gemacht werden kann." a)

Ob es möglich ist, daß eine Nation, wie die französische, deren Nationalkarakter, Sitten und Denkungsart, in dem gegenwärtigen Abschnitte beschrieben worden sind, fähig seyn könne, ein so schönes und so einfaches System, als das ökonomische ist, welches von ihrer bisherigen Denkungsart so sehr abweicht, anzunehmen, dieß muß die Zeit lehren; es scheint aber schwer zu glauben, daß eine so außerordentlich große Veränderung so schnell zu erwarten seyn dürfte.

---

a) Kaiser Josephs des Zweyten eigenhändige Schrift über seine neue Steuer.

Zweytes Buch.

Entfernte Ursachen, welche die Revolution allmählig vorbereiteten.

Ludwig der Vierzehnte. Ludwig der Funfzehnte. Ludwig der Sechszehnte. Königinn von Frankreich. Anekdoten die Königinn betreffend. Anekdoten den König betreffend. Geschichte des Defizit von seinem ersten Ursprunge an. Verfolgung der Protestanten unter Ludwig dem Vierzehnten. Laws Projekt, unter dem Herzoge Regenten von Orleans. Kardinal Fleury. Abbe Terray. Amerikanischer Krieg. Neckers Leben. Er gewinnt den Preis bey der Akademie. Rousseaus Urtheil über diese Preisschrift. Neckers Schrift über den Getreidehandel, und Voltaires Urtheil darüber. Nachrichten von dem Marquis de Pesay. Dieser verhilft dem Herrn Necker zu der Ministerstelle. Wie Maurepas von Neckern dachte. Wie der König von Neckern urtheilte. Necker verdrängt den Herrn Taboureau auf eine listige Weise, und wird Finanzminister. Pesay fällt in Ungnade und grämt sich zu Tode. Necker begünstigt das Staatslotto. Neckers Karakter. Compte rendu. Beweis, daß diese abgelegte Rechnung unrichtig war. Neckers Eitelkeit bringt ihn um seine Stelle. Zustand der Finanzen unter Neckers Verwaltung, und seine Verdienste um dieselben. Herr Joly de Fleury und seine Verwaltung. Dormesson. Calonne wird Finanzminister. Karakter dieses Ministers. Seine Verwaltung der Finanzen. Anekdoten Calonne betreffend. Ausführliche Nachricht von Calonnes Finanzoperationen. Versammlung der Notabeln oder der Angesehenen des Reiches. Miromenil verliert seine Stelle. Calonne flüchtet sich nach England. Herr de Brienne. Herr de Lamoignon. Das Parlament zu Paris widersetzt sich. Der Graf von Artois wird von dem Pöbel beschimpft. Unruhen zu Paris. Der Herzog von Orleans thut Vorstellungen. Unruhen in den Provinzen. Verweisung der Parlamenter zu Bordeaux, zu Rouen, zu Rennes. Der Minister tritt mit dem, nach Troyes verwiesenen, Pariserparlamente in Unterhandlung. Sieg der Parlamenter über das königliche Ansehen. Königliche Parlamentssitzung. Lamoignons Rede. Bittere Bemerkungen der Herren Sabatier und Freteau. Verweisung des Herzogs von Orleans. Streit zwischen dem Parlamente und dem Könige wegen dieser Verweisung. Plan der Cour pleniere. Despremenil entdeckt den Plan. Zwey Parlamentsglieder werden in Verhaft genommen. Königliche Gerichtssitzung. Absetzung der Parlamenter. Einführung der Cour pleniere. Widersetzung der Parlamenter. Unruhen in den Provinzen. Unruhen in Bretagne. Aufruhr zu Rennes. Die Abgesandten des Adels der Provinz Bretagne werden zu Paris in die Bastille gesetzt. Geldmangel in dem königlichen Schatze. Verwüstungen, welche ein Sturm in Frankreich anrichtet. Dadurch verursachte Hungersnoth. Staatsbankerott. Folgen dieses Bankerotts. Brienne legt seine Stelle nieder. Politische Betrachtungen. Herr de Lamoignon, der Siegelbewahrer. Dessen Karakter. Sein Tod. Politische Betrachtungen.

Les changements d'Etats, que veut l'ordre céleste,
Ne coutent point de sang, n'ont rien qui soit funeste.
                              CORNEILLE.

Funfzig Jahre lang ertrug die französische Nation den despotischen Stolz und die Intoleranz des Hofes Ludwigs des Vierzehnten. a) Der Glanz seines Reiches blendete die Frankreicher so sehr, daß sie ihre Ketten nicht sahen. Während der Minderjährigkeit Ludwigs des Funfzehnten stieg Zügellosigkeit der Sitten und Verschwendung, am Hofe aufs höchste, und Laws berühmtes Projekt gab dem Handel und dem Kredite der Nation einen Stoß, von welchem sie sich nicht erholen konnte. Dieses Projekt erweckte zuerst in Frankreich den Geist des Papierwuchers (agiotage), welchem das Reich seinen Untergang größtentheils zu danken hat. Als Ludwig der Funfzehnte zur Regierung kam, überließ er sich bald einer gebietherischen Maitresse, welche Stellen und Gnadengehalte nach Will-

---

a) Ludwig der Vierzehnte war, durch wiederholtes und übertriebenes Lob seiner Schmeichler, schon so sehr gegen alle seinern Loberhebungen fühllos geworden, daß nur die gröbsten Schmeicheleyen, welche offenbar ins Lächerliche fielen, und bey denen ihn die Höflinge zum Besten hatten, noch einigen Eindruck machen konnten. Mannsard, der Oberaufseher der Gebäude Ludwigs, ließ in den Planen, welche er dem Könige vorlegte, die gröbsten und auffallendsten Fehler stehen, so daß sie der König bey dem ersten Anblicke entdeckte und ihm zeigte. Dann stellte sich Mansard, als wäre er vor Bewunderung ganz außer sich, und rief aus: „Der König ist in allem gleich groß, und versteht „mehr von der Baukunst, als die geschicktesten Baumeister." Der berühmte Portaitmahler Mignard mahlte Ludwig den Vierzehnten sehr oft. Als er den König zum zehntenmal mahlte, fragte Ludwig: „Mignard, bin ich seit dem „letztenmal, da Sie mich mahlten, älter geworden?" — „Ja, Sire, antwortete der Mahler, ich sehe einige Schlach„ten mehr auf der Stirne Ew. Majestät!" Wie sind doch die Großen so klein, welche an so abgeschmackten Schmeicheleyen Vergnügen finden können, und was für armselige Leute, die auf solche Weise schmeicheln? Jede wahrhaft große Seele schmeichelt nie, und haßt Schmeicheleyen eben so sehr als Beleidigungen.

führ austheilte; Generale ernannte, die vom Kriege nichts verstanden; und Minister, welche von der Regierungskunst nichts wußten. Und in den letzten Jahren seines Lebens, wie traurig war nicht da der Zustand Frankreichs! Ein schwacher König saß auf dem Throne, welcher, mit der Weichlichkeit eines asiatischen Despoten, die Grausamkeit eines Caligula verband. Bald beraubte er sich seiner Sinne durch Wein; bald lag er in den Armen der gemeinsten Dirne; bald belustigte er sich an dem Anblicke des gehäuften Goldes und Silbers, das er in einem besondern Zimmer des Schlosses aufbewahrte, und durch Beraubung des königlichen Schatzes, täglich vermehrte. Er bestahl sich selbst täglich, um seinen Geitz zu befriedigen. Dieß waren seine Beschäftigungen; so verfloß sein Leben; bis er endlich an den Folgen seiner Ausschweifungen starb. Am Ende seiner Regierung drängte sich eine feile Buhlerinn, aus den Vorstädten von Paris, bis auf die Stuffen des Throns; sie verabschiedete Minister, welche die ganze Nation schätzte, und unterstützte diejenigen, welche der Nation verhaßt waren. Wollüstig hingestreckt auf einem Sopha, im Innern des Pallastes, überredete sie den, vor ihr stehenden und von ihren, halb bedeckten halb sichtbaren, Reitzen bezauberten König, die Parlamenter, welche die Nation für ihre Schutzgötter ansah, aufzuheben und die Glieder derselben zu zerstreuen, und an die Gränzen des Königreiches zu verbannen.

Nachdem dieser Despot den Thron verlassen hatte, kam Ludwig der Sechszehnte, der jetzige König der Franzreicher, an seine Stelle. Ein König von gemäßigten Grundsätzen, von einfachen Sitten, und vortreflichem Herzen; schwach und furchtsam, aber gerecht und gut. Gleich in den ersten Jahren seiner Regierung zeigte er sich als einen guten König, dem das Wohl seiner Unterthanen am Herzen lag, der Gerechtigkeit liebte, und der es sich zum Geschäfte machen zu wollen schien, sein Reich glücklich zu sehen. Er setzte die aufgehobenen Parlamenter wieder ein, rief die verwiesenen Parlamentsglieder wiederum zurück. An seiner Seite saß, auf Frankreichs Thron, die erhabene Monarchinn, die, ungeachtet aller der Verläumdungen, welche Neid, Haß und Kabale, gegen sie ausgestreuet haben, dennoch über alle diese Nachreden sich erheben, und, in der Geschichte unter der Reihe unglücklicher, und eines bessern Schicksals würdiger Königinnen, eine glänzende Stelle einnehmen wird. Diese schöne und ausgebildete Königinn, durch die erhabenste Herkunft von dem Schicksale ausgezeichnet, und mit den auserlesensten Gaben, mit allen körperlichen und geistigen Grazien von der Natur geschmückt, würde, in einem ruhigern Zeitpunkte, auch bey einer weniger galanten Nation, als die Französische ist, von allen, die sich ihr zu nähern das Glück gehabt hätten, nicht nur verehrt, sondern beynahe angebetet worden seyn; man würde die Bewunderung, welche ausgezeichnete Vollkommenheiten und eine erhabene Geburt allemal erwecken, ihr nicht haben versagen können. Aber so außerordentliche, so seltene Eigenschaften, erwecken in Zeiten, in welchen der Partheygeist herrscht, nur verläumderische Nachreden und hämische Anspielungen, welche die Bosheit kleinen und niedrigen Seelen eingiebt, die dadurch den Einfluß so großer Vollkommenheiten zu verhindern, und sich selbst, durch Erniedrigung anderer, zu einem eingebildeten Ansehen zu erheben wähnen.

In ihrer frühen Jugend, zu einer Zeit, wo sie mit den Intrigen der Höfe noch unbekannt war, dazu bestimmt, die Hofnung Aller, der Gegenstand der ausgesuchtesten Schmeicheleyen, und diejenige Person zu seyn, von welcher der Ehrgeitz die beneidenswürdigste Erfüllung seiner Plane erwartete, darf man sich nicht wundern, daß die gewöhnlichen Wirkungen des gekränkten Ehrgeizes auf sie zurückfielen. Daher wurde ihre Herablassung der Leichtsinnigkeit; ihre Umgänglichkeit sträflichen Leidenschaften zugeschrieben. War sie zurückhaltend, so hieß dieß Verachtung gegen die Nation, welche sie so sehr geehrt hätte; war sie zuvorkommend gegen gebildete und gelehrte Personen, so schloß man daraus, sie verachte alle, denen diese Vorzüge fehlten. Diejenigen sogar, welche sehr leicht die Schwachheiten des Weibes ihr würden verziehen haben, weil diese, in ihren Augen, nur unbedeutende Fehler waren, vergaben ihr niemals, die leicht zu bemerkende Anhänglichkeit für die Nation, unter welcher sie gebohren war, und den Vorzug, den sie derselben vor derjenigen gab, welche sie zur Königinn erhoben hatte. Dieß war ein Verbrechen, das durch kein Opfer gebüßt, und, auch durch geduldiges Ertragen der gröbsten Beschimpfungen, nicht ausgeglichen werden konnte. Man hielt es für den Gipfel von Undankbarkeit; für eine Wirkung der Thorheit und des Stolzes.

Aus unleugbaren Thatsachen erhellt, daß das System des Hofes zu Versailles, welches von jeher auf ein auszeichnendes Uebergewicht in den europäischen Staatshändeln hinzielte, seit einiger Zeit, in Rücksicht auf die Mittel zu diesem Zwecke, sich verändert hatte. Ludwig der Vierzehnte suchte das Uebergewicht durch sein Schwerdt zu erhalten, seine Nachfolger hingegen befolgten den, weniger in die Augen fallenden, aber tiefer wirkenden Plan, der Intrigen und Bestechungen. Aber die Pracht des Hofes, der übertrieben verschwenderische Hofstaat der Königinn und der Prinzen; die Räubereyen der Minister, und andere Ausgaben, verzehrten das Kapital, welches zu diesem elenden Plane bestimmt war. Geschlossene Bündnisse, gegen ihren rechtmäßigen Oberherrn aufgewiegelte Unterthanen, und die übrigen untergeordneten Räder dieser zusammengesetzten Maschine, verlangten Ressurcen, denen die ungeheuer großen Produkte der französischen Nation, bey aller ihrer Größe, dennoch nicht angemessen waren. Dazu kam noch die vorgebliche Ablenkung der Staatseinkünfte in fremde Kanäle, und die Unterstützung der Projekte des Hauses Oesterreich, des natürlichen Nebenbuhlers von Frankreich, dessen Verbindung mit Rußland nicht allein die allerungemessensten Aussichten von Eroberungen, und zu erwerbenden Reichthümern, im Voraus schon versprach, sondern zugleich den Projekten Frankreichs unüberwindliche Schwierigkeiten zu übersteigen darbot.

So mannigfaltige und wichtige Gründe reizten endlich die Gemüther derer, die schon durch Bedrückungen und Gewaltthätigkeiten so sehr gebeugt waren, als sie nur zu ertragen vermögend schienen; diese Gründe gaben sogar den sträflichen Planen einen Anstrich von Rechtmäßigkeit. Sie bewafneten den Arm des rachesuchenden Mörders gegen die Person Ihrer Majestät, welcher, auf die ungerechteste Weise, Verbrechen zur Last gelegt wurden, an denen sie gar keinen Antheil hatte, sondern die bloß allein Folgen der, der Nation eigenen, Eitelkeit, und ihrer Träume von künftiger Größe waren. In dieser schrecklichen Krise (deren genauere Umstände ich unten erzählen werde), als die lang verhaltene Verzweiflung des gedrückten, und in Elende versunkenen Volkes, bereit war, gegen den Thron auszubrechen; als dieselbe Geheiligten und Profanen, Schuldigen und Unschuldigen, ohne Unterschied, den Untergang drohte, da war die Königin die Einzige, welche, mit der, großen Seelen eigenen Verachtung der Gefahr, dem sich nähernden Sturme trotzte, und das armselige Mittel in der Flucht Sicherheit zu suchen, mit Verachtung von sich abwies. Hätte sie ihre heldenmüthigen Gesinnungen den erhabenen Flüchtlingen mittheilen können, welche bey Annäherung der Gefahr zitterten, dann würde Vermessenheit in Ehrfurcht zurückgeschreckt worden seyn, und die Insolenz des Pöbels hätte sich in Ergießung loyaler Ausrufungen verwandelt. a)

Im Jahre 1770 erschien die Königinn, als Gemahlinn des Dauphins, an dem französischen Hofe. Sie kannte weder die Ränke noch die Kabalen dieses Hofes. Sie war liebreich, offenherzig, freundlich und zuvorkommend. Ihre außerordentliche Schönheit erweckte den Neid aller Hofdamen, und dieser Neid gieng, bald nachher, in unversöhnlichen Haß über. Der Herzog von Choiseul war damals Minister Ludwigs des Funfzehnten. Und diesem Minister, dessen Anhänglichkeit an das Haus Oesterreich bekannt ist, war die Dauphine sehr ergeben. Hierdurch erweckte sie den Haß der Dubarry, der Maitresse des Königs, und ihres Lieblings, des Herzogs von Aiguillon, welcher durch Kabalen den Minister zu verdrängen suchte, um sich selbst an dessen Stelle zu setzen. Im Monate September des Jahrs 1770 war

---

a) In der ersten Auflage fand sich hier die berüchtigte Halsbandgeschichte. Da sich aber diese Geschichte, wie ich nunmehr zuverläßig weiß, nicht so verhält, wie dieselbe dort erzählt wurde; so ist sie hier ganz weggelassen worden.

große Kour bey der Dauphine. Der Herzog von Choiseul trat herein. Die Dauphine hielt in ihrer Hand einen Blumenstrauß von Blumen, welche unvergänglich (immortelles) genannt werden. Von diesen Blumen nahm sie eine, überreichte dieselbe dem Herzoge, mit den Worten: „ich wünsche, daß Sie an Ihrer Stelle das seyn mö„gen, was diese Blume ist." Dieses Kompliment, so fein dasselbe auch scheint, war höchst unpolitisch. Die Rede der Dauphine wurde der Dubarry, in einer großen Gesellschaft wieder erzählt, und der Herzog von Aiguillon setzte hinzu: wenn Choiseul nicht vom Hofe entfernt würde, so werde er bald mächtig genug seyn, um die Dubarry selbst zu entfernen. Nun fiengen die Kabalen und Intrigen an. Die Dubarry suchte dem Könige Widerwillen gegen seinen Minister beyzubringen; der Herzog de la Vauguyon verleumdete den Minister bey dem Dauphin, indem er behauptete, Choiseul habe den Vater des Dauphins vergiften lassen, und der Sohn des Herzogs von Aiguillon, der Herzog de St. Maigrin machte andere Kabalen gegen Choiseul. Die Kabale gelang. Choiseul verlohr seine Stelle und Aiguillon wurde Minister. Von dieser Zeit an waren zwey Partheyen bey Hofe, welche sich einander gegenseitig haßten und verfolgten; die Parthey der Dauphine, oder Choiseuls, und die Parthey der Dubarry, oder d'Aiguillons.

Die Dauphine war sehr schön. Sie hatte eine außerordentlich feine, weiße und zarte Haut, und hellblonde Haare. Man sprach von den Haaren der Dauphine bey der Dubarry. Sogleich sagte der Herzog d'Aiguillon: „ich habe die Haare der Dauphine diesen Vormittag un„gepudert gesehen. Ihre Haare sind roth, und mit ro„then Haaren ist allemal eine weiße Haut verbunden."

Von dieser Zeit an, wurde in den Gesellschaften der Dubarry, die Dauphine nicht anders genannt, als die
Rothe. „Die Rothe" sagte man „hat dieß gethan, die
„Rothe hat jenes gethan, die Rothe geht spazieren u. s. w.
Diese Reden wurden der Dauphine hinterbracht, aber
sie verachtete dieselben. Ludwig der Funfzehnte starb,
und der Dauphin wurde König.

Nachdem die Trauertage vorbey waren, ließ die neue
Königinn ankündigen: es werde große Kour bey Hof
seyn, und Sie erwarte, alle Damen des Hofes bey
sich zu sehen. Die Königinn sprach äußerst liebreich mit
diesen Damen. Als sie zu der Herzoginn von Aiguillon
kam, gieng sie bey derselben vorbey, sprach nicht mit ihr,
und sagte zu der Dame, welche zunächst neben der Herzogin stand: „Wie befinden Sie sich? Wie geht es Ih-
„nen? Haben sie lange Nichts von der Rothen ge-
„hört, und geht dieselbe noch immer spazieren?" Hierin
bestand die ganze Rache der Königinn.

Die Königinn setzte sich über die steife Etikette des französischen Hofes hinweg, und beleidigte hiedurch, ohne es
zu wissen, alle Damen des Hofes. Die Frankreicher waren einer so liebreichen und so herablassenden Monarchinn nicht werth. Sie hätten eine Königinn haben
müssen, welche sie mit wegwerfendem Stolze behandelt
hätte, welche beständig in dem Innern des Pallastes sich
eingeschlossen gehalten hätte, welche strenge Blicke auf
alle diejenigen geworfen hätte, die sich ihr näherten,
welche sich mit ihrem königlichen Titel, und mit dem
Glanze des Thrones begnügt, und selbst dazu beygetragen hätte, dem Könige eine Maitresse zu geben; welche
ihre Zeit, in Gesellschaft der alten Hofdamen, mit Ge-
schwätze hingebracht, und sich mit Andachtsübungen be-

schäftigt hätte. So hatten die beyden vorigen französischen Königinnen sich betragen, aber die Schwester Josephs des Zweyten betrug sich anders. Sie war zu offenherzig, um sich zu verstellen; sie dachte zu groß, um zu heucheln; sie zeigte sich immer so, wie sie wirklich war.

Die Kabalen gegen die Königin dauerten fort. Man suchte dem Könige Widerwillen gegen seine Gemahlin beyzubringen, und ihn zu überreden, daß er sich eine Maitresse wählen möchte. Der König wollte nicht. Der Marquis de Pesai, welcher am Hofe eine große Rolle spielte, und mit dem Könige sehr vertraut umgieng, war einst unvorsichtig genug, in einem Briefe an den König, Etwas gegen die Königin zu sagen. Der Monarch antwortete: „Es wird mir allezeit lieb seyn, „wenn man mich von Dingen unterrichtet, welche das „Wohl meines Dienstes, oder das Glück meiner Unter„thanen betreffen. Aber von meiner Gemahlin hat Nie„mand das Recht mit mir zu sprechen." a) Nach dem Tode des Marquis ist dieser Brief des Königs unter seinen hinterlassenen Papieren gefunden worden.

Bald nach dem Tode Ludwigs des Funfzehnten hielt sich der Hof eine Zeitlang zu Marly auf, woselbst sich der neue König die Blattern hatte einimpfen lassen. Die schönen Gärten dieses Lustschlosses gefielen der Königin, und sie gieng, an den schönen Sommerabenden, und bis spät in die Nacht, in Gesellschaft einiger Damen des Hofes, in diesen Gärten spazieren. Hierin suchte die Verläumbung Stoff, die Monarchin anzugreifen, und es

---

a) Je verrai toujours avec plaisir, qu'on m'instruise sur tout ce qui concernera le bien du service et le bonheur de mon peuple. Quant à ma femme, personne n'a le droit de m'en parler.

erschien eine giftige Broschüre, unter dem Titel: Le le-
ver de l'Aurore; eine Broschüre, welche voll der un-
verschämtesten Lügen war. Die Königin grämte sich sehr
über die Erscheinung dieser Schrift; um so mehr, da es
so gut, als bewiesen schien, daß einige Herren des Hofes, deren hoher Rang sie über alle Bestrafung hinweg
setzte, dieses schändliche Pasquill geschrieben hätten.

Die Verläumdungen und bösen Nachreden gegen den
Karakter der Königin hörten indessen nicht nur nicht auf,
sondern es nahmen dieselben täglich zu. Die Königin,
welche sich bewußt war, daß sie sich nichts vorzuwerfen
hatte, setzte sich über Alles hinweg, und hielt sich für
mächtig genug, um ihren Feinden Trotz bieten zu können.
Sie kannte aber nicht den ganzen Umfang der Bosheit
und Niederträchtigkeit der Hofleute. Die Bälle, welche
die Königin bey Hof gab, dienten der Verläumbung zur
Nahrung; der Vorzug, welchen sie einigen gebildeten
und liebenswürdigen Personen vor den übrigen gab, veranlaßte die schändlichsten Vermuthungen; Worte, Ge-
berden, Blicke, Alles wurde übel ausgelegt; die schändlichsten Geschichten wurden erfunden und als Wahrheit
erzählt; die allerauffallendsten Lügen wurden am begie-
rigsten geglaubt. Endlich brachten die Feinde der Königin es dahin, daß der Graf von Maurepas wieder
nach Hofe berufen wurde. Dieses geschah aus keiner
andern Absicht, als um Uneinigkeit zwischen den König
und die Königin zu bringen. Maurepas, ein Verwandter des Herzogs von Aiguillon, war ein Feind
der Königin. Sobald er das Staatsruder in seiner Hand
hatte, erschienen zu Paris eine Menge Broschüren und
Pasquille gegen die Monarchin. Aber, aller angewand-

ten Mittel ungeachtet, blieb der König dennoch seiner Gemahlin getreu.

Nun suchte man die Königin bey der Nation verächtlich und verhaßt zu machen. Die Verschwendung an dem französischen Hofe war, ungeachtet der strengen Sparsamkeit Ludwigs des Sechszehnten, größer als dieselbe jemals vorher gewesen war. Das Defizit nahm alle Jahre zu, und man gab vor: die Königin seye an der ungeheuren Zunahme desselben vorzüglich Schuld; als wenn einige Bälle, welche sie während des Winters bey Hofe veranstaltete; als wenn einige Verschönerungen, die sie zu Trianon angab; und einige andere, ähnliche Ausgaben fähig gewesen wären, einen Staatsbankerott zu verursachen. So unsinnig diese Beschuldigung auch seyn mochte, so grossen Eingang fand dieselbe dennoch in den Gemüthern der französischen Nation; vorzüglich aber bey dem Pöbel. Dieser fieng nunmehr an, die Monarchin zu hassen, welche er vorher mit grosser Ehrfurcht beynahe angebetet hatte. Die Halsbandgeschichte, jene sonderbare Begebenheit, deren genauere Umstände biß jetzt noch nicht bekannt geworden sind, brachte endlich alle Klassen des Volkes gegen die Königin auf, und die Zahl ihrer Feinde vermehrte sich täglich.

Auszeichnende Züge im Karakter Ludwigs des Sechszehnten sind: Gerechtigkeitsliebe, Sparsamkeit, Strenge in Bezahlung seiner persönlichen Schulden, und Wunsch, sich zu unterrichten; seine Fehler sind: Leichtgläubigkeit, Furchtsamkeit, Unentschlossenheit und Schwäche; sein Laster, der Trunk. Nur zu oft haben ihn seine Höflinge im Rausche etwas unterschreiben lassen, das er bey dem vollen Gebrauche seiner Sinne nie würde unterschrieben haben. Vor der Revolution klagte der König immer, daß er Langeweile habe: je m'ennuye hat er mehr tausendmal gesagt. Das Spiel haßte er, aber die Ja[gd] liebte er, wie alle Bourbons, bis zur Leidenschaft. [Er] ist sehr hitzig und auffahrend, und flucht, wenn er b[öse] ist in Ausdrücken, deren sich auch der Geringste seiner U[n]terthanen nicht zu schämen hätte.

Unter einer Menge von Anekdoten, die ich, während meines Aufenthalts in Paris, von Personen erfuhr, deren Stand ihnen erlaubte, sich der Person des Monarchen oft nähern zu dürfen, will ich einige anführen. Solche Züge lehren besser den Karakter kennen, als bloße trockene Herzählung der Bestandtheile, aus denen derselbe zusammengesetzt ist.

Ein vornehmer Tapetenhändler zu Paris sah sich auf dem Punkte, Bankerott machen zu müssen, weil er nicht Geld genug hatte, um einen fälligen Wechsel zu bezahlen, während ihm doch viele Herren des Hofes beträchtliche Summen schuldig waren, die er, aller Bemühungen ungeachtet, von ihnen nicht erhalten konnte. In dieser Verlegenheit sah er kein anderes Mittel, als mit seiner Brieftasche nach Versailles zu reisen, um vom Könige, einige Tage vor Verfall des Wechsels, Aufschubbriefe (lettres de surséance) zu erhalten, welche der König, zufolge eines seiner Vorrechte, jedem Schuldner geben kann. Der Tapetenhändler kommt nach Versailles, bringt bis in das königliche Vorzimmer, spricht mit dem ersten Kammerdiener des Königs, erklärt demselben sein Anliegen, und bittet, vor den König gelassen zu werden. Der Kammerdiener weist ihn auf eine unhöfliche Weise ab, sagt ihm, er müsse seine Schulden bezahlen, der König habe andere Geschäfte, als die Klagen eines bankerotten Kaufmanns anzuhören. Der Tapezierer bitttet, beschwört den Kammerdiener ihn zu melden, stellt ihm die traurige Lage vor, in welcher er sich mit seiner Familie befinde, aber umsonst. Indessen kommt der König, durch einen Zufall, aus seinem Zimmer, sieht einen Mann in heftigem Gespräche mit seinem Kammerdiener, und ist neugierig zu wissen, wovon sie sprechen. Er ruft den Kammerdiener und frägt nach dem Gegenstande des Gespräches. „Sire, „antwortet dieser, es ist ein Mann, der seine Gläubiger „nicht bezahlen kann, und von Ihnen Aufschubbriefe „verlangt." — „Nein!" sagte der König, „das geht „nicht, man muß seine Schulden bezahlen." — „Aber „(antwortet Thierry der Kammerdiener) er hat doch „einige Gründe." — Nun dann, so laß ihn hereinkom„men." Der König nimmt das Portefeuille, durchblättert es, findet darin verschiedene Schuldverschreibungen von den Großen seines Hofes; unter andern eine von 80,000 Livres vom Kardinal Rohan. Diese nimmt der König heraus, steckt sie in seine Tasche, und schreibt eigenhändig ein Billet an den Finanzminister: dem Vorweiser sogleich 80,000 Livres zu bezahlen. Der Tapetenhändler geht dankbar weg. Am folgenden Morgen läßt der König den Kardinal kommen. „Sie sind mein „Schuldner, Herr Kardinal," sagt er lachend. — „Ja, „Sire, ich weis es, ich bin Ihnen Alles, was ich bin „und habe, schuldig, und erkenne Ihre Wohlthaten ge„gen mich." — „Ganz wohl! Herr Kardinal, aber „das ists nicht, was ich meyne; Sie sind mir Geld schul„dig." — „Geld? Sire, das ich nicht wüßte." — „Kennen Sie diese Handschrift?" (indem zieht der König die Schuldverschreibung aus seiner Tasche.) Der Kardinal antwortet bestürzt: „Ja, Sire, sie ist von

„mir." — „Eh bien! ich habe den Mann bezahlt, und „nun sind sie mein Schuldner und gegen das Ende dieser „Woche will ich mein Geld haben." Der Kardinal sah „sich genöthigt, in aller Eile nach Paris zu reisen und das Geld zusammenzuborgen.

Während des letzten Krieges hatte der König, ohne daß man es wußte, ganz für sich, die engländische Sprache gelernt und sich die engländischen Zeitungen kommen lassen. Als man ihm die unglückliche Schlacht des Admirals de Grasse verbergen wollte, fieng er zuerst an davon zu sprechen; denn er hatte die Nachricht in den engländischen Zeitungen schon gelesen.

Vor einigen Jahren las der König Cooks Reise, und darüber kam er auf den Gedanken, auch eine solche Reise machen zu lassen. Er schloß sich in sein Kabinet ein, entwarf selbst den Plan zu einer Reise um die Welt, übergab denselben dem Marschall de Castries, damaligem Minister des Seewesens, und sagte dabey: es sey ein Plan zu einer Reise um die Welt, der ihm von Jemand wäre übergeben worden, der Minister möchte denselben untersuchen. Der Marschall dachte, es werde ein Projekt seyn, wie so viele andere, und ließ den Plan liegen. Nach einiger Zeit fragte der König den Minister, was er von dem Plane halte? „Sire, ich habe ihn noch nicht untersucht." — „Nun so untersuchen Sie ihn dann." Nach einigen Tagen fragte der König abermals. Der Marschall antwortete: „Sire, der Plan ist, im Gan„zen genommen, recht gut, nur hie und da ist etwas „daran zu ändern." — „Nun, so muß ich Ihnen sa„gen, Herr Marschall, daß der Plan von mir ist." Eben diesen Plan hat der unglückliche Herr de la Peyrouse befolgt, welcher mit seinen Schiffen, mit seiner Mann schaft und mit seinen vielen und wichtigen Entdeckungen zu Grunde gieng, ohne daß man noch bis jetzt hat erfahren können, in welchem Meere ihm dieses traurige Schicksal widerfahren ist.

Das Wort Defizit ist, seit einigen Jahren, in Frankreich ein Modewort geworden, und es verlohnt sich der Mühe zu untersuchen, auf welche Weise dieses Defizit in den Finanzen entstanden sey. Unter dem Defizit des Staates versteht man einen, mehr oder weniger großen Ueberschuß der Ausgabe über die Einnahme. Beynahe alle europäischen Staaten leiden gegenwärtig an dem Schleichfieber des Defizit; am meisten aber Frankreich und England. In Frankreich entstand das Defizit durch einen Zusammenfluß allgemeiner und besonderer Ursachen. Es fieng schon zu den Zeiten Ludwigs des Vierzehnten an.

Ludwig der Vierzehnte hatte von der Natur grosse Talente und einen thätigen Geist erhalten. Er hatte aber auch große Fehler, welche durch seine vernachläßigte Erziehung, seinen ehrgeizigen Ministern, und durch die Legion von Schmeichlern, die ihn umgab, erzeugt worden waren. Ludwig that daher sehr große, aber auch sehr kleine Dinge. Bey allem, was er that, war immer eine unbegreifliche Mischung von Größe und von Kleinheit; und alle seine Thaten waren mehr auf den Schein, als auf das Seyn berechnet. Er ließ einen neuen Kodex des Zivil- und Criminalrechts verfertigen, aber in diesem Kodex wurde die Tortur beybehalten, und dem Angeklagten ein Rathgeber und Vertheidiger verweigert. Er ließ im ganzen Königreiche prächtige Landstrassen machen, aber der arme Bauer mußte umsonst arbeiten; Frohndienste thun; Pferde, Wagen und Werkzeuge hergeben, und so wurden die prächtigen Strassen mit dem Schweiße und den Thränen der Armen benetzt. Die stärksten Männer seines Landes vertilgte er durch vierzigjährige Kriege, und die betriebsamsten und nützlichsten jagte er aus dem Lande, weil er den Schmeicheleyen der Pfaffen nicht widerstehen konnte. Seine tapfern Dragoner dienten sowohl gegen die feindlichen Armeen, als auch gegen die hilflosen, unbewaffneten Weiber und Kinder der Prottstanten, welche Ludwig auf die unmenschlichste Weise ermorden ließ, weil sie den Ignatius Loyola nicht anbeten wollten und die unbefleckte Empfängniß nicht begreifen konnten. Ludwig war der allerunumschränkteste Despot. Seine Kriege, seine Günstlinge, seine Pracht und seine Verschwendungen aller Art erschöpften die Finanzen des Reiches, und es entstand ein Defizit, welches vorher nicht vorhanden gewesen war. Der stolze Louvois verschwendete größere Summen, als der unsterbliche Colbert durch neu erfundene Erwerbmittel anzuschaffen im Stande war. Doch aber wußte Colbert, so lange er lebte, das Gleichgewicht in den Finanzen, aller Verschwendung ungeachtet, zu erhalten, oder doch bald wiederum herzustellen. Colbert starb, und nach seinem Tode bemächtigten sich die Mönche des frömmelnden Ludwigs ganz. Er widerrief das Edikt von Nantes, er verfolgte die Protestanten, und verlor durch diese Verfolgung eine halbe Million der aufgeklärtesten, der betriebsamsten und der reichsten Unterthanen seines Staates. Die unpolitische Bekehrungssucht Ludwigs schadete den Finanzen mehr, als alle seine Kriege; denn von dieser Zeit an verfiel der Handel und die Manufakturen; die Einnahme des königlichen Schatzes wurde geringer; die Fabriken, welche bisher Frankreich ausschließend besessen hatte, waren nunmehro durch die Flüchtlinge über ganz Europa verbreitet; fremde Nationen kauften nun nicht mehr von Frankreich, was sie zu verfertigen selbst gelernt hatten; der Handel nahm daher ab; die Ausgaben des Staates übertrafen seine Einnahmen; es entstand ein Defizit, und an der Entstehung des Defizits waren ursprünglich Mönche und Pfaffen schuld. Doch dieses war noch nicht alles. Berühmte Generale, talentvolle Offiziere, und eine Menge der tapfersten Soldaten mußten ihre Regimenter verlassen, weil sie Protestanten waren. Sie giengen in feindliche Armeen über, und brachten dahin die vortrefliche französische Taktik mit sich. Die Mönche, hiedurch noch nicht befriedigt, überredeten Ludwig, aus seiner Armee die größten Generale zu entfernen, welche nicht fromm waren, und eine zu große Seele hatten, um zu heucheln; daher blieben, während eines Theils des Successionskrieges, die Vendome, die Catinat und die Villars unthätig zu Hause. a)

Verlorne Schlachten und Unglück ohne Zahl war die Folge dieser Pfaffenregierung. Beynahe wären die Throne Ludwigs des Vierzehnten und Philipps des Fünften durch dieselbe umgestürzt worden. Ludwig sah sich endlich genöthigt, als sein Unglück am größten war, vernünftiger zu denken, und mehr seiner eigenen Einsicht, als dem verfolgenden Rathe der unwissenden und einfältigen Pfaffen zu folgen; er berief Vendome, Boufflers und Villars wiederum zur Armee; und kaum

---

a) Catinat fait son métier, mais il ne connoit pas Dieu. Le Roi n'aime point à confier ses affaires à des gens sans dévotion.
Lettres de Maintenon. T. 2. p. 55. Anquétil Louis quatorze. T. 3. p. 131.

waren sie berufen, so war die französische Armee auch wiederum siegreich. Ihr Heldenarm schlug die Feinde, welche vorher Gebete, Vigilien, Fasten, Kreutzerhöhungen, Prozeßionen und andere ähnliche, lächerliche Zeremonien nicht hatte schlagen können. Ludwig sah sich genöthigt, um die verminderte Einnahme des Staates den Ausgaben gleich zu machen, drückende Auflagen und wiederholte Anlehen auszuschreiben, welcher Anlehen er sich durch einen Bankerott entledigte. Aber, ungeachtet dieser drückenden und ungerechten Hülfsmittel ließ dieser Monarch, bey seinem Tode, die Finanzen in der grösten Unordnung. Sein fünfjähriger Urenkel bestieg nunmehr den Thron, und der Herzog Regent von Orleans regierte im Namen jenes Kindes. Dieser übergab die Finanzen des Königreiches einem Projektmacher, Namens Law, welcher die Frankreicher erst einlud, und nachher ihnen befahl: alles ihr Gold und Silber nach dem königlichen Schatze zu bringen, wogegen er ihnen papierne Banknoten gab, und ihnen versprach, daß sie in kurzer Zeit zehnfach den Werth des gelieferten Goldes und Silbers erhalten sollten, weil er Mittel gefunden habe, eine ungeheure Menge Goldstangen aus den Bergwerken in Louisiana zu erhalten — wo es keine Bergwerke giebt. Die leichtgläubigen Frankreicher drängten sich hinzu, um ihr Geld gegen Papier umzutauschen. Die ganze Strasse Quincampoix zu Paris, wo die Auswechslung geschah, war, vom Morgen früh bis Abends spät, mit Leuten besetzt, welche ihres Goldes und Silbers los zu werden suchten, um dasselbe zehnfach wieder zu erhalten. Ein armer Bucklichter, der sich in die Strasse hinstellte und seinen Rücken zum Schreibpulte vermiethete, wurde ein reicher Mann.. Aus Mississippi kam kein Gold, und

Laws Banknoten blieben Papier. Indessen wurde durch diesen schändlichen Bankerott das Defizit getilgt, und die Einnahme des Staats kam mit der Ausgabe ungefähr ins Gleichgewicht. Im September 1715, nach dem Tode Ludwigs des Vierzehnten, betrug die Staatsschuld 2,062,138,001 Livres. Der Herzog Regent bezahlte ab 1,722,249,229 Livres, und im Oktober 1720 betrug die Schuld des Staates nur noch 339,888,772 Livres. Ein langer Friede und die sparsame Regierung des Kardinals Fleury tilgten vollends die noch übrigen Schulden des königlichen Schatzes. Die Sparsamkeit des Kardinals war dem Staate mehr schädlich, als nützlich; er sparte da, wo er hätte verschwenden sollen. Dieser rechtschaffene, aber furchtsame Prälat ließ aus Sparsamkeit das ganze Seewesen verfallen und gab dadurch die französischen Kolonien in Ost- und Westindien den Feinden Frankreichs Preis, wie es sich in dem Kriege wegen der teutschen Kaiserkrone gezeigt hat, in welchem Frankreich seine Kolonien verlor, und dieselben nur durch durch Aufopferung seiner in Flandern gemachten Eroberungen wieder zurück erhalten konnte. Durch diesen Krieg entstand aufs neue eine Unordnung in den Finanzen und ein Defizit. Im Jahre 1756 verlor Frankreich abermals seine Kolonien, und erhielt im Frieden nur diejenigen widerum zurück, welche die Engländer nicht für sich zu behalten für gut fanden. Das Defizit hatte so sehr zugenommen, daß der Abbé Terray kein anderes Mittel finden konnte oder wollte, um den zerrütteten Finanzen wieder aufzuhelfen, als die Bezahlungen aufzuschieben, und die Zinsen der Staatsschulden herunterzusetzen. Außer diesem Bankerotte erhöhte der Finanzminister, mitten im Frieden, alle Auflagen, und stellte durch diese Operationen (wie er selbst verſicherte) die Einnahme des Staats mit der Ausgabe ins Gleichgewicht. Dennoch entſtand, unter eben dieſem Finanzminiſter, ſchon gegen das Jahr 1774 ein neues Defizit, von mehr als ſiebenundzwanzig Millionen Livres.

So war der Zuſtand der Finanzen beſchaffen, als Ludwig der Sechszehnte den Thron beſtieg. Nicht nur fand er den Staat mit einer ungeheuern Schuldenlaſt beladen, die ſein Vorfahr demſelben aufgebürdet hatte, ſondern eine Korntheurung, welche zu Anfang ſeiner Regierung entſtand, verurſachte dem königlichen Schatze, noch über dies, beträchtliche Ausgaben; theils wegen des Beyſtandes, welcher den Armen geleiſtet werden mußte; theils wegen der Truppen, welche der König nach Paris marſchieren ließ, um eine Rotte von Böſewichtern auseinander zu jagen, die, während der Theurung, auf dem Kornmarkte die Säcke mit Gewalt wegnahmen, und das Korn in den Straſſen herumſtreueten, oder daſſelbe in den Fluß warfen. Kaum hatte ſich dieſe Theurung etwas gelegt, als ſchon in den ſüdlichen Provinzen eine Viehſeuche ausbrach, welche ſo heftig wüthete, daß nicht einmal genug Ochſen übrig blieben, um den Pflug zu ziehen. Aus dem königlichen Schatze mußte auch dieſen Provinzen aufgeholfen, und denſelben alle Auflagen erlaſſen werden. Auſſerdem ſah Ludwig der Sechszehnte ein, wie unentbehrlich nothwendig ſeinem Reiche eine große Seemacht ſey, und die Errichtung derſelben vermehrte das Defizit wenigſtens um hundert Millionen. Dazu kam noch der amerikaniſche Krieg, durch welchen die Staatsſchuld von 12,00 bis 15,00 Millionen Livres zunahm. Zu der Zeit, als Frankreich anfieng an dieſem Kriege Theil zu nehmen, wurde Necker Finanzminiſter; dieſer merkwürdige

Mann, durch welchen die französische Revolution vorbereitet ward.

Necker war der Sohn eines Professors zu Genf. Er hatte von seinem Vater eine gute Erziehung erhalten. Schon in seinen jüngern Jahren zeichnete er sich durch seine Fähigkeiten aus und gewann in der Schule oft den Preis. In seinen Jünglingsjahren schrieb er Lustspiele und kleine Gedichte. Noch sehr jung kam er in das Handlungshaus seines Oheims, des Herrn Vernet zu Paris, und bald nachher, als Handlungsbedienter, zu dem reichen Bankier Thelusson, mit einem sehr kleinen Gehalte. Er lebte ordentlich, er war fleißig, geduldig und rechnete vortreflich. Durch diese Eigenschaften erhob er sich bis zu der Stelle eines ersten Handlungsbedienten seines Herrn, welcher ihm endlich einen Antheil an seiner Handlung überließ. Bey seiner ökonomischen Art zu leben, bey der Menge und bey dem glücklichen Fortgange seiner Geschäfte nahm sein Vermögen beträchtlich zu. Im Jahre 1765 heyrathete er Mademoiselle Curchod, die Tochter eines schweitzerischen Landpredigers; eine Dame von feinem Verstande, von gutem Herzen, aber von unbegränzter Eitelkeit. Necker brachte seine Frau nach Paris. Sie suchte bald als Dame von Verstand und Geschmack sich auszuzeichnen. Sie machte ein großes Haus. Sie versammelte um sich her, und in ihrem Hause die berühmtesten Gelehrten zu Paris, und hielt in diesen Versammlungen den Vorsitz. Nun sollte ihr Mann auch als Schriftsteller glänzen. Er aber hatte zu viel Bescheidenheit und getrauete sich nicht öffentlich aufzutreten. Die Akademie gab eine Lobschrift auf Colbert zur Preisfrage auf. Eine solche Preisfrage aufzugeben, hieß verlangen, daß derjenige, welcher den Preis zu gewinnen

Anspruch machen wollte, fähig seyn müsse, das verwickelte Gewebe der Finanzverwaltnng auseinander zu legen und in seine ersten Fäden aufzulösen. Madame Necker beredete ihren Mann, um den Preis zu schreiben. Necker schrieb, mit Hilfe des berühmten Schriftstellers Herrn Thomas, eine Lobrede auf Colbert, und trug im Jahre 1773 den Preis davon. Seine sehr gut geschriebene Abhandlung, über einen Gegenstand, welchen vorher Niemand kannte, und über welchen selbst die Akademie, nur in Rücksicht auf Vortrag und Sprache, aber nicht in Rücksicht auf die Sache selbst zu urtheilen fähig war, machte großes Aufsehen. Dazu kam noch das Verdienst, daß er Winke und Vorschläge angab, wie den in Verfall gerathenen Finanzen am besten aufzuhelfen seyn möchte. Die scheinbare Auseinandersetzung von Dingen, welche so verwickelt waren, daß sie gar nicht auseinander gesetzt werden konnten; die anscheinende, in ein Chaos gebrachte Ordnung; das auf einen finstern Gegenstand geworfene trügerische Licht; die akademische Zierlichkeit, mit welcher die Schrift geschrieben war; die Antithesen, mit denen dieselbe ausgeschmückt; und der selbstgefällige Witz, mit welchem sie hin und wieder verbrämt war; verbunden mit dem Nimbus, welchen die Preismedaille um sie her verbreitete: Alles dieses zusammengenommen, verschafte Neckers Schrift einen grossen Ruf, und ihm selbst eine Menge Bewunderer. Neckers Buch war der allgemeine Gegenstand aller Gespräche. Rousseau, welcher damals beynahe täglich in das Kaffeehaus de la Regence zum Schachspiele kam, wurde zu der Ehre, welche sein Landsmann erhalten hatte, Glück gewünscht. „Er hat" antwortete Rousseau, „über einen unbekannten Gegen„stand geschrieben; er hat zu beweisen gesucht, daß er

„den Knoten aufzulösen im Stande sey. Daran hat er „wohl gethan; denn das wird sein Glück befördern. „Uebrigens mag daran glauben, wer da will. Doch ver- „stehen seine neidischen Gegner auch nicht mehr davon, „als er, und sie deraisonniren nicht so gut."

Bald nachher schrieb Necker eine Abhandlung über den Getreidehandel, gegen die Oekonomisten. Von dieser Schrift wurden in einem Monate vier Auflagen gedruckt. Necker sandte dieselben an Voltaire, mit einem Briefe, worin er dessen Urtheil über sein Werk zu wissen verlangte. Voltaire zeigte das Buch mit dem Briefe, einem Freunde, welcher sich eben bey ihm befand, und sagte lachend: „unter den Schriften des Herrn Necker sind „keine so gut, wie seine Wechselbriefe."

Von dieser Zeit an wurde Necker für den ersten spekulativen Bankier in Frankreich gehalten, sein Ruhm verbreitete sich, und sein Ehrgeiz verleitete ihn, höher zu streben. Er wollte Minister werden, und dazu verhalf ihm der Marquis de Pesay.

Dieser Marquis war ein liebenswürdiger junger Mann, von einigen Talenten. Er hatte sich bey Hofe Eingang und Ansehen zu verschaffen gewußt; er hatte auf einigen Privattheatern, mehrere Schauspielerrollen sehr gut gespielt; er hatte von dem Dichter Dorat, das Versemachen gelernt, und außer einigen Kleinigkeiten auch ein größeres Gedicht, unter dem Titel: Zélis au bain, geschrieben; er spielte unter dem Schutze seiner Schwester, einer liebenswürdigen und verständigen Dame, Madame de Cassini, in der großen Welt eine glänzende Rolle; er schrieb einige komische Operetten, welche mit Beyfall aufgenommen wurden; er ward dazu ernannt, dem Dauphin (nachmaligen Ludwig dem Sechszehnten) die Anfangsgründe der Taktik beyzubringen; er wurde der Liebling des Dauphins, und wußte sich in der Folge, als der Dauphin König war, auch bey dem Rathgeber des Königs, bey dem Grafen von Maurepas, welcher selbst Verse machte, einzuschmeicheln; er war allgemein beliebt, und steckte tief in Schulden; dies ist eine kurze aber eine getreue Schilderung des Marquis de Pesay.

Der Krieg zwischen Frankreich und England, wegen der amerikanischen Kolonien sollte ausbrechen, und die französischen Finanzen befanden sich in der größten Unordnung. Die Verlegenheit war sehr groß, und Necker hielt dieses für einen guten Zeitpunkt, um Finanzminister zu werden. Er sandte Jemand im Vertrauen, zu dem Marquis de Pesay, und ließ ihm sagen: er würde alle Schulden des Marquis bezahlen, wenn dieser ihm die Stelle eines Finanzministers verschaffen wolle. Pesay war bereitwillig zu thun, was man von ihm verlangte. Er gieng zu Necker, blieb bey ihm zu Tische, schmeichelte der Mad. Necker, und versprach dem Hrn. Necker eine Audienz bey dem Minister Maurepas zu verschaffen.

Nun gieng Pesay zu Maurepas, lobte die Talente, die Kenntnisse und die Einsichten des Herrn Necker, und rühmte die Sehnsucht, welche derselbe habe, sich mit der Wohlfahrt Frankreichs beschäftigen, und alles das verbessern zu dürfen, was die vorigen Finanzminister verdorben hätten. Der Graf Maurepas erwiederte: „Lieber Pesay, ich habe zu lange gelebt, und zu „viel erfahren, um an Wunderdinge glauben zu können. „Ich kenne Denjenigen, für welchen Sie sich interessiren, „vielleicht besser als Sie selbst ihn kennen. Schon seit „mehr als einem Jahre spricht man mir von ihm beständig, und Sie sind nicht der Erste, der ihn mir empfoh-

„len hat. Aber bisher habe ich mich immerfort gewei-
„gert, seine Vorschläge anzuhören und zwar aus folgen-
„dem Grunde. Er hat als Bankier im Jahre 1771, ge-
„meinschaftlich mit dem Abbe Terray und mit Du
„Vergier, welcher damals erster Sekretair des könig-
„lichen Schatzes war, nicht sehr rechtschaffen gehandelt.
„Wie können Sie nun von mir verlangen, daß ich dem
„Könige, zum Finanzminister, einen Mann vorschlagen
„solle, welcher durch dergleichen Mittel reich geworden
„ist? Die Plane, welche er vorschlägt, mögen gut seyn;
„aber auf welche Weise will er dieselben ausführen? Er
„kennt die Verwaltung unsers Staates bloß theoretisch;
„er hat nicht den geringsten Begriff von der eigentlichen
„Einrichtung derselben; das Handwerk, welches er,
„während seines ganzen Lebens getrieben hat, steht in
„gar keiner Verbindung mit den Arbeiten eines Finanz-
„ministers, man müßte ihm also einen Gehülfen geben,
„der ihn unterrichtete, und dieser würde nicht leicht zu
„finden seyn. Ich glaube, die beste Stelle für ihn, wäre
„die Stelle eines Aufsehers des königlichen Schatzes. Er
„könnte die Rechnungen über Einnahme und Ausgabe
„führen, denn ich weiß, daß er das Rechnungswesen
„sehr gut versteht. Will er diese Stelle annehmen, so
„werde ich mich für ihn bemühen, und Ihnen dadurch
„einen Beweis geben, daß Ihre Empfehlung sehr viel
„bey mir gilt." a)

Pesay hinterbrachte Neckern, was Maurepas gesagt
hatte, und beyde kamen miteinander überein, Necker
solle einstweilen die ihm angebotene Stelle annehmen,

---

a) Der Marquis de Pesay hat seinen Freunden selbst erzählt:
Maurepas habe ihm diese Antwort gegeben.

nachher würde es ihm nicht an Mitteln fehlen, auch die höchste Stuffe zu ersteigen, wenn er erst auf einer niedrigern eine Zeitlang ausgeruhet haben werde. Im Monate Julius 1776 wurde Herr Necker, zum erstenmal, dem Grafen von Maurepas vorgestellt, und bald nachher verschaffte ihm Maurepas eine Unterredung mit dem Könige. Der König sprach mit Neckern länger als eine Stunde, und urtheilte über ihn außerordentlich richtig. Er sagte zu Maurepas: „Ich habe mit Eurem Protegir„ten gesprochen. Wir müssen ihn brauchen, um den „Kredit zu erhalten. Sonst darf er sich in nichts mischen. „Es ist ein ehrgeiziger, kühner, eigensinniger Mann. „Mir scheint es, aus demjenigen zu urtheilen, was er „mir gesagt hat, daß er glaubt, er wäre im Stande, „erster Minister zu seyn. Aber ich bin anderer Mey„nung." a)

Nun war Necker Aufseher des königlichen Schatzes. Die Schulden des Marquis de Pesay wurden bezahlt, und diesem Manne zu Gunsten, ward mit dem Titel eines General-Inspektors der Aufseher aller Ufer, eine neue Stelle mit 40,000 Livres jährlichen Gehalts gestiftet, und Pesay wurde zu dieser Stelle ernannt. Madame de Cassini verschaffte dem Marquis, ihrem Bruder, Mademoiselle Murat, eine reiche Parthey, und nach der Hochzeit verließ der Marquis Versailles, um seine Inspektorstelle anzutreten. Herr Taboureau, ein offenherziger, rechtschaffener und gerader Mann, war damals Finanzminister. Er war es wohl zufrieden, daß Hr. Necker die Aufseherstelle unter

---

a) Das Gespräch des Königs theilte Maurepas wörtlich dem Marquis de Pesay, und dieser seinen Freunden mit.

ihm bekleidete, obgleich der Aufseher alles Geld der Nation in Händen hatte, und nach Gefallen damit schaltete, wodurch die Stelle des Finanzministers eine Stelle ohne Macht und beynahe ohne Ansehen wurde.

Hr. Necker war, dem zufolge, eigentlich Finanzminister, ob er gleich den Titel eines solchen noch nicht hatte. Er stattete dem Grafen von Maurepas, von allem was er unternahm, Bericht ab, und setzte von Zeit zu Zeit, hinzu: „Ja! . . . . . Wenn ich Herr wäre. . . . . „Wenn mir Niemand widerspräche. . . . . Dann könnte „ich. . . . . Aber. . . . ." Hierauf antwortete ihm einst Maurepas: „Wenn Sie werden wollen, was Sie „zu wünschen scheinen, so müssen Sie sich mit der innern „Verwaltung des Reichs bekannt machen. Um sich hie„von zu unterrichten, müssen Sie sich die verschiedenen „Rechnungen, welche die Intendanten unserer Provin„zen dem Finanzminister übersenden, zu verschaffen su„chen. Aus diesen Rechnungen werden Sie lernen, was „der Staat unter den gegenwärtigen Umständen, für „Ressurcen habe, und wie man ihm aufhelfen könne." — „Wie soll ich aber diese Rechnungen bekommen," fragte Necker. — „Das weiß ich nicht," antwortete Maurepas. „In diese Dinge mag ich mich nicht mischen. Thun „Sie, was Sie können."

Als Necker von dieser Unterredung mit Maurepas nach Hause kam, schrieb er einen Zettel an den Marquis de Pesay, welcher sich zu Versailles befand, und bat den Marquis, daß er sogleich zu ihm kommen möge. a) Der Marquis erscheint und Necker berathschlagt sich mit ihm,

---

a) Von dem Marquis de Pesay hat man alle diese Umstände erfahren.

was unter solchen Umständen zu thun sey? Sie kommen überein, einen Zirkularbrief an alle Intendanten der Provinzen zu schreiben, und von denselben die Rechnungen zu verlangen.

Die Zirkularbriefe an die Intendanten werden abgesandt. Diese wurden durch den Brief sehr aufgebracht. Sie antworteten nicht, sondern schrieben an Herrn Taboureau, beklagten sich bey diesem über die Zudringlichkeit des Herrn Neckers, und erklärten, daß sie Niemand anders als Herrn Taboureau, dem Finanzminister, Rechenschaft abzulegen schuldig seyen. Herr Taboureau billigte alles, was die Intendanten gethan hatten. Er gieng zu dem Grafen von Maurepas, beklagte sich über diesen kühnen Schritt Neckers, und verlangte Satisfaktion, wegen dieser Beleidigung. Pesay hatte schon vorher mit Maurepas über diese Sache gesprochen, und Taboureau erhielt die verlangte Genugthuung nicht. Hr. Taboureau hielt sich für beleidigt, und verlangte, auf den Rath seiner Freunde, seinen Abschied. Vorzüglich rieth zu diesem Schritte, Madame de Rianc, die Schwester des Herrn Taboureau. Dieser erhält seinen Abschied und Necker wird Finanzminister an seiner Stelle, aber ohne Sitz und Stimme in dem königlichen Staatsrathe.

An dem 2. Julius 1777 gab Necker, als Finanzminister, seine erste öffentliche Audienz. Kaum war er zu dieser Stelle ernannt, als er sich auch schon an den Intendanten der Provinzen, welche ihn mit so großer Verachtung behandelt hatten, zu rächen suchte. Necker sandte den Parquis de Pesay, mit geheimen Instruktionen, nach den Provinzen, um das Betragen der Intendanten zu untersuchen. Die Intendanten fanden bald aus, daß

Pesay ein Spion war. Sie verbanden sich alle mit einander gegen ihn, und es gelang ihnen endlich, den Marquis zu stürzen. Pesay fiel in Ungnade, grämte sich, wurde krank und starb auf seinem Gute, zu Pesay, wohin er von dem Könige verbannt worden war. Man warf Neckern mit Recht vor, daß er, nachdem Pesay in Ungnade gefallen war, sich zurückzog, und auch nicht ein einziges Wort, zu Gunsten seines Freundes und Wohlthäters, zu sprechen wagte.

Die Bankiers, die Generalpächter und die Intendanten schränkte Necker von allen Seiten ein. Sie hatten ihn beleidigt und nunmehr rächte er sich an ihnen. Das konnte niemand besser thun als er, denn alle ihre geheimen Schliche bekannt waren. Das Publikum, welchem die ganze Bande der Finanziers von jeher, wegen ihres Stolzes und wegen ihres Uebermuthes, verhaßt gewesen war, klatschte Neckern lauten Beyfall zu, und dieser hatte das Vergnügen, sich bewundert zu sehen, während er blos allein seine Privatrache zu befriedigen dachte.

Eine der ersten Operationen, welche man von Neckern erwartet hatte, war die Aufhebung des Staatslotto, der sogenannten Lotterie Royale de France. Dieses von der Regierung begünstigte Hazardspiel, hat eine Menge Familien zu Grunde gerichtet, und eine große Anzahl von Bürgern des Staats, welche ihr Vermögen dabey verlohren hatten, zu dem Selbstmorde verleitet. Necker war aber so weit entfernt, dieses Spiel verbiethen oder aufheben zu wollen, daß er vielmehr in der Pachtung des Lotto, eine sehr ergiebige Quelle fand, um die Einkünfte des Staates beträchtlich zu vermehren. Das Lotto hatte bisher bloß allein in den Städten Frankreichs Kontore gehabt. Necker aber erlaubte den Pächtern des Lotto, im August

1778, in allen Flecken und Dörfern, bis in die kleinsten Winkeln des Königreichs, Kontore anzulegen und Einlagen anzunehmen. Neckers Seele ist keine von den großen, vielumfassenden, entfernte Folgen im voraus berechnenden, planvollen, zur Herrschaft über andere geschaffenen Seelen. Zum Herrschen fehlt es ihm an Menschenkenntniß; denn wie hätte er die, im Kontore, auf der Wechselbank, sich erwerben sollen! Sein thätiger, aber eingeschränkter Geist, war zwar gewohnt, Zahlen, aber nicht Ideen zu verbinden; die Regel de Tri war die einzige, ihm geläufige, syllogistische Form, und alle Gegenstände, auf welche die Schlußform nicht paßte, lagen außer seinem Gesichtskreise. Dieß fühlte er wohl. Er konnte es sich selbst nicht verbergen, daß er aus der ihm bestimmten Laufbahn herausgerissen worden war, und daß er zum Finanzminister keine Talente hatte. Indessen hielt er doch die eben so unerwartete, als alle seine Hoffnungen übersteigende Erhebung, für eine Folge seines Verdienstes, und fieng, seit diesem Augenblicke an, sich selbst zu bewundern. Der bisher bescheidene Necker wurde nunmehr unerträglich stolz. Seine Eitelkeit, seine Prahlerey, seine eingebildete Größe, und die Verachtung, womit er auf alle Plane, welche nicht von ihm selbst herkamen, herabsah, machten ihn bald allen, die um ihn waren, unerträglich, um so viel mehr, da er am Hofe lebte, und gar nicht die mit Höflichkeit verbundene Unerschrockenheit besaß, welche den Mann von Welt so vorzüglich auszeichnet; sondern vielmehr bey allen Gelegenheiten, die stammelnde Schüchternheit eines im einsamen Studierzimmer lebenden Gelehrten zeigte. Dieß vergab man ihm noch, aber seine unermüdete Arbeitsamkeit, die Aengstlichkeit in Erfüllung seiner Pflichten, und mehr als alles andere, die unerschütterliche Rechtschaffenheit, mit welcher er die Finanzen verwaltete, machten ihn am Hofe nicht nur lächerlich, sondern auch verhaßt. Bis jetzt war der königliche Schatz gleich den Gefäßen der Danaiden gewesen. Was auf einer Seite hereinkam, das floß auf hundert andern wieder heraus. Es war eine Quelle, aus welcher jeder zu schöpfen sicher war, der nur den Zutritt zu derselben erlangen konnte. Unter Neckern wurde es anders. Er hielt richtige Rechnung über Einnahme und Ausgabe, über Gläubiger und Schuldner, und wenn Geld in der Kasse vorhanden war, so schenkte er es nicht weg, sondern er legte dasselbe, so lange er es nicht nöthig hatte, an den Zins. Ein solches Verfahren war am französischen Hofe noch nie erhört worden. Necker, als Banquier, war gewohnt, jährlich einmal eine Rechnung über Gewinn und Verlust zu machen. Das that er nun auch als Finanzminister; daher erschien der berühmte Compte rendu, ein Werk das unglaubliche Wirkung that. Es öffnete der Nation die Augen über ihr erstes und wichtigstes Interesse, über die Staatseinkünfte und deren Anwendung. Schon die Bekanntmachung einer solchen Jahrrechnung schien vorauszusetzen, daß der König der Nation über die Anwendung der Einkünfte des Staats Rechnung abzulegen schuldig sey, und daß er dieses erkenne und künftig thun wolle. a) Dieß war aber gar nicht

---

a) Daß jeder Fürst schuldig sey, seinen Unterthanen, über die Anwendung der Einkünfte des Staates, Rechnung abzulegen, behauptete auch Joseph, der große, so sehr verkannte Joseph, dem erst die Nachwelt Gerechtigkeit wird wiederfahren lassen. Er sagt in seiner eigenhändigen Schrift über seine neue Steuer: „Der Landesfürst in einem mo„narchischen Staate, hat über die Verwendung der öffent„lichen Einkünfte, nach seiner Ehre und Gewissen und Pflich-

Neckers Zweck. Er wollte bloß sich ein Denkmal stiften, ganz Europa beweisen, wie sehr er den Ruf eines Finanzministers verdiene, und wie leicht es ihm werde, Einfachheit und Ordnung in die allerverwickeltsten Geschäfte zu bringen. Dabey war die Bilanz so gezogen, wie sie allenfalls der Buchhalter eines wankenden Handlungshauses ziehen würde, welches täglich den Bankerott fürchtet, und durch eine ungetreue Darstellung seiner Fonds sich Kredit zu verschaffen sucht; denn es ist leider! heut zu Tage, mehr als zu gewiß bewiesen, daß dieser Compte rendu nicht ganz richtig war. So geschieht z. B. in dieser Rechnung, derjenigen Schulden keine Erwähnung, welche, während des siebenjährigen Krieges, von der französischen Regierung, in Deutschland gemacht wurden. Dennoch sind diese Forderungen, nach dem Frieden, von Frankreich für rechtmäßig anerkannt worden. Es sind dem zufolge Schulden, welche früher oder später bezahlt werden müssen. Daß Necker von diesen Schulden nichts gewußt haben sollte, das läßt sich nicht denken, weil die deutschen Gläubiger, zu wiederholtenmalen, die Bezahlung derselben gefordert ha-

---

„ten, dem Allgemeinen Red und Antwort zu geben." Und in seiner eigenhändigen Schrift über die Staatsverwaltung, sagt Kaiser Joseph der Große: „Ich erwäge bisher — — — daß außerdem der Monarch nichts verschwen„den, die Abgaben auf die leichteste und wohlfeilste Art „erheben, und den Staat, in allen seinen Theilen, zu „bedienen trachten soll, wofür er dem Allgemeinen „und jedem Individuum Rechenschaft zu geben „schuldig ist. — — — Sollte er aber, nach hinlänglicher „Versehung der Monarchie, in allen ihren Theilen, etwas „aehnliches in den Ausgaben ersparen können, so ist er „schuldig, es in der Einnahme durch Nachlassung zu vermindern, weil der Bürger nicht für den Ueberfluß, son„dern nur für das Bedürfniß des Staats beytragen soll."

ken. Deutsche Fürsten, denen man Subsidien schuldig war, sowohl als einige Reichsstädte, welche Lieferungen gemacht hatten, wandten sich zu wiederholtenmalen, an Herrn Necker, während seiner Verwaltung des königlichen Schatzes. Er bezahlte sie nicht. Vielleicht war der Schatz außer Stand sie zu bezahlen; aber Necker hätte doch wenigstens diese Schuldforderungen, in seiner Rechnung, unter die übrigen Passiva bringen müssen. Man hat berechnet, daß Frankreich, an den oberrheinischen und an den niederrheinischen Kreis, für die genannten Gegenstände, über dreyßig Millionen Livres schuldig ist.

Eine andere Absicht Neckers scheint gewesen zu seyn, durch seine Ruhmredigkeit, und durch sein immerwährendes Pochen auf Tugend und Rechtschaffenheit, sein Ansehen zu erhalten, und dem Staate Kredit zu verschaffen, aber nur persönlichen Kredit, Kredit, der dauren sollte, so lange Er die Rechnung führte, und aufhören, sobald er seine Stelle verlassen hätte. So erhält oft ein Handlungshaus, bey dem man sich auf die Rechtschaffenheit des Buchhalters oder Handlungsführers verläßt, sehr lange seinen Kredit, welchen dasselbe sogleich verliert, sobald ein anderer die Stelle einnimmt. Alles dieses aber sah man nicht. Man fand den Gedanken neu, schön und groß, und abermals wurde Necker bewundert und gepriesen, über eine Handlung, von welcher er so großes Lob gar nicht erwartet hatte. Dieß trug nicht wenig dazu bey, seiner Eitelkeit und seiner Ruhmredigkeit einen neuen Schwung zu geben. Er hielt sich nun in vollem Ernste für einen großen Staatsmann, da er doch im Grunde nur ein großer Rechner war. Er glaubte alles zu können und alles fordern zu dürfen. Er forderte daher für seine Frau ein Tabouret im Staatssaale der Königinn, unter den Herzoginnen, und für sich eine Stelle im Staatsrathe des Königs. Das Letztere fand vorzüglich deßwegen große Schwierigkeiten, weil Necker ein Protestant war. Der Marquis de Pesay sprach oft darüber, vor seinem Tode, mit dem Grafen von Maurepas, und suchte Neckern durch den Grafen, den Titel eines Staatsministers und eine Stelle in dem königlichen Staatsrathe zu verschaffen. Darauf antwortete eines Tages der Graf von Maurepas, als er sich auf das Aeußerste getrieben sah: „Ich habe für den Mann, dessen „Sie sich mit so großem Eifer annehmen, schon mehr „gethan, als ich hätte thun sollen. Niemals werde ich „zugeben, daß Er werde was ich bin, und dies würde „er seyn, wenn ich ihn zum Minister machte. So lange „ich lebe, wird nichts daraus." Pesay rieth hierauf dem Herrn Necker, das Projekt Minister zu werden, aufzugeben, und sagte ihm vorher, wenn er darauf bestünde, so würde er seine Stelle verlieren.

Nunmehr wandte sich Necker an den König selbst. Er sagte Sr. Majestät, zu wiederholtenmalen, er würde seinen Abschied verlangen, wenn ihm der König nicht den Zutritt in den Staatsrath verstatte. Dabey setzte er voraus, er sey dem Könige unentbehrlich, und könne nicht entlassen werden. Man versichert, der König habe Neckern geantwortet: „Sie haben den Vorzug, mit Mir ar„beiten zu dürfen; es ist Ihnen erlaubt, mit Mir über „Alles zu sprechen, was zu der Wohlfahrt meines Vol„kes beytragen kann. Sie wissen auch, daß ich Sie bis„her gegen alle Intrigen in Schutz genommen, und daß „ich Ihnen sehr oft von denselben Nachricht gegeben habe. „Es macht mir Vergnügen, zuweilen gegen Sie mein „Herz ausgießen zu können. Dieses dürfte nicht mehr

„geschehen, wenn Sie Minister wären. Thun Sie mir „also den Gefallen und machen Sie keine weitere An„sprüche auf diesen Titel, welcher die Achtung, die ich „für Sie hege, nicht vermehren könnte."

Auf diese Weise sprach Ludwig der Sechszehnte mit dem Direktor seiner Finanzen. Aber die Eitelkeit dieses Mannes und der Ehrgeitz seiner Frau wurden hierdurch nicht befriedigt. Am 19ten May 1781 versammelte Madame Necker alle ihre Freunde in ihrem Hause, und berathschlagte sich mit ihnen. Da wurde der Entschluß gefaßt: Necker solle noch an demselben Tage von dem Könige seinen Abschied verlangen. Man setzte voraus: der König werde den Abschied nicht annehmen, sondern er werde Neckern zum Minister ernennen, und ihm erlauben, dem Staatsrathe, welcher am nächstfolgenden Sonntage gehalten werden sollte, beyzuwohnen. Necker begab sich zu dem Könige und forderte seinen Abschied. Der König ertheilte ihm denselben sogleich, und befahl ihm überdies zu seiner nicht geringen Bestürzung: er solle Versailles verlassen, und bis auf weiteren Befehl, sich nach seinem Landhause zu St. Ouen begeben.

Die Verbannung Neckers daurte nicht lange. Er bekam Erlaubniß nach Paris zu gehen, und daselbst hielt er sich lange Zeit auf. Sein Haus war der Versammlungsplatz aller Mißvergnügten, und bey ihm wurde alles getadelt, was die Regierung that.

Während der Zeit, da Necker Minister der Finanzen war, brachte er ein ganz neues System in die Verwaltung derselben. Bis dahin hatte man sich, so oft ein Geldmangel, oder ein Defizit in dem königlichen Schatze entstand, durch Auflegung neuer Steuern geholfen, und während der Regierung Ludwigs des Funfzehnten war, von dem Jahre 1762 bis zu dem Jahre 1774, zu einer Zeit, da Frankreich gar keinen Krieg führte, die Last der Steuren und Abgaben um neunzig Millionen jährlich vermehrt worden. Hingegen hatte Necker, während des langen und geldfressenden amerikanischen Krieges, die Last der Steuren gar nicht vermehrt, sondern das, zu dem Kriege nöthige Geld durch Borgen zusammengebracht. Dieses rechnet er sich selbst in verschiedenen seiner Schriften zu einem großen Verdienste an.

Vor dem amerikanischen Kriege betrugen die Schulden Frankreichs 3,800 Millionen Livres, und die Zinsen derselben 180 Millionen Livres. Ausserdem waren noch über 300 Millionen Leibrenten vorhanden, welche sehr hoch verzinset wurden. a) Als Necker Finanzminister wurde, fand er ein Defizit von 24 Millionen. b) In den vier bis fünf Jahren, während deren Necker die Finanzen verwaltete, nahm er durch Anlehen eine Summe von fünfhundert und dreyßig Millionen Livres auf. Wegen der Zinsen, welche den Gläubigern des Staates von dieser geborgten Summe bezahlt werden mußten, nahmen die jährlichen Ausgaben des Staates um fünfundvierzig Millionen zu. c) Diese 45 Millionen, zu den 24 Millionen des bereits unter Herrn de Clügny vorhanden gewesenen Defizit addirt, geben ein Defizit von 69 Millionen. Aber während der fünfjährigen Finanzverwaltung des Herrn Neckers betrugen die Verbesserungen, welche er, theils durch Verminderung der Ausgaben, theils durch

---

a) Man sehe die Rechnungen, welche Büsching bekannt gemacht hat.
b) Necker compte rendu au Roi 1781. Défense de M. Necker 1787. p. 26.
c) Défense de M. Necker 1787. p. 28.

Vermehrung der Einnahme, in dem Finanzwesen anbrachte, eine Summe von wenigstens 69 Millionen; so daß, wenn Neckers eigener Versicherung zu trauen ist, im Jahre 1781 das Defizit getilgt, Einnahme und Ausgabe des Staates in das Gleichgewicht gebracht, die Ordnung in den Finanzen hergestellt, und noch auf ein ganzes Jahr Geld, zu den Ausgaben des Staates vorräthig war. a)

Als Necker im May 1781 entlassen wurde, kam an seine Stelle Herr Joly de Fleury. Der amerikanische Krieg dauerte noch fort, und Geld, um die Kosten des Krieges zu bestreiten, mußte herbey geschafft werden. Der Finanzminister verließ Neckers System, und versuchte durch neue Steuren Geld aufzubringen. Im August 1781 ward eine neue Auflage auf Bauholz, Kaffee, Zucker, Seife und andere Bedürfnisse des Lebens ausgeschrieben. Diese Auflage sollte, zufolge einer Berechnung des Finanzministers, 43 Millionen einbringen. Das Geld kam aber nicht ein, das Volk murrte, verwünschte den Herrn Joly de Fleury und vergötterte beynahe den verabschiedeten Herrn Necker, welcher es mit neuen Steuren verschont hatte. Herr Joly de Fleury sah sich daher genöthigt, neue Anlehen zu machen. Er nahm fünf Millionen Gulden in Holland auf; er stellte die achtundvierzig General-Einnehmer wieder her, welche von Neckern entlassen worden waren, und ließ sich von denselben dreyßig Millionen Livres für ihre Stelle bezahlen; er eröffnete im September 1781 ein Anlehen von 15 Millionen auf Leibrenten; im Februar 1782 ein anderes Anlehen von 70 Millionen auf Leibrenten; und im Julius 1782 schrieb er eine neue Steuer, den sogenannten dritten Zwanzigsten, aus.

---

a) Défense de M. Necker p. 27,

Das Volk, welches bisher in vielen Theilen des Königreiches nicht einmal den zweyten Zwanzigsten hatte bezahlen können, konnte noch viel weniger den dritten bezahlen. Unwille und Murren nahmen daher zu. Das Geld fehlte im königlichen Schatze. Die Geistlichkeit machte dem Könige ein freywilliges Geschenk von 15 Millionen. Diese reichten aber nicht hin, und im Dezember 1782 schrieb der Finanzminister ein neues Anlehen von 200 Millionen Livres aus.

Endlich ward der amerikanische Krieg geendigt, und der Friede wurde zu Versailles am 20 Januar 1783 unterzeichnet. Der ungeheuren aufgenommenen Geldsummen ungeachtet, war dennoch in allen Kassen Mangel; Herr Joly de Fleury sah sich genöthigt, die Zahlungen aufzuschieben, und im März des Jahrs 1783 seine Stelle niederzulegen.

Der König trug nunmehr selbst dem Herrn Dormesson, einem rechtschaffenen jungen Manne, die Finanzministerstelle an. Dieser arbeitete unabläßig an der Herstellung der Finanzen; aber vergeblich. Ungeachtet er im April 1783 ein Anlehen von 24 Millionen, in Form einer Lotterie gemacht hatte, fehlte es dennoch dem königlichen Schatze sowohl, als der Diskontokasse an Gelde, und Herr Dormesson legte im September 1783 seine Stelle nieder. Er wurde allgemein geschätzt und geliebt. An dem Tage, an welchem er das Hotel des Finanzministers verließ, folgte ihm sehr viel Volks nach, und ganz Paris traurte über seine Entlassung.

Nunmehr erhielt die Stelle eines Finanzministers Calonne, der Mann, welcher dazu bestimmt zu seyn schien, die schon in Unordnung gerathenen Finanzen ganz zu zerrütten, und Frankreich an den Rand des Abgrundes

zu bringen, in welchen es nunmehr gerathen ist. Calonne war ein Mann von flüchtigem, unüberlegtem Karakter, unmoralisch aus Grundsätzen, ohne Religion,
mit mannigfaltigen Talenten begabt, welche ihm aber
bloß allein dazu dienten, seine noch mannigfaltigeren Laster desto höher zu treiben. Sein väterliches Vermögen
hatte er durchgebracht; in Liebesintrigen und bey Hofkabalen war er alt geworden; er war voller Schulden und
allgemein verachtet. Die französische Nation haßte ihn,
weil er in dem schändlichen Prozesse gegen die rechtschaffenen Herren von Chalotais in Bretagne, Referent gewesen war, und weil er seine Erhebung zum Minister
vorzüglich der Familie Polignac zu danken hatte.

Von dem Jahre 1781, nach Neckers Entfernung, bis
zum Jahre 1783, als Calonne Finanzminister ward,
(folglich in zwey Jahren) wurde durch neue Anlehen aufgenommen, eine Summe von 322 Millionen. Diese zu
den 530, unter Neckern aufgenommenen Millionen, addirt, geben 852 Millionen, die Summe der Schuldenlast, welche damals den Staat drückte. Im Jahre 1783,
als Calonne die Verwaltung der Finanzen übernahm, betrug die Einnahme des königlichen Schatzes 33 Millionen
mehr, als die Ausgabe desselben. a) Es war also nicht
nur kein Defizit vorhanden, sondern vielmehr ein sehr
starker Ueberschuß. Durch neue Auflagen, und durch
andere Mittel vermehrte Calonne die Einnahme des Staates noch um 22 Millionen. Folglich war nunmehr ein
jährlicher Ueberschuß von 55 Millionen Livres vorhanden,
welcher zu Bezahlung der Schulden des Staates hätte an-

---

a) M. de Calonne tout entier, par M. Carra
p. 170.

gewendet werden können, und angewendet werden müssen. Aber auf diese Weise rechnete Calonne nicht. Er dachte nicht an das Beste des Staates, sondern an sich selbst, und raisonnirte ungefähr auf folgende Weise: „Die Einnahme übertrift die Ausgabe um funf und funfzig Millionen. Nun laufe ich keine Gefahr, wenn ich „die Ausgabe der Einnahme gleich mache. Thue ich aber „dieses, so kann ich mehr als tausend Millionen durch Anlehen aufnehmen, und mit jenen funf und funfzig Millionen die Zinsen dieser Anlehen bezahlen. Ich erhalte „also mehr als tausend Millionen, mit denen ich nach „Gefallen schalten kann. Der Staat leidet nicht darunter. Es wird derselbe noch immer so reich seyn, als zu „der Zeit, da Herr Necker sein Amt niederlegte. Und „ich habe dann noch vor Herrn Necker die Ehre voraus, „eine Menge magnifiker Dinge gethan zu haben, welche „er nicht gethan hat, und nicht thun konnte. Ich will „unter die Höflinge Geld mit vollen Händen austheilen, „und mir dieselben so sehr zu Freunden machen, als Herr „Necker durch seine Pedanterie sie sich zu Feinden gemacht „hat. Ausserdem will ich mir die Zuneigung des Volkes „durch meine Großmuth erwerben. Ich will alle Hände „füllen, die man leer gegen mich ausstreckt, und ganz „Frankreich wird sagen: einen solchen Finanzminister, „wie den großen Calonne, habe es noch nie gehabt." Nach diesem Plane verfuhr Calonne. Unter seiner Verwaltung wurde der königliche Schatz, wirklich und eigentlich, der Schatz der Nation. Jedermann konnte daraus schöpfen. Geschenke, Jahrgelder und Gnadengehalte kamen den, wirklichen oder vorgeblichen, Dienstleistungen entgegen, ja sogar den Forderungen zuvor; Künste und Talente wurden aufgemuntert und unterstützt;

die Gläubiger des Staates wurden bezahlt, ehe noch ihre Schuldforderungen verfallen waren; die Schulden der Prinzen wurden bezahlt; der König kaufte Rambouillet, die Königin St. Cloud; die Domainen der Krone wurden vertauscht, und Geld ward auf dieselben aufgenommen. Niewals war der Hof so glänzend, niemals der König so prächtig, niemals der Geldumlauf im Reiche so groß gewesen.

Um seinen Plan auszuführen, nahm Calonne 653 Millionen Livres durch Anlehen auf. Die Zinsen dieser Summe betrugen jährlich 45 Millionen Livres. Das aufgenommene Geld verschwand in den Händen des Finanzministers; aber dennoch überstieg die jährliche Einnahme des Staates die jährliche Ausgabe noch um zehen Millionen. Calonne verkaufte Ehrenstellen für dreyßig Millionen, und auch diese dreyßig Millionen verschwanden. Nun machte er neue Anlehen; es entstand ein Defizit, und in dem Jahre 1786, als sich Calonne genöthigt sah, die Notabeln zusammen zu berufen, betrug das Defizit 93 Millionen. Calonne gab es aber auf 112 Millionen an, und schob die Schuld auf Neckern, von welchem Calonne behauptete: daß er in dem königlichen Schatze ein Defizit von 80 Millionen Livres zurückgelassen habe.

Calonne war Finanzminister von 1783 bis gegen das Ende des Jahrs 1786, in welchem Jahr er sich zu fliehen genöthigt sah, um nicht, wegen seiner unerhörten Räubereyen, sein Leben auf dem Schaffote zu verlieren. In vier Jahren legte er dem Reiche eine Schuldenlast auf, deren es sich nicht wieder entledigen konnte; er brachte die von Neckern so weise eingerichteten Finanzen abermals in die größte Unordnung; durch seine Freygebigkeit nahm das Verderbniß der Sitten bis auf den höchsten Grad zu;

er drückte die Armen durch neue Auflagen; und zerstörte Betriebsamkeit, Handlung und Ackerbau, indem er den Papierwucher unterstützte. Und doch ist der Mann, welcher alles dieses gethan hat, unverschämt genug, um öffentlich mit seiner Tugend und Rechtschaffenheit prahlen zu dürfen. Einige Anekdoten werden den Karakter dieses Finanzministers besser schildern, als allgemeine Bemerkungen. Calonne besoldete eine Menge hungriger Schriftsteller, welche ihn unaufhörlich in Prosa und in Versen loben mußten. Im Jahre 1786, als er sich in Gefahr sah gestürzt zu werden, schrieb sein Bruder an einen berühmten Dichter, welcher Paris verlassen hatte und in der Provinz lebte, folgende Worte: „Kommen Sie so „schnell, als möglich nach Paris, und schreiben Sie eine „Ode zum Lobe des Calonne, um seine Widersacher zum „Schweigen zu bringen. Wir befinden uns in einer heftigen Krise, und nur allein ihre Feder kann dem Finanzminister sein voriges Ansehen wieder geben. Kommen „Sie so schnell, als möglich, und fordern Sie selbst, „was für eine Pension Sie haben wollen." Der Dichter war ein rechtschaffener Mann, und antwortete nicht auf diesen Brief, aber er zeigte denselben allen seinen Freunden.

Im Januar des Jahres 1786 erzählte man sich in den höhern Zirkeln zu Paris folgende Anekdote. Eine von den Damen, mit welcher Calonne die Abende, und zuweilen auch die Nächte hinzubringen pflegte, (und solcher Damen gab es viele) erwartete von ihm begierig am Neujahrstage, das von ihm versprochene Weihnachtsgeschenk. Endlich erscheint der Kammerdiener des Calonne mit einer kleinen versiegelten Schachtel, welche er der Dame übergiebt. Hastig zerreißt sie das Siegel, öffnet die Schachtel, und findet dieselbe voll von, in Papier gewickelten, Bergamottäfelchen (Diablotins). In heftiger Wuth liest sie nicht einmal den dabey liegenden Brief, sondern fährt den Bedienten an: „Ich glaube „dein Herr hat mich zum besten, aber da kommt er an „die Unrechte; und so soll sich noch kein Weib gerächt „haben, wie ich mich an ihm rächen will." — „Mäßi„gen Sie Sich Madame," antwortete der Bediente, „und kosten Sie das Zuckerwerk; mein Herr hat es ge„stern in meiner Gegenwart selbst gemacht." — „Ha! „ha!" sagte sie nun mit Lachen, „wir wollen doch se„hen, was der Zuckerbecker Calonne für Waare liefert." Sie öffnet eins von den Täfelchen, und findet, daß das Papier eine Banknote von tausend Livres ist, und so alle übrigen: so viele Diablotins, so vielmal tausend Livres.

Eine andere Dame dieser Art verlangt von Calonne: er solle den König zu überreden suchen, daß er die alte Citadelle zu Bordeaux, das sogenannte Chateau Trompette, verkaufe. Calonne trägt es dem Könige vor, und der König willigt ein. Nun überließ der Finanzminister dieser Dame den Kauf zu schliessen. Sie that es, verkaufte die Zitadelle um die Hälfte ihres Werthes und erhielt von dem Käufer ein Geschenk (pot de vin) von 300,000 Livres.

Nach dieser allgemeinen Uebersicht über den Karakter und die Verwaltung des Finanzministers Calonne sey es nunmehr erlaubt, Alles, was er, während seiner Ministerschaft, gethan hat, ausführlich und umständlich zu erzählen.

Bald, nachdem er die Stelle eines Finanzministers übernommen hatte, stellte er die, von Dormesson am 24ten Oktober 1783 abgeschafften Generalpächter, am 9ten November 1783 wiederum her. Gleich durch diesen ersten Schritt brachte er die Nation, welcher diese Blutigel des Staates von jeher verhaßt gewesen waren, gegen sich auf.

Im Dezember desselben Jahrs, 1783, schrieb der Finanzminister ein neues Anlehen von 100 Millionen Livres aus. Das Parlament zu Paris machte anfänglich Vorstellungen dagegen, trug aber endlich am 18ten Dezember das Edikt zu diesem Anlehen in seine Bücher ein. In dem Eingange dieses Ediktes versprach Calonne, im Namen des Königs, daß in langer Zeit kein neues Anlehen gemacht werden solle. Aber dieses Versprechen hielt er so wenig, daß er, schon im Monate May 1784 in Holland, unter Garantie der General-Staaten 70 Millionen Livres borgte, ungeachtet um eben diese Zeit Spanien gegen 200 Millionen Livres, größtentheils in Piastern, an Frankreich zurückbezahlt hatte.

Im November 1784 machte Calonne abermals ein Anlehen von 125 Millionen Livres und das Edikt zu demselben wurde von dem Parlamente, nach einigen vergeblichen Vorstellungen, am 28 Dezember 1784 in die Bücher eingetragen. Im Jahre 1735 erhielt Calonne auf sein Verlangen, für den königlichen Schatz, ein sogenanntes freywilliges Geschenk von 19 Millionen, von der Geistlichkeit; 6 Millionen forderte er den Ständen der Provinz Bretagne, und ähnliche Summen einigen andern Provinzen ab. Durch dieses Mittel brachte er ungefähr 50 Millionen Livres zusammen.

Aber diese ungeheuren Summen reichten, wegen der unglaublich großen Verschwendung des Hofes und des Finanzministers, zu Bestreitung der Ausgaben bey weitem nicht zu, und Calonne sah sich genöthigt im November des

Jahrs 1785 abermals ein Anlehen von 80 Millionen Livres auszuschreiben.

Das Parlament weigerte sich, dieses neue Anlehen gut zu heißen. Es machte dem Könige nachdrückliche Vorstellungen, und berief sich auf Dessen eigenes feyerliches Versprechen und auf sein gegebenes Wort, welches Er, durch dieses abermalige Anlehen, gebrochen habe. Der König berief das Parlament nach Versailles, gab den Mitgliedern desselben, wegen dieser Vorstellungen, einen Verweis, und befahl ihnen, das neue Anlehen gut zu heißen und bekannt zu machen.

Im Februar 1786 nahm Calonne den Generalpächtern 30 Millionen ab. Um eben diese Zeit ließ er alles zirkulirende Gold des Königreiches umschmelzen, und leichter, als vorher, von Neuem ausprägen; er nöthigte die Provinz Languedok zu einem Geschenke von vier Millionen; er nahm den Advokaten des Chatelet ein paar Millionen, und den Geldmäklern zu Paris sechs Millionen ab; er begünstigte und unterstützte den Geldwucher, sowohl zu seinem Privatvortheile, als zum Vortheile des königlichen Schatzes. Aber alles half nicht. Der Kredit des Königs und des Finanzministers fiel täglich tiefer; Armuth und Elend nahmen auf eine schreckliche Weise zu; die Lebensmittel wurden, wegen des Papierwuchers, selten und theuer; das Volk murrte gegen Calonne, welcher sich im Namen des Königs zu Bordeaux gewaltthätiger Gelderpressungen schuldig gemacht hatte.

In dem Jahre 1786 verlangte Calonne von den Generalpächtern 40 Millionen; er nahm 12 Millionen auf die königlichen Domainen auf; er schaffte die Frohndienste bey den öffentlichen Straßen ab, und verwandelte dieselben in eine Geldabgabe; er machte im Namen der Stadt

Paris ein abermaliges Anlehen von 30 Millionen Livres; er verkaufte Stellen für dritthalb Millionen Livres; er forderte, und erhielt von den Generaleinnehmern einen Vorschuß von 20 Millionen, und von der Diskontokasse einen Vorschuß von 80 Millionen Livres.

Als alle Mittel Geld aufzutreiben gänzlich erschöpft waren, und es dennoch immerdar noch an Geld fehlte, schlug Calonne dem Könige vor: daß Er einen Reichs-Ausschuß, die sogenante Versammlung der Notabeln, berufen möchte.

Die Notabeln wurden berufen: Hundert und vierzig angesehene Männer, ausser den Prinzen vom Geblüte. Sie versammelten sich zu Versailles am 22. Februar des Jahres 1787, wenige Wochen nach dem Tode des Staatsministers, Grafen von Vergennes, welcher unvermuthet und schnell gestorben war. Durch den Tod dieses Ministers, dessen Stelle der Graf von Montmorin erhielt, sah sich Calonne von einem wichtigen Gegner befreyt.

Der Finanzminister hoffte: die Notablen würden alle seine Plane ununtersucht annehmen; alle seine Projekte bewundern; die vorzuschlagenden neuen Auflagen billigen; und in ehrfurchtsvollem Stillschweigen zu Allem ihren Beyfall geben. Auch die Nation erwartete, daß die Notabeln sich auf diese Weise verhalten würden, und schon verkaufte man auf dem Pontneuf zu Paris jene kleine Figuren von gemahltem Gypse, deren Kopf, wenn sie nur leicht berührt werden, wiederholten Beyfall nickt, unter dem Namen Notabeln.

Als die Notabeln versammelt waren, wurde die Sitzung von dem Könige eröffnet. Hierauf hielt Calonne eine Rede, welche ein Beweis ist, wie weit er seine Unverschämtheit zu treiben im Stande war. Er sagte: er habe sie nicht zusammen berufen, um von ihnen Rath zu erhalten; Rathschläge würden überflüßig seyn; er habe Verstand genug, um einzusehen, was thunlich sey oder nicht; ihnen von seiner Verwaltung Rechnung abzulegen, sey gar nicht seine Absicht; sie möchten ihm nur Geld schaffen, denn daran gebreche es ihm jetzo; es sey ein kleines Defizit vorhanden, von 80, vielleicht von 90, vielleicht von 100, vielleicht von 115 Millionen; und nun, entweder neue Auflagen, oder sie möchten auseinander gehen, so wie sie gekommen seyen.

Die Notabeln, oder Angesehenen zeigten eine lobenswürdige Standhaftigkeit. Sie verwarfen alle Pläne und Projekte des Finanzministers, und beriefen sich am 29 März 1787 zum erstenmale auf eine Versammlung der Reichsstände, auf einen, künftig zu berufenden, allgemeinen Reichstag.

Der rechtschaffene, aber schwache und furchtsame Siegelbewahrer, Hue de Mirosmesnil, arbeitete den Planen des Finanzministers entgegen. Calonne suchte daher durch Kabalen diesen Mann vom Hofe zu entfernen. Es gelang ihm. Er empfahl den Herrn Lamoignon an die Stelle desselben, und auch dieses erlangte er. Nunmehr versuchte er, den Baron Breteuil von dem Hofe wegzubringen. Aber hier waren seine Maaßregeln zu kurz, und die Königin, welche den Baron Breteuil beschützte, entzog dem Herrn Calonne ihre Gunst. Zu gleicher Zeit fiengen die Angesehenen an, die Betrügereyen des Finanzministers zu entdecken. Er erhielt daher am 8 April 1787 von dem Könige seinen Abschied, und ihm blieb nichts weiter übrig, als sich heimlich nach England zu flüchten und der verdienten Strafe zu entgehen. In jenem Lande hielt er sich eine Zeitlang auf, und verzehrte daselbst die ungeheuren Schätze, welche er der französischen Nation geraubt hatte, so vergnügt, als bey immerfortdaurenden Gewissensbissen, und bey unbefriedigtem Ergeitze möglich war.

Mit der größten Dreistigkeit und Unerschrockenheit hatte sich, unter den Angesehenen, vorzüglich der Markis de la Fayette dem Finanzminister widersetzt.

Calonne wurde zwar genöthigt seine Stelle niederzulegen, und sich vom Hofe zu entfernen, aber er fiel deswegen nicht bey dem Könige in Ungnade; denn Herr Necker, welcher zu Paris gegen die von Calonne den Angesehenen vorgelegten Rechnungen geschrieben hatte, erhielt einen Befehl von Seiner Majestät: Paris zu verlassen, und wenigstens zwanzig Stunden weit von dieser Hauptstadt entfernt zu bleiben.

Die Notablen konnten kein anderes Mittel ausfinden, dem Defizit in den Finanzen abzuhelfen, als ein neues Anlehen vorzuschlagen. Dieses Anlehen von 60 Millionen Livres ward am 7ten May 1787 von dem Parlamente angenommen. Am 25 May wurden die Notabeln, ohne daß sie für die Nation irgend etwas Nützliches gethan hätten, feyerlich von dem Könige entlassen, und das Defizit war und blieb 140 Millionen Livres jährlich.

Calonne und Mirosmesnil waren nun vom Hofe entfernt, und an ihre Stellen kamen Herr von Brienne und Herr von Lamoignon. Unter diesen stiegen alle Unordnungen auf höchste, und die Grundlage zu der nachmaligen Revolution wurde gelegt. Herr von Lomenie von Brienne, Erzbischof von Toulouse, war ein bey Hofkabalen und Staatsintriguen aufgezogener Mann. Er hatte viel natürlichen Verstand;

angeborne Beredsamkeit; eine durch Schmeicheleyen gedungener Schriftsteller auf den höchsten Grad gestiegene Eitelkeit; unbegränzten Ehrgeitz; eingeschränkte Kenntnisse; einen durch Ausschweifungen aller Art zerrütteten Körper; und einen schwachen und furchtsamen Karakter. Schon lange hatte sich Brienne eine Stelle im Ministerium zu verschaffen gesucht, aber nie wollte es ihm glücken. Sogleich nach Zusammenberufung der Notabeln sah er Calonnes Fall voraus, und schon damals nahm er seine Maasregeln, um an die Stelle dieses Ministers zu kommen. Er wandte sich an den Abbe de Vermont, den Vorleser der Königin, und erhielt, was er suchte; er wurde erster Finanzminister, an Calonnes Stelle. Die Nation freute sich über seine Erhebung, weil man glaubte, daß er einen wohlüberlegten und in langen Jahren reif gewordenen Plan mitbrächte; indem nicht zu vermuthen war, daß Jemand verwegen genug seyn könne, bey der allgemein bekannten Unordnung und Zerrüttung der Finanzen, die Aufsicht über dieselben freywillig zu übernehmen, ohne schon mächtige Hülfsmittel zu ihrer Herstellung bereit zu haben. Dennoch war es so. Der Erzbischof zeigte bald, daß er weder Plan noch feste Grundsätze habe; denn was er vorher verworfen hatte, das billigte er jetzt. Als Notabel war er einer der stärksten Gegner der Landtaxe und der Stempeltaxe, der beyden neuen Auflagen gewesen, welche Calonne auszuschreiben vorschlug; als Finanzminister empfahl er selbst die Ausschreibung dieser beyden neuen Auflagen, als das einzige Mittel, dem Staate aufzuhelfen. Das Parlament widersetzte sich, die Nation murrte laut, und nun ließ der Finanzminister die ganze Maschinerie des Despotismus spielen. Der König fuhr am 6ten August 1787 nach dem Palais, wo das Parlament versammelt war, um ein sogenanntes Lit de Justice zu halten, das heißt, um das despotische Machtwort: ICH WILL, auszusprechen, um dem Parlamente die Ausschreibung der beyden neuen Auflagen zu befehlen. Aber das Parlament zeigte unerwartete Festigkeit: es erklärte, daß eine solche Auflage von der ganzen Nation gebilligt werden müsse, und verlangte vom Könige die Zusammenberufung der Reichsstände. Sobald dieses Wort ausgesprochen war, schien die Nation aus einem tiefen Schlafe auf einmal zu erwachen; allgemein wurde von der Regierung die Zusammenberufung der Reichsstände verlangt. Dem Finanzminister ward bange; er hob das Parlament auf, und schickte dasselbe nach Troyes in Champagne. Nach diesem neuen Streiche des Despotismus wurde die Gährung unter dem Volke, vorzüglich in Paris, sehr groß, und der erste Beweis, wie sehr die Nation aufgebracht war, der erste vorbereitende Schritt zu der nachmaligen Staatsumwerfung zeigte sich, und geschah wenige Tage nachher. Der König schickte seine beyden Brüder an einem Tage nach zwey verschiedenen Gerichtshöfen, nach der Rechnungskammer, und nach der Cour des Aides, um dort die neuen Auflagen ausschreiben zu lassen. Man wußte, aus welcher Ursache die beyden Prinzen nach Paris kamen. Der Graf von Provence, der eine dieser Prinzen, als ein Feind Calonnes bekannt, wurde von dem Volke mit Händeklatschen und mit freudigem Zurufen empfangen, und unter fröhlichem Jauchzen bis zu seinem Pallaste begleitet. Man drängte sich um ihn, man warf ihm Sträußer und Blumen zu, und man gab ihm alle Beweise aufrichtiger Zuneigung. Den Grafen von Artois, den zweyten Bruder des Königs, empfieng man ganz anders. Das Volk drängte sich zwar um seinen Wagen, aber eine schreckliche Stille herrschte unter dem Haufen, welche nur hie und da von dem durchdringenden Laute einer Pfeife unterbrochen wurde. Als er im Palais ankam, näherte sich der Pöbel seinem Wagen, da er eben außsteigen wollte. Die Wache trieb den Haufen auseinander, und verwundete, durch Zufall, einen Mann mit dem Bajonette. Der Pöbel wurde hierdurch so aufgebracht, daß das Leben des Prinzen in Gefahr gerieth, und er sich vor dem wüthenden Haufen kaum noch retten konnte. Als er aus dem Pallaste wieder herauskam, um zurück nach Versailles zu reisen, folgte ihm ein ungeheurer Haufe nach, welcher ihn mit Auspfeifen und mit Auszischen bis auf den Pontneuf verfolgte, wo einige in Eile zusammengerufene Soldaten ihn von dem Pöbel befreyten, und dabey mehr als funfzig Personen verwundeten.

Die Gährung in Paris und in dem ganzen Königreiche war sehr groß. Satyrische Kupferstiche, Gassenhauer, Broschüren und Pasquille erschienen täglich gegen die höchsten Personen des Hofes; der Pariserpöbel war so unruhig, daß der Kommandant der Stadtwache um seine Entlassung bat, weil er befürchtete, ermordet zu werden; und der königliche Kommissair Chenon sah sich genöthigt, zwey Gefangene, die er eben nach der Bastille abführen wollte, dem Pöbel, welcher sein Haus bestürmte, frey zu geben.

Zu Versailles war man über die Folgen einer so gefährlichen Gährung und einer solchen Stimmung der Pariser sehr besorgt. Der Finanzminister Brienne wurde zum Prinzipalminister ernannt, und immer noch erwartete der Hof durch ihn Herstellung der öffentlichen Ruhe und der Ordnung in den Finanzen. Der Herzog von Orleans, (welcher nun zuerst anfieng, sich in Staatsgeschäfte zu mischen) übergab dem Könige eine Schrift, in welcher er ausführlich und dringend die Lage des Königreiches vorstellte, und den Monarchen zu bewegen suchte, die beyden neuen, mit Gewalt ausgeschriebenen Auflagen zurück zu nehmen.

In den Provinzen war die Gährung der Gemüther nicht weniger groß, als zu Paris. Das Parlament der Provinz Guyenne, welches durch königliche Verhaftbefehle von Bordeaux nach Libourne verwiesen worden war, protestirte gegen seine Verweisung. Das Parlament der Normandie wurde von Rouen nach Andemer verwiesen. Das Parlament der Provinz Bretagne sollte ebenfalls von Rennes verwiesen werden. Aber es beschloß zu Rennes zu bleiben und gegen alle königlichen Verhaftbefehle ungehorsam zu seyn. Die Parlamenter zu Grenoble und zu Metz protestirten gegen die Verweisung des Pariserparlaments. Zu Besansson und zu Toulouse war ein gefährlicher Auflauf wegen der Ausfuhr des Getreides. Die Sache der Parlamenter schien Sache der Nation zu seyn; und das Volk widersetzte sich, nebst den Parlamentern förmlich und überall dem Ansehen und den Befehlen des Königs und seiner Minister.

Bey dieser Lage der Dinge sah sich der König genöthigt, nachzugeben und mit dem von Paris nach Troyes verwiesenen Pariserparlamente in Unterhandlung zu treten. Der Prinzipalminister ließ den Mitgliedern dieses Parlamentes vorstellen, in welcher traurigen Lage der Staat sich befinde, und wie nöthig es sey, so schnell als möglich Hülfe zu schaffen. „Er gebe zu," sagte er, „daß bloß

„allein die Reichsstände Auflagen von solcher Wichtigkeit
„ausschreiben könnten. Aber die Zusammenberufung
„der Stände erfordere Zeit, und die Gefahr sey drin-
„gend; man möchte ihm daher erlauben, indessen ein
„Anlehen zu machen."

Das Parlament nahm den Vorschlag an, der König
wiederrief am 19. September 1787, die beyden Edikte,
welche er am 6. August, dem Parlamente auszuschreiben
befohlen hatte, und der Wiederruf des Königs wurde
zu Troyes, von dem Parlamente in seine Bücher eingetragen. Dieser Sieg der Parlamenter über das königliche
Ansehen, machte die Nation mit ihren eigenen Kräften
zum erstenmale bekannt.

Nun kehrte das Parlament nach Paris zurück, und der
Prinzipalminister, welcher sich vorher von der Einwilligung aller einzelnen Parlamentsglieder versichert hatte,
beredete den König, eine **königliche Parlamentssitzung** zu halten, um den Plan zu dem neuen Anlehen dem Parlamente vorzulegen, und dessen Einwilligung zu erhalten. a) Der verschmitzte Prinzipalminister
wollte das Parlament in eine Falle locken. Unter dem
Versprechen, die Reichsstände zusammen zu berufen,
(ein Versprechen, welches er gar nicht zu halten gedachte)
wollte er dasselbe überreden, sein neues Anlehen zu bewilligen. Unfehlbar würde er seinen Zweck erreicht haben,
wenn er nicht, was bey einem Staatsminister unver-

---

a) In einer **königlichen Parlamentssitzung** erschien
zwar der König im Parlamente, aber es wurde in seiner
Gegenwart frey deliberirt. In einer **königlichen Gerichtssitzung** (lit de justice) wurde nicht deliberirt,
sondern der König befahl, was geschehen sollte.

zeihlich ist, selbst, durch unvorsichtige Reden, seinen Plan verrathen hätte.

Am 19. November 1787 fuhr der König nach dem Parlamentshause, um eine königliche Sitzung zu halten. Der Monarch, eröffnete dieselbe, mit einer kurzen, und nicht ganz verständlichen Rede. Hierauf sprach der Siegelbewahrer Lamoignon. In seiner Rede war folgende Stelle vorzüglich merkwürdig und auffallend. „Aus „den bey der ganzen Nation angenommenen Grundsätzen „erhellt, daß die unumschränkte Gewalt im Reiche dem „Könige allein zukomme; daß ein, seiner Natur nach, „unauflösliches Band, den König mit der Nation ver= „binde; daß der König das unumschränkte Oberhaupt „der Nation sey, und mit derselben nur ein Ganzes aus= „mache; daß die gesetzgebende Gewalt, allein, unabhän= „gig und ungetheilt, der Person des Monarchen zuge= „höre; daß daher der König Niemand anders als „Gott allein von der Anwendung und Ausübung „seiner höchsten königlichen Gewalt Rechenschaft zu ge= „ben, befugt seye. Diese unabänderlichen Grundsätze „der französischen Monarchie, haben Seine Majestät, „wörtlich und buchstäblich, in eurem eigenen Parlaments= „schlusse vom 20. März 1766 gefunden."

Nachdem Lamaignon seine Rede geendigt hatte, fiengen sehr viele Mitglieder an, gegen das Anlehen, und zum Theil sehr heftig zu sprechen. Der Abbe Sabatier de Cabre erlaubte sich die Bemerkung: „er könne „zwischen einer königlichen Parlamentssitzung, wie der „gegenwärtigen, und einer königlichen Gerichtssitzung, „keinen andern Unterschied finden, als daß in der letztern „der Despotismus wenigstens offenherzig handle, in jener „aber tückisch verfahre." Herr Fretean de St. Jüst machte dem Könige einen bittern Vorwurf wegen der holländischen Unruhen: „Ludwig der Vierzehnte" sagte er „würde sich geschämt haben, eine Erklärung zu unterschreiben, wie sie neulich von Ludwig dem Sechszehnten in den Unterhandlungen mit Großbrittanien, unterschrieben worden ist."

Die Sitzung hatte schon neun Stunden gedauert, und während dieser Zeit hatte der König eilf Eilboten an Brienne gesandt, um anzufragen, wie er sich verhalten solle? Alle brachten die Antwort zurück, der König solle standhaft seyn und nicht nachgeben.

Als die Stimmen gesammelt wurden, und der Siegelbewahrer Lamoignon bemerkte, daß die Mehrheit der Stimmen gegen das Anlehen ausfiel; da befahl er, im Namen des Königs, welcher dazu stille schwieg, daß man das Anlehen, als von dem Parlamente bewilligt, in die Bücher eintragen sollte, ohne die Stimmen zu zählen. Der Herzog von Orleans protestirte gegen eine solche Gewaltthätigkeit, und der König wurde über diese Protestation so sehr erbittert, daß er den Herzog sogleich in dem Parlamentssaale, in Verhaft nehmen lassen wollte. Man bat für ihn, und der König gab nach. Aber am folgenden Tage erhielt der Herzog Befehl, sich nach seinem Landhause, zu Villers Cotterets, sechs Stunden von Paris zu begeben, und daselbst, außer von seiner Familie, keine andere Besuche anzunehmen. Herr Freteau de St. Just ward nach dem Schlosse Doulens in der Pikardie, und Herr Sabatier nach Mont St. Michel in der Normandie gebracht. Beyde wurden als Staatsgefangene bewacht.

Das ausgeschriebene neue Anlehen hatte keinen guten Fortgang. Niemand wollte sein Geld einem so zerrütteten Staate anvertrauen, welcher sichtbar immer mehr und mehr zerfiel. Der Prinzipalminister erhielt indessen, zur Belohnung für seine geleisteten Dienste, das Erzbißthum zu Sens, nebst einer reichen Abtey. Der Siegelbewahrer bekam 200,000 Livres, als eine Aussteuer für seine Tochter.

Das Pariser Parlament that dem Könige wiederholte Vorstellungen, zu Gunsten des Herzogs von Orleans, und der beyden andern, in Verhaft genommenen Parlamentsglieder. Alle diese Vorstellungen blieben fruchtlos. Endlich gab der König, am 28. Dezember 1787 die Antwort: „Man könne die Befreyung der gefangenen Par„lamentsglieder erlangen, wenn man seine Güte und seine „Gnade anflehe, aber nicht, wenn man diese Befrey„ung von seiner Gerechtigkeit fordern wolle." Auf diese Antwort des Königs antwortete das Pariser Parlament durch einen merkwürdigen Beschluß, welchen dasselbe, am 4. Januar 1788, faßte, und worinn dem Könige gesagt wurde, daß der Mißbrauch der Verhaftbriefe in Despotismus ausarte, daß das Parlament nicht die Güte des Königs, wegen der Verbannten, sondern seine Gerechtigkeit ansehe, und verlange, daß dieselben entweder in Freyheit gesetzt, oder förmlich angeklagt und gerichtet werden sollen; daß das Parlament, wenn es die Gnade des Monarchen für diese Gefangenen anflehen wollte, hieburch den Mißbrauch der Gewalt billigen würde; daß man also, von dem Könige, nicht Gnade, nicht Güte, sondern Gerechtigkeit verlange, die Gerechtigkeit, niemanden unverhört zu bestrafen.

Der König befahl dem Parlamente, am 17. Januar 1788, eine Gesandtschaft nach Versailles zu senden, um daselbst seinen Befehl, in Rücksicht auf den, von dem

Parlamente am 4. Januar gefaßten Beschluß, zu verneh» men. Dieser Gesandschaft sagte der König: Er könne die Bitte des Parlaments nicht gewähren; er könne die Gefangenen nicht befreyen; er könne die Verhaftbriefe nicht abschaffen, und er befehle hiemit dem Parlamente, den unbescheidenen Beschluß des vierten Januars aus seinem Protokolle herauszureißen.

Das Parlament zu Paris that dennoch wiederholte Vorstellungen wegen der Befreyung seiner gefangenen Mitglieder, und in einem Beschlusse, welcher am 18. März 1788 gefaßt, und vom Hrn. Duval Despremenil aufgesetzt wurde, ward gesagt: „die willkührli„chen Verhaftbefehle verletzten die Rechte der Mensch„heit, die Rechte der bürgerlichen Gesellschaft, und die „Gesetze des Staates; sie stießen gegen die gesunde Ver„nunft selbst an; und wären den Grundsätzen der Moral, „eben so sehr, als der Würde des Throns, zuwider." Der König antwortete hierauf: "das Palament maße sich „an, über Verhaftbefehle, und über andere Dinge, „welche seine Gerichtsbarkeit nichts angehen, Vorstellun„gen zu machen. Dieses solle für die Zukunft demselben, „bey höchster Ungnade verbothen seyn. Nur durch Ge„horsam gegen die Befehle des Königs, könne das Par„lament die Zurückberufung der Verbannten erhalten; „und übrigens müsse sich dasselbe ehrfurchtsvoll und still„schweigend, auf die Weisheit des Monarchen verlassen."

Dieser Antwort des Königs ungeachtet, übergab das Pariser Parlament, am 13. April 1788, abermals eine weitläufige Vorstellung, und verlangte die Befreyung seiner gefangenen Mitglieder. Um diesen wiederholten Vorstellungen ein Ende zu machen, berief der König, am 17. April, die Prinzen vom Geblüte; die Pairs des Königreichs, und eine Gesandtschaft des Pariser Parlaments nach Versailles, und schenkte dem Herzoge von Orleans, sowohl als den beyden gefangenen Parlamentsgliedern die Freyheit.

Am 17. April hielt der König, an die versammelten Pairs und an die Abgesandten des Parlaments, eine Anrede, in welcher er sagte: „die Mehrheit der Stimmen „im Parlamente gelte nur dann, wenn der König nicht „zugegen sey. Sey aber derselbe selbst zugegen, so ent„scheide er, nach seiner eigenen Einsicht, und dann be„dürfe es keiner Mehrheit der Stimmen. Mehrheit der „Stimmen könne den königlichen Willen nicht binden; „sonst wäre das Reich eine Aristokratie, und keine Mo„narchie. Die Könige Frankreichs hätten von jeher, viele „nützliche Gesetze, gegen die Mehrheit der Stimmen, „und selbst gegen den Willen der Parlamenter, durchge„setzt und ausschreiben lassen, dieses würde dann auch „künftig geschehen, wenn das Parlament fortfahren „sollte, sich den Befehlen des Monarchen zu widersetzen."

Durch diese Rede des Königs wurden die Gemüther sehr erbittert, und man fand wenige Tage nachher zu Paris und zu Versailles ein gedrucktes Blatt angeschlagen, folgenden Inhalts: „Die Könige haben ihre Macht „von dem Volke erhalten, um die Gesetze zu handhaben. „Ueber die Gesetze dürfen selbst die Könige nicht hinausge„hen. Der Nation sind sie über die Einnahme und Aus„gabe des Staates Rechenschaft schuldig. Gauckler und „Schauspieler braucht die Nation nicht zu besolden; denn „der Staat bedarf keiner Lustigmacher, und Menschen „dieser Art haben kein Recht, die Abgaben des Volkes „durchzubringen."

Der Prinzipalminister und der Siegelbewahrer verfielen

nun, als das Projekt zu einem Anlehen mißglückt war, auf einen neuen Plan. Da sie aber nunmehr aus Erfahrung wußten, wie großen Schaden bey der Ausführung solcher Projekte Schwatzhaftigkeit verursacht, so sollte dieser Plan, so lange bis er ausgeführt seyn würde, für Jedermann ein undurchdringliches Geheimniß bleiben. Auf einmal war Frankreich in der größten Unruhe. Alle abwesende Militairpersonen wurden zu ihren Fahnen zurückberufen, Oberoffiziere wurden nach den Provinzen geschickt, und jeder von ihnen erhielt eine versiegelte Instruktion, welche sie alle an einem und demselbigen Tage, und in derselben bestimmten Stunde eröffnen sollten. Zu Versailles wurde eine neue Buchdruckerey errichtet; eine Menge Druckerpressen waren Tag und Nacht beschäftigt, ohne daß man wußte, was sie druckten; denn eine dreyfache Reihe von Bajonetten verhinderte alle Gemeinschaft der Buchdrucker mit dem Publikum. Voller Schrecken und Furcht erwartete nun die Nation, was diese neuen Bemühungen des Despotismus wohl zum Zwecke haben möchten. Man gab sich große Mühe, das Geheimniß zu erfahren, aber vergeblich. Nur Despremenil, der unermüdete Despremenil war glücklich genug, dasselbe zu erhalten. Es kostete ihm fünfhundert Louisd'ors, aber er erhielt es. Ein Correcturbogen des neuen Edikts in eine Kugel von Thon eingeschlossen wurde in der Druckerey zum Fenster hinausgeworfen. Sobald Despremenil diesen Abdruck des Edikts erhalten hatte, theilte er denselben sogleich seinen Mitbrüdern, den Parlamentsgliedern, mit, und alle schworen am 3ten May 1788, so wie er und die Pairs des Königreiches, daß sie kein Edikt, welches aus dieser Presse des Ministers komme, für gültig anerkennen wollten. Der Principalminister, aufgebracht, sein Geheimniß verrathen zu sehen, wirkte Verhaftbriefe gegen den Herrn Despremenil aus, so wie gegen Herrn Goislard de Monsabert, ein anderes Parlamentsglied. Beyde erfuhren es, und retteten sich in das Parlamentshaus, wo das versammelte Parlament erklärte: daß diese beyden Mitglieder unter dem Schutze des Königes und des Gesetzes sich befänden.

Am 5ten May versammelten sich die Parlamentsglieder, nebst den Pairs des Königreiches, in dem Parlamentssaale. Sie berathschlagten sich; sie schickten Abgesandte an den König, um Ihn zu bitten, daß Er bessere Rathgeber wählen möge; und sie erwarteten bis in die Nacht, die Rückkunft dieser Abgesandten. Gegen Mitternacht marschirten einige Bataillons Soldaten gegen das Parlamentshaus, mit Zimmerleuten voraus, auf, welche, die Axt auf der Schulter tragend, bereit zu seyn schienen, die Thüren einzuhauen, falls sich dieselben nicht gutwillig öffnen sollten. Zugleich besetzte die Schweizergarde alle Thüren und Zugänge des Parlamentshauses, und Niemand wurde weder herein noch heraus gelassen.

Nunmehr verlangte der Hauptmann der Schweizer, der Baron Dagoult, daß ihm die Herren Düval Despremenil und Goislard de Monsabert ausgeliefert werden sollten. Die Parlamentsglieder antworteten mit Einer Stimme: „Wir werden sie nicht „ausliefern. Sie befinden sich unter dem Schutze des „Gesetzes, und wir sind Alle Despremenils und Gois„lards!" Der Hauptmann sandte einen Eilbothen mit dieser Erklärung des Parlaments nach Versailles. Gegen Morgen kam die Antwort: der Hauptmann solle die beyden Parlamentsglieder in Verhaft nehmen, und sich an den Widerstand derselben gar nicht kehren.

Mit diesem Befehle in der Hand trat Dagoult in den Saal und verlangte, daß man ihm die beyden Parlamentsglieder, welche er nicht persönlich kannte, zeigen sollte. Dieses wollte Niemand thun, und nunmehr befand er sich in großer Verlegenheit. Denn, ungeachtet des erhaltenen königlichen Befehls hielt er es doch für bedenklich, seine Soldaten mit aufgepflanzten Bajonetten in einen Saal eintreten zu lassen, in welchem Pairs des Königreiches, Marschälle und Erzbischöffe versammelt waren. Er sandte daher abermals einen Eilbothen nach Versailles, und bat sich neue Verhaltungsbefehle aus.

Um 11 Uhr Vormittags am 6ten May kam der Befehl von Versailles an Dagoult: er solle Gewalt gebrauchen und sich an Nichts kehren. Mit diesem Befehle trat er abermals in den Saal, und verlangte noch einmal die Auslieferung der beyden Parlamentsglieder. Das Parlament bestand auf seiner Weigerung. Nun drohte Dagoult, daß er Gewalt gebrauchen wolle. Um das Blutvergießen an einem der Gerechtigkeit geheiligten Orte zu verhüten, trat jetzo Despremenil selbst hervor, und übergab sich. Eben dieses that auch Goislard. Beyde wurden weggeführt und als Staatsgefangene bewacht.

Zwey Tage nachher am 8. May 1788 hielt der König zu Versailles eine königliche Gerichtssitzung, in welcher alle Parlamenter abgeschafft, und die von dem Prinzipalminister erfundene Cour pleniere, ein einziger oberster Gerichtshof, in dem Königreiche eingeführt werden sollte.

Die Absetzung der Parlamenter und die Errichtung der Cour pleniere verursachten in ganz Frankreich die größten Unruhen und die heftigste Gährung. Der Baron von Breteuil, der Günstling der Königin, sowohl, als der Siegelbewahrer, Herr de Lamoignon, welche die Urheber dieses Plans waren, wurden der Nation verhaßt und von derselben verabscheut. Das Parlament und die übrigen Gerichtshöfe zu Paris weigerten sich, den neugeschaffenen obersten Gerichtshof als rechtmäßig anzuerkennen, und in den Provinzen widersetzten sich die Parlamenter ihrer Aufhebung. Das Parlament zu Toulouse erklärte: „daß, da der Hof die Ver„fassung des Reiches umgestürzt habe, der Nation nun„mehr, außer dem Gefühle ihrer eigenen Stärke und „Kraft, weiter nichts übrig bleibe." Der König befahl, alle Mitglieder dieses Parlamentes durch Verhaftbriefe zu verbannen. Aber der Kommandant von Toulouse, der Graf de Perigord, bat um seinen Abschied, weil er sich außer Stand gesetzt sehe, die königlichen Befehle vollziehen zu können.

Zu Lyon, zu Aix und zu Besanssch entstanden Unruhen. Die Parlamenter zu Dijon, zu Nancy, zu Metz und Perpignan protestirten. Das Parlament zu Rouen erklärte alle diejenigen, welche bey den neuen Gerichtshöfen eine Stelle annehmen würden, für Verräther des Vaterlandes. Zu Pau in Bearn entstand ein Aufruhr. Der Marquis de Lous wurde von dem Volke gezwungen, die Fortsetzungen der Sitzungen des dasigen Parlaments, den Befehlen des Königs zum Trotze, zu erlauben, und ihm ward gedroht, daß er bey dem geringsten Widerstande ersäuft werden sollte. Er legte seine Stelle nieder und nahm seinen Abschied.

In dem Dauphine vereinigten sich der Adel und die Stände mit dem Parlamente zu Grenoble, und erklärten: „Wenn gewaltsame Mittel in dieser Provinz „gebraucht werden sollten, so würde das Dauphine in

„den vormaligen Stand der Trennung von Frankreich „wiederum zurücktretten, und alsdann werde der älteste „Sohn des Königs fernerhin kein Recht haben, den „Namen eines Dauphins zu führen." Als die Nachricht nach Grenoble kam, daß die Mitglieder des Parlaments durch Verhaftbriefe verbannt werden sollten, entstand daselbst ein Aufruhr. Die Sturmglocken wurden geläutet; die Bauren aus den benachbarten Gebirgen kamen in die Stadt; das Haus des Gouverneurs ward gestürmt; und der Gouverneur selbst, der Herzog von Clermont Tonnerre, wurde in seinem Zimmer überfallen. Einige drohten, ihn an einen in dem Zimmer hängenden Kronleuchter aufzuknüpfen; andere, ihm den Kopf mit einem Beule abzuhacken, und nur durch Hülfe einiger Offiziere entgieng er dem, ihm gedrohten Tode, nachdem er gezwungen worden war, dem Pöbel auf den Knieen abzubitten, daß er die Befehle des Königs zu vollziehen, Anstalt gemacht hatte. Der Aufruhr nahm zu, und der Herzog de Clermont Tonnerre war nicht vermögend, mit seinen Truppen denselben zu stillen. Der Pöbel legte an einigen der Regierung zugehörigen Häusern Feuer an, und die Soldaten schoßen unter den Haufen, wodurch einige verwundet wurden, und die Uebrigen aus einander liefen. Die Unruhen wurden nicht eher gestillt, als bis der Kommandant selbst sich mit dem Parlamente vereinigte, und dasselbe auf sein Ersuchen die Ruhe wiederum herstellte. Der königliche Befehl konnte indessen nicht vollzogen werden. Der Herzog von Clermont Tonnerre verlangte seinen Abschied, und erhielt denselben. An seiner Stelle wurde der alte Marschall de Vaux zum Kommandanten von Grenoble ernannt, und er rückte mit den ihm untergebenen Truppen in das Dauphine ein. Indessen wandte sich der König von Sardinien, als Garant des Vertrages, vermöge welches diese Provinz in dem Jahre 1344 an Frankreich gekommen war, an den König von Frankreich, und schrieb an denselben einen Brief, zu Gunsten des Dauphine. Dieses bewirkte so viel, daß der Provinz erlaubt wurde, ihre Landstände, welche im Jahr 1626 aufgehoben worden waren, wieder zu errichten. Diese Landstände fiengen auch sogleich an sich zu versammeln.

Große Unruhen entstanden in der Provinz Bretagne. Der Adel vereinigte sich mit dem Parlamente zu Rennies, und machte mit demselben gemeinschaftliche Sache. Als der Graf Thiard, der Gouverneur der Provinz, in dem Parlamentshause zu Rennes das königliche Edikt, wegen Aufhebung des Parlaments, einschreiben ließ, wurde er auf dem Rückwege von dem Pöbel mit Steinen geworfen. Der Minister ließ hierauf einige Regimenter in die Provinz Bretagne einrücken. Indessen versammelte sich der Adel zu Rennes, und erklärte einen Jeden, der sich unterstehen würde, bey den neuen Gerichtshöfen eine Stelle anzunehmen, für ehrlos und infam. Diese heftige Erklärung des Adels sandte der Graf Thiard nach Hofe. Darauf erhielt er Verhaftbriefe, um alle Mitglieder des Parlaments zu Rennes aus dieser Stadt zu verweisen. Seine Offiziere weigerten sich alle, diese Verhaftbriefe den Parlamentsgliedern zu überbringen, und der Graf sah sich daher genöthigt, zu Ueberreichung derselben, gemeiner Soldaten sich zu bedienen.

Statt dem königlichen Befehle zu gehorchen, und die Stadt Rennes zu verlassen, versammelte sich das Parlament noch an demselben Tage, dem Könige zum Trotze.

Der Graf Thiard sandte Soldaten nach dem Parlamentshause, um die Mitglieder des Parlaments zerstreuen. Diese Soldaten wurden von dem Pöbel beschimpft, bedroht und mit Steinen geworfen; und vielleicht würde es zum wirklichen Gefechte gekommen seyn, wenn nicht ein Haufe bewaffneter Edelleute herbeygekommen wäre. Diese befahlen den Soldaten, daß sie sich ruhig verhalten und das versammelte Parlament nicht stören möchten. Am folgenden Tage, am 5ten Junius 1788, entschloßen sich endlich die Parlamentsglieder freywillig dem königlichen Befehle Gehorsam zu leisten, und die Stadt Rennes zu verlassen.

Dessen ungeachtet dauerten die Unruhen in Bretagne fort. Zu Rennes schimpften die Einwohner laut und furchtlos auf die Regierung und die Minister. 18,000 Mann Soldaten, welche in die Stadt einrückten, um die Ruhe herzustellen, sollten bey den Bürgern einquartirt werden. Aber diese weigerten sich schlechterdings, Soldaten in ihre Häuser aufzunehmen, und der Graf Thiard sah sich genöthigt, seine Truppen in Kirchen und Klöster einzuquartiren. Er verlangte bey Hofe seinen Abschied, aber er erhielt denselben nicht. Die königliche Armee, welche sich allmählig bis zu 30,000 Mann verstärkt hatte, lagerte sich bey der Stadt Rennes. Die Bürger der Stadt fürchteten diese Armee so wenig, daß sie täglich haufenweise das Lager besuchten, die in demselben befindlichen Soldaten verspotteten und verhöhnten, und sich sogar erfrechten, über die Pallisaden in das Lager hineinzusteigen. Der Marschall de Stainville, welcher über diese Truppen das Kommando hatte, ließ einige von den Bürgern, welche sich am frechsten betrugen und die Schildwachen neckten, gefangen nehmen, in dem Vorsatze, dieselben, den übrigen zum Schrecken, bestrafen zu lassen. Er erhielt aber sogleich eine dreymal widerholte Gesandtschaft der Bürgerschaft, mit der Drohung, daß die Bestrafung der Schuldigen das Signal seyn würde, sein Lager mit der schrecklichsten Wuth anzufallen. Um dieses zu verhüten, gab der Marschall die Gefangenen ohne Strafe frey.

Die Stände von Bretagne sandten Abgesandte an den König, welche Seiner Majestät dringende Vorstellungen machen sollten. Diese Abgesandten hatten am 10ten Junius eine Audienz bey dem Könige und erhielten die Antwort: „Der König sey mit dem Betragen der Stände „seiner Provinz Bretagne höchst unzufrieden, und seine „Nachsicht werde aufhören, wenn man ferner fortführe, „Ruhe und Ordnung zu stören."

Bald nachher sandte der Adel von Bretagne eine Gesandtschaft an den König. Diese Gesandten wurden aber nicht vorgelassen, und sie erhielten auf ihre wiederholte Bitte um Audienz die Antwort: Der König könne Rebellen kein Gehör geben.

Diese harte Antwort des Königs erbitterte die Gemüther auf den höchsten Grad. Der Adel sowohl, als die Stände beharrten auf ihrem Entschlusse, die hergebrachten Vorrechte der Provinz zu vertheidigen, und es kam zu Rennes zwischen den Bürgern und den Soldaten zu einem Gefechte. Der Kriegsminister sandte dem Grafen Thiard den Befehl, Ernst und Strenge zu gebrauchen. Aber Thiard antwortete: „die ganze Lage „der Dinge sey viel zu bedenklich, und die zu befürchten

„den Folgen zu weit ausstehend, als daß er, ohne selbst
„mit dem Könige gesprochen, und aus Dessen eigenem
„Munde einen solchen Befehl erhalten zu haben, den=
„selben auszuführen, unternehmen dürfte."

Am 12ten Julius entstand zu Rennes abermals
ein fürchterlicher Aufruhr. Das Haus des Intendan=
ten, Bertrand de Molleville, wurde gestürmt
und geplündert, und ein königliches Edikt ward unter
dem Galgen verbrannt. Nun beschloßen die Minister,
Strenge zu gebrauchen. Die zwölf Abgesandten des Adels
von Bretagne, welche sich immerfort noch zu Paris auf=
hielten, und vergeblich eine Audienz zu erhalten suchten,
wurden am 13ten Julius in der Nacht festgenommen,
und nach der Bastille gebracht.

Als die Nachricht von diesem Vorfalle zu Rennes an=
kam, nahm der Aufruhr auf den höchsten Grad zu. Die
Bürger bewaffneten sich, und gegen 18,000 Mann rückten
aus. Die Stände der Provinz suchten das Volk zu be=
ruhigen, und schickten eine Gesandtschaft von 18 Perso=
nen an den König, mit einer Bittschrift, in welcher sie
verlangten: daß das Parlament zu Rennes wiederum
hergestellt, die königlichen Truppen aus der Provinz ent=
fernt, und die zwölf gefangenen Edelleute in der Bastille
befreyt werden möchten.

Diese Gesandten erhielten Audienz und der König ant=
wortete: „Wenn die Provinz Treue und Gehorsam be=
„wiese, so könnte sich dieselbe von der Güte des Königs
„Alles versprechen. Ihre Vorrechte sollten erhalten wer=
„den. Aber jeder Ungehorsam gegen die königlichen Be=

„fehle würde bestraft werden." Zugleich erhielten diese Abgesandten den Befehl, am folgenden Tage nach Rennes zurück zu reisen.

Um diese Zeit war in dem ganzen Königreiche ein allgemeiner Stillstand der Justizpflege. Die Justiz blieb ganz unthätig, weil alle bisherigen Justizhöfe aufgehoben waren, und die neuen nicht eingeführt werden konnten. Die Gefängnisse füllten sich an; die Verbrecher häuften sich; kein Prozeß, weder in Zivilsachen, noch in Criminalsachen wurde fortgeführt, oder geendigt.

Das Militair war zur Wiederherstellung der Ruhe ganz unnütze. Offiziere und Soldaten weigerten sich gegen ihre Mitbürger zu fechten; und wenn sie es versuchen wollten, den Befehlen zu gehorchen, so widersetzten sich ihnen die Bürger mit gewaffneter Hand. Der Marquis von Antichamp, welcher Befehl erhalten hatte, mit vier Regimentern in die Provinz Bearn einzurücken, wurde an der Spitze seiner Truppen von der Landmiliz angegriffen, und sah sich genöthigt, sich zurück zu ziehen. Viele Offiziere forderten ihren Abschied, und einige Regimenter, wie z. B. das Regiment Bassigny und das Regiment Penthievre erklärten geradezu, daß sie sich nicht entschliessen könnten, gegen ihre Mitbürger zu fechten.

Die Geistlichkeit des Reiches gab zwar ein von ihr verlangtes, sogenanntes freywilliges Geschenk von acht Millionen Livres, erklärte aber zugleich: die Cour pleniere sey den Reichsgesetzen zuwider; sie könne die Gültigkeit dieses obersten Gerichtshofes nicht anerkennen;

und es sey von der größten Wichtigkeit, daß die Reichsstände, sobald als möglich versammelt würden.

Der Geldmangel in dem königlichen Schatze nahm auf einen solchen Grad zu, daß sich der Prinzipalminister gar nicht mehr zu helfen wußte. In einigen Provinzen, vorzüglich in Bretagne, Dauphine und Bearn, wurden die Abgaben nicht mehr bezahlt; die königlichen Scheine und die Staatspapiere verlohren ihren Kredit, und fielen täglich tiefer, und die Verlegenheit, in welcher sich der Finanzminister befand, war so groß, daß derselbe bey einem Bankier für Rechnung des Königs, 7 Millionen Livres, zu 8 pro Cent zu borgen, und ein dem Könige zugehöriges Haus, in der Stadt Paris für 107,000 Livres baaren Geldes, zu verkaufen sich genöthigt sah.

Durch das Unglück, welches am 13. Julius 1788, einen großen Theil von Frankreich traf, wurde die Verwirrung in den Finanzen noch größer. Ein schrecklicher Sturm, mit Hagel und Schloßen verbunden, verheerte einen großen Theil des Reiches, von Flandern bis nach Poitou. Dörfer und Flecken wurden überschwemmt; Häuser wurden umgeworfen; Menschen wurden beschädigt; Vieh in großer Menge ward getödtet, und die gehoffte Erndte lag zerknickt und zerschlagen auf den Feldern. Der Schaden war außerordentlich groß. Nicht nur sahen sich die verarmten Einwohner der verheerten Gegenden außer Stande, für das laufende Jahr die Abgaben zu bezahlen, sondern es mußte ihnen auch noch aus dem königlichen Schatze aufgeholfen werden; sie mußten Geld erhalten, um ihre niedergeworfenen oder weggeschwemmten Hütten wiederum aufbauen; um Vieh und Wirthschaftsgeräthe einkaufen; um selbst leben zu können. Der König hätte diesen Unglücklichen gerne Geld geschenkt, er war äußerst gerührt über ihr Schicksal, aber er konnte kein Geld geben, weil er selbst keins hatte. Indessen wurde ein Anlehen von 12 Millionen Livres für diejenigen eröffnet, welche durch den Sturm gelitten hatten.

Die, unter dem Volke ohnehin schon große Gährung, ward noch größer, als die, durch den Hagel verursachte Theurung und Hungersnoth, sich überall zu zeigen anfieng. Der Hof befürchtete die schrecklichsten Folgen von dem allgemeinen Mißvergnügen des Volkes, und der Staatssekretair Baron von Breteuil, verlangte aus Furcht am 24. Julius seinen Abschied, welchen er auch erhielt.

Der Prinzipalminister suchte das Volk durch glatte Worte zu besänftigen. Er ließ am 8. August, den König versprechen, daß die Versammlung der Reichsstände am 1. May 1789 ihren Anfang nehmen; daß die Einrichtung der Cour pleniere, und der übrigen neuen Gerichtshöfe, bis dahin ausgesetzt seyn solle; und daß es den versammelten Reichsständen zukommen werde, zu entscheiden, ob die Cour pleniere beyzubehalten sey, oder nicht.

Dieses gütige königliche Edikt that große Wirkung. Es besänftigte die erbitterten Gemüther; es erweckte angenehme Hoffnungen; es dämpfte die entstandenen Gährungen; und alles schien wiederum sich zur Ruhe zu neigen, als ein abermaliges königliches Edikt die Nation, aus dem Schlummer, in welchen dieselbe, durch die vorige Verordnung sich hatte einwiegen lassen, auf eine schreckliche Art aufweckte. Der Prinzipalminister machte, im Namen des Königs, einen förmlichen Bankerott.

Am 20. August erschien das, vom 16. August datirte, königliche Edikt, vermöge welches die Zahlungen aus allen königlichen Kassen, theils eingeschränkt, theils um ein ganzes Jahr aufgeschoben, theils auch nur ⅜ derselben in Gelde, und die übrigen ⅝ in Kassenscheinen, in Papier ohne Werth bezahlt werden sollten.

Die Bestürzung, welche dieses Edikt verursachte, war außerordentlich groß. Es war ein schrecklicher Schlag für alle diejenigen, welche Besoldungen oder Gnadengehalte von dem Staate zogen; für alle diejenigen, welche dem Staate Geld geliehen hätten; für alle diejenigen, welche Leibrenten hatten; für Kaufleute und Banliers; für Manufakturen und Fabriken; Jedermann, der in Frankreich ein Eigenthum, von irgend einer Art besaß, verlohr durch dieses Edikt, mittelbar oder unmittelbar. Zu Lyon brachte das Edikt einen allgemeinen Stillstand in allen Handlungsgeschäften hervor, und alle Zahlungen wurden eingestellt. Zu Genf geschah eben dieses. Zu Amsterdam erhielt man die Nachricht von diesem Staatsbankerotte durch einen Eilbothen, welchen der holländische Gesandte, Herr von Berkenrode, dahin gesandt hatte. Sogleich faßten die Amsterdammer den Beschluß, kein französisches Papier mehr anzunehmen, und den für Rechnung Frankreichs, zum Theil gekauften, zum Theil bestellten Vorrath von Bauholz und von Schiffsmunition, zurück zu behalten, und nicht verabfolgen zu lassen.

Zu Paris wurde die Diskontokasse in die größte Verlegenheit gesetzt. Die Regierung war der Kasse 70 Millionen Livres schuldig, und die Zinsen dieser Summe sollte sie nunmehr nicht in baarem Gelde, sondern in Papier erhalten. Das Gedränge zu der Kasse wurde sehr groß. Jedermann wollte die Banknoten der Kasse gegen baares Geld umwechseln, und die Aktien derselben fielen in einem Tage, von 4,070 Livres auf 3,500 Livres herunter. In dieser Bedrängniß wandten sich die Vorsteher dieser Bank an die Minister des Königs, und thaten denselben nachdrückliche Vorstellungen. Ein paar Tage nachher erschien ein Edikt, in welchem der König bekannt machte, daß Er die Zinsen des Kapitals, welches Er der Diskontokasse schuldig sey, nicht in Papier, sondern in klingender Münze bezahlen werde. Durch dieses Edikt war der Diskontokasse geholfen, und die Aktien derselben stiegen wiederum bis auf 4000 Livres.

Im Königreiche war der Unwille, welchen das Edikt vom 16. August erweckt hatte, außerordentlich groß. Der Pöbel begieng an mehrern Orten, vorzüglich aber zu Paris, Unordnungen und Ausschweifungen, welche die Polizey nicht zu hindern vermogte. Die wiederholten und schnell auf einander folgenden Nachrichten von den unglückseligen Folgen, welche das Edikt in allen Theilen des Reiches verursacht hatte, versetzten die Minister in eine unthätige Betäubung, in eine gänzliche Unentschlossenheit. Der Graf von Provenze, die Prinzeßin Adelaide, der Prinz Conty, und einige andere Große des Hofes, machten dem Könige Vorstellungen, und bathen Ihn, daß Er den Herrn Necker wieder zurück berufen möge. Die Königinn schrieb eigenhändig an den

Herrn Necker, um denselben zu bitten, daß er zurück=
kommen, und unter der Oberaufsicht des Prinzipalmini=
nisters, Herrn von Brienne, die Verwaltung der Fi=
nanzen wieder übernehmen möge. Necker antwortete und
lehnte den Antrag in sehr ehrerbietigen Ausdrücken von sich
gänzlich ab. Nun wurde der Herzog de Nivernois zu
Neckern gesandt. Dieser erklärte in einer langen Unter=
redung: er würde die Stelle eines Finanzministers unter
keiner andern Bedingung annehmen, als daß Herr de
Brienne verabschiedet, und er selbst an dessen Stelle er=
nannt werde, daß er unmittelbar unter dem Könige stehe,
und mit Sr. Maj. sich über Staatssachen berathschlage; so
wie auch, daß er den Titel eines Oberauffehers der
Finanzen, nebst Sitz und Stimme in dem königlichen
Staatsrathe erhalte. Alles ward von dem Könige be=
willigt. Brienne, der Prinzipalminister, welcher
sah, daß alle seine Plane mißglückten; welcher fühlte,
daß er nicht im Stande war, eine so mächtige und so
aufgeklärte Nation, wie die französische, zu beherrschen;
Brienne legte am 25. August 1788, seine Stelle nieder.
Er erhielt zur Belohnung für so viele wichtige, dem Hofe
geleisteten Dienste, den Kardinalshut und 800,000 Livr.
jährlicher Einkünfte. Daß man ihn so königlich belohnte,
beweist, wie mir scheint, deutlich genug, daß der Hof
die Grundsätze des allerhärtesten und grausamsten Despo=
tismus angenommen hatte und befolgte; denn Brienne,
dieser Liebling, von welchem man sich so ungern trennte,
war ein Despot aus Grundsätzen, wie alle schwachen und
furchtsamen Menschen, die allemal zugleich listig, ver=
schlagen, hart und grausam sind. In der königlichen
Sitzung, am 19. November 1787, sagte Lamoignon fol=
gende merkwürdige Worte: „Ein König von Frankreich

„kann, in den Stellvertretern der drey Stände des
„Staats, weiter nichts, als einen größern Staatsrath
„finden, und er bleibt allemal der oberste Schiedsrichter
„ihrer Vorstellungen und ihrer Klagen." a) Dieser Grundsatz enthält die Quintessenz des Staatsrechts eines asiatischen Despoten. Was? Der Monarch soll, wenn eine ganze Nation klagt, wenn 25 Millionen Menschen Vorstellungen und Klagen auf die Stuffen seines Throns niederlegen, mit einem Worte, mit einem Machtspruche sagen können: „begebt euch weg, ich will euch nicht anhö„ren, ihr klagt mit Unrecht; ich bin Schiedsrichter, und „ich entscheide, daß eure Klagen ungerecht sind, und daß „es mir nicht behagt, eure Vorstellungen anzuhören." Großer Gott! welch ein ungeheurer Grundsatz! Wie ganz anders dachte Heinrich der Vierte, Er, der das große Wort sagte: „ich hoffe es noch dahin zu bringen, „daß auch der ärmste meiner Unterthanen, alle Sonntage „ein Huhn im Topfe haben soll." Wie ganz anders dachte König Friedrich der Einzige, Er, der jedem seiner Unterthanen ohne Unterschied erlaubte, sich dem Throne zu nähern, oder an den König zu schreiben, und seine Klagen unmittelbar an Ihn selbst zu bringen, und der nie ein Unrecht, das durch Ihn selbst, oder durch diejenigen, welche seine Stelle vertraten, einem seiner Unterthanen zugefügt worden war, erfuhr, ohne es sogleich wieder gut zu machen. Wie ganz anders dachte Joseph der Große, Er, der selbst sagt: „Ist es nicht Unsinn, zu

---

a) Un Roi de France ne peut trouver dans les représentants des trois ordres de l'état qu'un conseil plus étendu, et il est toujours l'arbitre suprême, de leur réprésentations et de leur doléances.

„glauben, daß Obrigkeiten das Land als ein Eigenthum „besäßen, bevor noch Unterthanen waren?, und daß sie „das Ihrige, unter gewissen Bedingungen an die Letz„tern abgegeben haben? Müßten sie nicht auf der Stelle vor „Hunger davon laufen, wenn niemand den Grund bearbei„tete? So absurd wäre es, wenn sich ein Landesfürst einbil„dete, das Land gehöre ihm, und nicht er dem Lande zu; „Millionen Menschen seyen für ihn, und nicht er für sie „gemacht, um ihnen zu dienen." a) Und an einem andern Orte sagt eben dieser große Fürst: „Schon von Lan„desfürsten anzufangen, denkt mancher, daß er das Ver„mögen des Staats und seiner Unterthanen als sein voll„kommenes Eigenthum ansehen könne; glaubet, daß die „Vorsehung Millionen Menschen für ihn geschaffen hat, „und läßt es sich dabey nicht träumen, daß er, für den „Dienst dieser Millionen, zu seinem Platze von „selber bestimmt worden." b)

Unter der Regierung des Herrn von Brienne wurden die ersten Saamen der Zwietracht zwischen den verschiedenen Ständen ausgestreut, und unter ihm verlor, wie man behauptet, der königliche Schatz, durch überflüßige Ausgaben, die bloß allein zu Unterstützung seiner Projekte dienten, über 100 Millionen Livres.

Der Siegelbewahrer, Herr von Lamoignon, war der vertraute Freund des Ministers, er hatte an allen seinen

---

a) Kaiser Josephs des Zweyten eigenhändige Schrift über seine neue Steuer.
b) Kaiser Joseph des Zweyten eigenhändige Schrift über die Staatsverwaltung. 1784.

Planen Antheil. Er war ein unruhiger, thätiger, ehrgeitziger Mann. Als er die Stelle eines Siegelbewahrers erhielt, hatte er viele Schulden. Er suchte in dieser Stelle Ehre und Geld, und erhielt keines von beyden. Nachdem der Prinzipalminister abgedankt hatte, bat auch Lamoignon um seine Entlassung und erhielt dieselbe. Er ertrug seine Ungnade mit stoischer Gelassenheit. Ob er gleich allgemein verhaßt war, so gab ihm doch sein Gewissen Zeugniß, daß seine Absichten rein gewesen waren, und damit beruhigte er sich. Ihm blieben auch im Unglücke, alle seine vormaligen Freunde getreu, und, was bey einem gefallenen Höflinge unerhört ist, sogar die Minister besuchten ihn oft. Sein Karakter war gut. Er war ein guter Vater, ein guter Freund, ein guter Ehemann. Seine Frau und seine Kinder beweinten seinen Tod, ob er gleich das Vermögen seiner Familie durchgebracht hatte, und voller Schulden gestorben war. Sein Tod, der bald nach seiner Entlassung erfolgte, war wahrscheinlich freywillig. Man fand ihn, in einem Pavillon seines Gartens, mit seiner Jagdflinte zwischen den Beinen und den Kopf mit einer Kugel durchschossen. Er starb noch zu rechter Zeit, und schien glücklich zu preisen, daß ihm nicht vorbehalten war, die Auftritte der Revolution mit anzusehen. Von ihm gilt, was Tacitus von Agricola sagt: Non vidit obsessam curiam, et clausum armis senatum, et eadem strage tot consularium caedes, tot nobilissimarum foeminarum exsilia et fugas.

Das Weigern des Pariser Parlaments, die verlangten neuen Auflagen auszuschreiben, war ein wichtiger vorbereitender Schritt zu der Revolution in Frankreich. Das Parlament, welches schon seit so langer Zeit alle Auflagen

gen im Reiche ausgeschrieben hatte, erklärte nun auf einmal ganz unvermuthet, daß es bisher dazu kein Recht gehabt habe, sondern daß dieses Recht der Nation zugehöre. Es klagte sich auf einmal selbst an. Wäre Herr von Brienne ein Mann von Kopf, ein wahrer Staatsmann gewesen, so hätte er sogleich die Reichsstände zusammenberufen, die Parlamenter, zufolge ihres eigenen Geständnisses, bey der Nation angeklagt, und dieselben ihrer Strafe überlassen. Statt dessen wollte er die Bestrafung der Parlamenter selbst übernehmen, und darinn fehlte er sehr; denn nun vereinigte sich die Nation mit den Parlamentern gegen die Regierung, welches sonst nie geschehen wäre. Die Parlamenter wollten, dadurch, daß sie die Zusammenberufung der Reichsstände verlangte, sich nur der Regierung furchtbar machen; sie wollten nichts weniger, als daß dieses Verlangen erfüllt werden sollte; denn durch Zusammenberufung der Reichsstände wurden die Parlamenter selbst in nichts verwandelt, und verlohren alle ihre Vorrechte. Daß sie diese Zusammenberufung wirklich nicht im Ernste verlangt hatten, dieß zeigte sich in der Folge deutlich genug; denn die Parlamenter setzten der Zusammenberufung der Reichsstände, nachdem dieselbe von der Regierung beschlossen war, selbst die grösten Schwierigkeiten entgegen, und Despremenil, welchen man für einen so großen Patrioten gehalten hatte, war in der Nationalversammlung, einer der wüthendsten Aristokraten, welcher durch Reden und Schriften den vormaligen Despotismus wieder herzustellen suchte; welcher sogar versprach, in der Nationalversammlung selbst den Plan zu einer Kontrerevolution vorzutragen; und welcher, was beynahe unglaublich

Erster Theil. O

scheint, sein Versprechen wirklich erfüllt hat. Beynahe alle Mitglieder des Pariser Parlaments hatten beträchtliche Summen in den königlichen Fonds; dadurch fand sich ihr Interesse beständig, zwischen der Zusammenberufung der Reichsstände, welche, um den Bankerott zu verhindern, nöthig war, und der Nichtzusammenberufung derselben, welche allein ihrer Existens Dauer geben konnte, getheilt. Das Interesse des Geldgeizes hielt dem Interesse des Ehrgeizes das Gleichgewicht; und je nachdem das eine Interesse, oder das andere, die Oberhand erhielt, handelte das Parlament so, oder anders. Daher läßt sich das unerklärliche, sich beständig widersprechende Betragen des Pariser Parlaments erklären, welches man bis jetzt vergeblich zu erklären gesucht hat. Die Parlamenter in den Provinzen ahmten dem Pariser Parlamente beständig nach, ohne eigentlich zu wissen, warum sie dieses thaten, und ohne dieselben Beweggründe zu ihren Handlungen zu haben.

Minister, Erzbischöffe und Parlamentsglieder waren Geldwucherer, Wechseljuden und Papierhändler geworden: alle wollten bezahlt seyn; und darum mußten sie die Nation zusammenberufen, um derselben durch süße Worte und herrliche Vorspiegelungen einer anscheinenden Freyheit Geld abzulocken. Die Freyheit sollte nur anscheinend, das Geld aber sollte reel seyn. So war der Plan; aber der Vorsehung gefiel es anders. Hätte das Pariser Parlament, wie es vorher so oft gethan hatte, ohne Widerrede das königliche Edikt angenommen und ausgeschrieben, so würde das Volk haben bezahlen müssen, und Frankreich wäre im vorigen Zustande geblieben. Daraus, daß es das Einschreiben des Edikts verweigerte, entstanden alle Unruhen. So wie immer die größten Begebenheiten aus kleinen und unmerklichen Ursachen entspringen, so entsprang zum Theil die große französische Revolution mit allen ihren unabsehbaren Folgen aus einem Staatsfehler des Herrn von Brienne; ein Staatsfehler, der um soviel größer, und um soviel unverzeihlicher war, da er, als Minister nicht nur dadurch nichts gewann, sondern vielmehr sich selbst aus einer kleinen Verlegenheit in eine weit größere versetzte; denn vorher fehlte es ihm blos allein an Gelde, nun aber waren alle Parlamenter und die ganze Nation gegen ihn; und so erhielt er nicht nur kein Geld, sondern er verlor zugleich das einzige Mittel, Geld zu erhalten. In einem solchen Zustande konnte er nicht Minister bleiben; er mußte fallen; auch fiel er, aber sein Fall zog die Umwerfung des Staates nach sich. Statt daß er, mit der Weisheit eines großen Staatsmannes, die Augen der Nation von dem Punkte, nach welchem er hinzielte, hätte abwenden und auf einen andern Gegenstand lenken sollen, statt dessen machte er durch sein unüberlegtes Betragen das große Staatsgeheimniß überall bekannt. Statt daß er sich hätte gegen die Parlamenter erbittert stellen, und die Nation zusammenberufen sollen, um dieselben zu richten; statt dessen überließ er sich einer unverzeihlichen Rachsucht, und dadurch erfuhr die Nation das große Geheimniß, welches sie nie hätte erfahren sollen: daß sie nemlich nur zusammenberufen werde, weil die Regierung ohne ihren Beystand nicht länger bestehen konnte. Da war es denn auch sehr natürlich, daß sie einen ganz andern Ton annahm, als sie sonst angenommen haben würde, und daß sie nun mit dem Könige sprach, wie aufgebrachte Gläubiger mit einem bankerotten Schuldner zu sprechen gewohnt sind. — Hätte Brienne einsehen können, was für eine schöne Gelegenheit er aus den Händen ließ, um sich unsterblich zu machen, so würden, wenn er auch nur einen Funken von Ehrgeitz besitzt, Schmerz und Reue ihn haben zur Verzweiflung bringen müssen.

Historische Nachrichten
und
politische Betrachtungen
über die
französische Revolution

von

Christoph Girtanner

der Arzneywissenschaft und Wundarzneykunst Doktor; der königl.
medizinischen Societäten zu Edinburgh und zu London, so wie auch
der litter. und philos. Societät zu Manchester Ehrenmitgliede;
der königl. Societät der Wissenschaften zu Edinburgh, und der naturforschenden Gesellschaft zu Paris auswärtigem Mitgliede,
u. s. w.

Ersten Bandes
Zweyte Abtheilung.

Zweyte, vermehrte, verbesserte, und durchaus
veränderte Auflage.

Inhalt.

Drittes Buch.

Nähere Ursachen der Revolution und Veranlassung zu derselben.

Zustand von Frankreich, nachdem die Minister entfernt waren. Freudenfeste auf dem Dauphinsplatze. Ausschweifungen des Pariser Pöbels. Grausamkeiten der Soldaten gegen das Volk. Freude der Frankreicher über die Zurückberufung Neckers. Wie sich Necker dabey betrug. Uebermuth und Prahlerey dieses Ministers. Wiedereinsetzung der Parlamenter. Necker macht einen versteckten Staatsbankerott. Berufung der Notabeln. Ausschreibung des Reichstages. Schriften, welche erschienen. Wirkung derselben. Merkwürdiger Beschluß des Parlaments zu Paris. Unordnungen und Unruhen in den Provinzen. Pays d'Elections. Pays d'Etats. Einfluß der Regierungsform, des Klima und der Erziehung, auf die Wahlen. Sonderbares Betragen der Geistlichen. Bürgerkrieg in Bretagne. Mirabeaus Triumph zu Marseille. Brief des Grafen Caraman an Mirabeau. Mirabeaus Antwort. Neuer Aufruhr durch Mirabeau veranlaßt. Schreiben an Mirabeau. Zerstörung des Hauses des Herrn Reveillon zu Paris. Inhalt der geschriebenen Vorschriften, welche die Reichsstände auf den Reichstag mitbrachten.   S. 218.

Viertes Buch.

Geschichte der französischen Revolution von der Eröffnung der Reichsstände bis zu der Einnahme der Bastille.

Eröffnung der Reichsstände. Rede des Königs. Neckers Rede. Uneinigkeiten der Stände unter sich. Entstehung des Wortes Nationalversammlung. Eydschwur. Erste Beschlüsse. Das Versammlungshaus wird mit Soldaten umringt. Sitzung im Ballhause. Sitzung in der Kirche. Königliche Sitzung am 23sten Junius. Rede des Königs. Folgen dieser Sitzung. Fernere Sitzungen der Nationalversammlung. Mißglückte Verschwörung des Herzogs von Orleans. Der Erzbischof von Paris wird mit Steinen geworfen. Plan der Verschwörung des Herzogs von Orleans. Anekdote, die Marquise de Sillery betreffend. Der Herzog schlägt die Präsidentenstelle in der Versammlung aus. Desmoulins und andere Volksredner im Palais royal. Anekdoten den Herzog von Orleans betreffend. Was ein Statthalter in Frankreich eigentlich sey. Mißliche Lage, in welcher der König sich befand. Unterredung des Königs mit dem Herzoge von Luxenburg. Der Adelstand und die Geistlichkeit vereinigen sich auf Befehl des Königs mit der Nationalversammlung. Freude des Volkes über diese Vereinigung. Ephemerische Schriftsteller. Truppen versammeln sich um Paris. Die Soldaten werden verführt. Anekdote den König betreffend. Falsche und übertriebene Gerüchte. Der Pöbel befreyt einige gefangene Soldaten. Gesandtschaft aus einem Pariser Kaffeehause nach Versailles. Der König begnadigt die strafbaren

Soldaten. Wahlherren zu Paris. Addreſſe der
Verſammlung an den König, um Ihn zu bit=
ten, daß er die Truppen entfernen möge. Anek=
doten, Mirabeau betreffend. Antwort des Kö=
nigs auf die Addreſſe. Berathſchlagung der Ver=
ſammlung über dieſe Antwort. Berathſchlagung
über die Nothwendigkeit einer Bekanntmachung
der Rechte des Menſchen und des Bürgers.
Verweiſung des Hrn. Neckers. Volksredner. Die
Nachricht von der Verweiſung des Hrn. Neckers
kommt nach Paris. Lambeſc in den Thuille=
rien. Desmoulins ſetzt die grüne Kokarde auf
ſeinen Hut, und alle Zuſchauer folgen nach.
Anekdote, den Herzog von Orleans betreffend.
Anfang des Aufruhrs zu Paris. Die Wahlherren
verſammeln ſich auf dem Rathhauſe. Verwüſtung
in dem Kloſter St. Lazare. Zuſtand der Stadt
Paris am 13ten Julius. Genauere Schilderung
dieſes ſchrecklichen Zuſtandes. Der Aufruhr
nimmt zu. Auf dem Rathhauſe wird ein beſtän=
diger Ausſchuß erwählt. Anekdote, Hrn. de la
Fayette betreffend. Der Abbé Lefebure über=
nimmt die Aufſicht über das erbeutete Schieß=
pulver. Fernere Vorfälle auf dem Rathhauſe.
Einrichtung der Bürgermiliz durch den Marquis
de la Salle. Die Kokarde wird auf Befehl ver=
ändert. Neue Gefahr, in welcher der Abbé
Lefebure ſich befand. Sitzung der Nationalver=
ſammlung am 13ten Julius. Die Verſammlung
ſchickt eine Geſandtſchaft an den König. Ant=
wort des Königs. Merkwürdiger Beſchluß der
Nationalverſammlung. S. 266.

Drittes Buch.

Nähere Ursachen der Revolution, und Veranlassung zu derselben.

Zustand von Frankreich, nachdem die Minister entfernt waren. Freudenfeste auf dem Dauphinsplatze. Ausschweifungen des Pariser Pöbels. Grausamkeiten der Soldaten gegen das Volk. Freude der Frankreicher über die Zurückberufung Neckers. Wie sich Necker dabey betrug. Uebermuth und Prahlerey dieses Ministers. Wiedereinsetzung der Parlamenter. Necker macht einen versteckten Staatsbankerott. Berufung der Notablen. Ausschreibung des Reichstages. Schriften, welche erschienen. Wirkung derselben. Merkwürdiger Beschluß des Parlaments zu Paris. Unordnungen und Unruhen in den Provinzen. Pays d'Elections. Pays d'Etats. Einfluß der Regierungsform, des Klima und der Erziehung, auf die Wahlen. Sonderbares Betragen der Geistlichen. Bürgerkrieg in Bretagne. Mirabeaus Triumph zu Marseille. Brief des Grafen Caraman an Mirabeau. Mirabeaus Antwort. Neuer Aufruhr durch Mirabeau veranlaßt. Schreiben an Mirabeau. Zerstörung des Hauses des Herrn Reveillon zu Paris. Inhalt der geschriebenen Vorschriften, welche die Reichsstände auf den Reichstag mitbrachten.

Eodem anno Galliarum civitates, ob magnitudinem aeris alieni, rebellionem coeptavere: cujus exstimulator acerrimus inter Treveros Julius Florus, apud Aeduos Julius Sacrovir. Nobilitas ambobus et Majorum bona facta; eoque Romana civitas olim data, cum id rarum, nec nisi virtuti pretium esset. Ii, secretis conloquiis, ferocissimo quoque

sagittis, maxima peccandi necessitudo, componunt Florus Belgas, Sacrovir propiores Gallos concire. Igitur, per conciliabulla et coetus, seditiosa differebant, de continuatione tributorum, gravitate fenoris, saevitia ac superbia praesidentium; et discordare militem, audito Germanici exitio, egregium resumendae libertati tempus. Tacitus in Annal. lib. 3.

Die Minister waren nun verschwunden, aber das Ungewitter, welches sie geweckt hatten, rollte noch in der Ferne. Durch die Gewaltthätigkeiten, welche sie sich erlaubt hatten, waren alle Bande der Gesellschaft zerrissen worden. Fünf Monate lang war Frankreich schon ohne Gerichtshöfe und ohne Richter gewesen; die Waffen der Soldaten waren gegen ihre Mitbürger gekehrt worden; in die Vorrechte der Provinzen waren Eingriffe geschehen; und die Abgesandten, welche dieselben, um sich zu beklagen, nach Paris gesandt hatten, waren ins Gefängniß geworfen worden; durch falsche und lügenhafte Nachrichten, welche auf Befehl der Minister in Zeitungen und Journale eingerückt wurden, hintergieng man die öffentliche Treue; der Kredit war verloren und schon bedrohte man das Eigenthum; die Regierung war ohne Ansehen und ohne allen auswärtigen Einfluß. Dies war der Zustand von Frankreich, nachdem sich der Finanzminister und der Siegelbewahrer zurückgezogen hatten. Täglich sah man neue Auftritte, welche die Stimmung des Volkes nur zu deutlich zeigten. Sobald die Entlassung des Finanzministers in Paris bekannt wurde, versammelte sich eine Menge junger Leute auf dem Dauphinsplatze, um ein Freudenfest über diese Entlassung zu feyern. Man

trug in den Straßen von Paris eine, in den Bischofs-
thaler gekleidete Figur herum, deren Kleidung aus drey
Fünftheil Seide und zwey Fünftheil Papier bestand, als
eine Anspielung auf das, den 16ten August gegebene
Edikt. Diese Figur wurde, nachdem sie herumgetragen
war, zum Feuer verurtheilt, und öffentlich verbrannt.
Am folgenden Tage versammelte sich das Volk wieder,
aber die Polizey schickte ein Detaschement Kavallerie, um
den Pöbel zu zerstreuen. Diese Abgesandten der Polizey
befolgten den ihnen gegebenen Befehl mit empörender
Grausamkeit. Sie sprengten mit Säbel und Pistolen
unter das unbewaffnete Volk, hieben und schoßen nieder,
was ihnen vorkam, ohne Rücksicht auf Stand, Alter
oder Geschlecht. Bey dem Anblicke der Todten und Verwundeten gerieth der Pöbel in Wuth, jagte das ganze
Detaschement in die Flucht, und nahm das Korps de
Garde auf dem Pont neuf mit Gewalt ein. Durch diesen kleinen Sieg über seine Verfolger kühn gemacht, zer-
streut sich nun der Pöbel in der Stadt, verbrennt die
Wachthäuser und bey einbrechender Nacht zieht der ganze
Haufe triumphirend nach dem Greveplatze. Hier aber
hatte die Polizey Truppen hingestellt, welche man im
Finstern nicht sehen konnte. Sobald der Haufe auf dem
Platze ankam, schoßen diese versteckten Soldaten unter
das Volk, das damals ganz ruhig war, und tödteten
eine große Menge dieser Unglücklichen. Der Pöbel zerstreuete sich, und die Todten wurden, während der
Nacht, in den Fluß geworfen. Am folgenden Tage war
Paris ruhig; aber diese Ruhe dauerte nicht lange. Man
erfuhr, daß Lamoignon auch seinen Abschied erhalten
hatte, und nun fiengen die Freudenfeste aufs neue an.
Ein ungeheurer Haufe versammelt sich auf dem Dau-

phinsplätze, verbrennt das Bild des Siegelbewahrers, und zieht nun weg, in der Absicht, die Palläste des Prinzipalministers, des Siegelbewahrers und ihrer nächsten Verwandten in Brand zu stecken. Herr von Brienne, der Kriegsminister, der Bruder des Prinzipalministers, langte eben von Versailles an, als der wüthende Haufe mit brennenden Fackeln auf seinen Pallast losgieng. Er schickte sogleich nach Hülfe, und die Truppen näherten sich. Aber, statt den Pöbel auseinander zu jagen, kommen sie in zwey Abtheilungen, auf beyden Seiten der Strasse herein, und schießen unter das Volk, das nunmehr nirgendwo einen Ausgang hatte, wohin es sich retten konnte. Umsonst erhoben diese Unglücklichen ihre Hände zum Himmel; umsonst riefen sie die Soldaten um Barmherzigkeit an; umsonst versprachen sie sogleich auseinander zu gehen; das Morden dauerte fort, und der größte Theil des Haufens blieb todt in der Straße liegen. Zu gleicher Zeit gieng ein ähnlicher Auftritt in einer andern Straße vor. Solche Abscheulichkeiten waren zu groß, als daß sie ungeahndet hätten hingehen können. Das Parlament verhörte Zeugen, um dem Urheber dieser Mordthaten den Prozeß zu machen. Der Befehlshaber der Truppen wurde angeklagt, vorgefordert und verhört; er zeigte aber einen Befehl vom Hofe vor, und damit endigte sich die Untersuchung einer so niederträchtigen Handlung. Aehnliche Scenen fielen auch in den Provinzen vor. Das einzige Mittel, um die öffentliche Ruhe wieder herzustellen, war die Zurückberufung Neckers.

Unbeschreiblich groß war die Freude, welcher sich das französische Volk überließ, als dasselbe erfuhr: Necker habe die Verwaltung der Finanzen übernommen. Der heftige, flüchtige, unüberlegte, unbesonnene, alles übertreibende Karakter der Frankreicher zeigte sich auffallend in den Ausbrüchen, welche diese Freude veranlaßte. Alles schrie und jauchzte. Necker hieß der Freund, der Liebling, der Schutzgott, der Retter Frankreichs. Jeder wollte dem andern zuvorkommen, und eine so frohe Nachricht zuerst verkündigen. „Wir sind geborgen" rief man „Necker hat Frankreich gerettet!" Die Stadt Paris ward erleuchtet; Feuerwerker wurden abgebrannt; Schmausereyen und Gastmähler wurden gegeben; diejenigen, welche sich zu der Diskontokasse gedrängt hatten, um Banknoten gegen Geld zu verwechseln, giengen freudig und hüpfend nach Hause; diejenigen, denen man das Geld schon hingezählt hatte, schoben dasselbe zurück, und wollten lieber ihre Banknoten behalten; die königlichen Staatspapiere, welche vorher 34 pro Zent verloren hatten, verloren nur noch sechs pro Zent; und die Aktien der Diskontokasse stiegen bis auf 4,300 Livres. In einem unbesonnenen Freudenrausche brachten die Frankreicher taumelnd einige Tage zu.

Necker war der Mann nicht, welcher so unbedingtes Zutrauen, und so große Ehrenbezeugungen mit philosophischer Ruhe und Gelassenheit hätte ertragen können. Er ward übermüthig. Er ließ die Prinzen, welche kamen, um ihm Glück zu wünschen, mit der Entschuldigung abweisen: „die Menge und die Wichtigkeit seiner „Geschäfte erlaube ihm nicht Besuche anzunehmen." Zu dem Könige sagte Necker: „Beruhigen Sie sich, Sire. „Der Schade ist zwar sehr groß, aber die Heilmittel sind „noch größer."

Necker fand in dem königlichen Schatze nicht mehr, als 419,000 Livres baares Geld. Er suchte sich daher, vor

allen Dingen, Geld zu verschaffen. Von den Generalpächtern borgte er anderthalb Millionen Livres, ferner
vier Millionen Livres von den Handwerkszünften, und
sechs Millionen von der Gesellschaft der Pariser Advokaten. Auch von seinem eigenen Vermögen legte er zwey
Millionen Livres in den königlichen Schatz. Necker war
eitel genug, um dieses nicht nur bekannt werden zu lassen, sondern sogar damit zu prahlen: gleichsam als hätte
er mit einer so unbeträchtlichen Summe, welche, in den
französischen Schatz gelegt, nicht viel mehr war, als ein
Tropfen in das Weltmeer gegossen, den Staat von dem
Untergange gerettet. Als der Graf de Montmorin
zu verstehen gab: er finde es sehr gewagt, in einem solchen Zeitpunkte, wie der gegenwärtige, sein ganzes Vermögen, oder doch den größten Theil desselben, dem
Staate anzuvertrauen; da antwortete Necker: „Wer
„seine Ruhe und seine Gesundheit in dem Dienste des
„Staates aufgeopfert hat, bey dem kann die Aufopferung
„seines Vermögens nicht in Rechnung kommen." Diese
Antwort war auf alle Fälle eine höchst lächerliche Prahlerey. Denn, entweder kannte Necker zuverläßige Mittel,
um den zerrütteten Finanzen aufzuhelfen; und dann lief
sein Geld keine Gefahr, oder er kannte solche Mittel nicht;
und dann hatte er offenbar dem Könige weit mehr versprochen, als er zu halten im Stande war.

Die Parlamenter hatte Necker, von jeher, nicht weniger
gehaßt, als sein Vorgänger und Freund Brienne dieselben haßte. Er ließ sich sehr ungern dazu bereden, daß
er in die Wiedereinsetzung derselben einwilligte. Aber
die Parlamenter mußten wieder eingesetzt werden, wenn

gewesen war, wurde daher durch ein neues Edikt zurück genommen, und am 24ten September 1788 hielt das Pariserparlament in dem Parlamentshause, unter dem Jauchzen und Frohlocken einer unzählbaren versammelten Volksmenge seine erste Sitzung, seitdem es förmlich aufgehoben worden war. Wenige Tage vorher erlaubte der König den verbannten Parlamentsgliedern zurück zu kommen; die gefangenen Mitglieder gab er frey; und die zwölf Abgesandte des Adels der Provinz Bretagne wurden aus der Bastille entlassen. Den letzteren gab Necker mündlich die Versicherung, daß er ihren Klagen abzuhelfen gesonnen sey. An die Stelle des Herrn Lamoignon wurde Herr Barentin zum Siegelbewahrer ernannt, und der König erklärte und machte öffentlich bekannt: es sey seine Absicht, im Januar des Jahrs 1789 die Reichsstände zusammen zu berufen.

Das Erste, was Necker that, war, daß er durch ein königliches Edikt am 14ten September 1788 das so verhaßte Edikt vom 16ten August aufheben, und den Bankerott nicht Statt finden ließ. Es sollten nunmehro, so wie vorher, alle Zahlungen in baarem Gelde, und nicht in Papier geschehen. Jedoch bediente sich Necker der Vorsicht, in diesem neuen Edikte, einen besonderen Unterschied zwischen bringenden und nicht bringenden Zahlungen zu machen: so daß er nach Willkühr, wenn kein Geld im Schatze vorhanden war, eine Zahlung unter dem Vorwande, daß dieselbe nicht bringend sey, weiter hinaus verschieben konnte. Denn es hieß in diesem Edikte: "Der König habe gefunden, daß, wenn "die nicht sehr bringenden Zahlungen ein "wenig verzögert, und die Einnahme und Aus-

„leicht bis zu der Zusammenberufung der Reichsstände „werde behelfen können." In dem Edikt war nicht gesagt, auf welche Weise die königliche Schatzkammer es möglich machen wolle, auch nur die dringendsten Schulden des Staates in klingender Münze bezahlen zu können. Ferner wußte keiner von den Gläubigern des Staates, welche Zahlungen für d r i n g e n d, und was für Zahlungen für n i c h t d r i n g e n d gehalten werden würden. Necker machte im Namen des Staates eben so wohl Bankerott, als Brienne. Der einzige Unterschied bestand darin, daß Brienne es offen und unverhölen, Necker hingegen auf eine zweydeutige und versteckte Weise that. Wirklich brachte auch Necker, bald nachher, in Ausführung, was Brienne hatte thun wollen: er schob alle im Oktober 1788 fälligen Zahlungen auf ein ganzes Jahr weiter hinaus. Dadurch verlor der französische Hof allen Kredit; die Schuldscheine des Staates fielen beträchtlich; und die Zusammenberufung der Stände des Reiches, welche allein dem Uebel abhelfen konnten, wurde unvermeidlich.

Die Reichsstände wurden demzufolge zusammenberufen. Nun aber widersetzten sich die Parlamenter, welche befürchteten, ihre Vorrechte zu verlieren. Sie widersetzten sich dem vereinigten Willen des Hofes und der Nation. Es entstanden Zweifel und Einwürfe, und Schikanen über die Art und Weise, wie die Reichsstände, (welche seit dem Jahre 1614 nicht waren zusammenberufen worden) zusammen zu berufen seyn möchten. Necker stellte sich, als seye er entschlossen, die Entscheidung dieses Streites den Notabeln zu überlassen. Er berief daher im Namen des Königs am 5ten Oktober 1788 den Reichsausschuß, die Angesehenen des Reiches, welche vormals Calonne berufen hatte, abermals zusammen. Sie erschienen zu Versailles am dritten November. Sie stimmten aber nicht so, wie Necker es gewünscht hatte. Er entließ sie daher, und der König entschied am 27ten Dezember, auf Neckers Vorschlag, durch ein Edikt: daß die Anzahl der zu berufenden Mitglieder zu der Versammlung der Reichsstände 1200 seyn solle: nämlich 300 Geistliche, 300 Adliche und 600 Abgesandte aus dem Bürgerstande.

Die so unerwartete und so lange vergeblich gewünschte Zusammenberufung der Stände des Reiches brachte in ganz Frankreich die heftigste Gährung hervor. Es entstanden Unruhen in allen Provinzen. Der Adelstand, der Bürgerstand und die Geistlichkeit stritten sich um ihre gegenseitigen Vorrechte, und die Gährung nahm bis zu einem solchen Grade zu, daß sie in einigen Provinzen in Thätigkeiten ausbrach. Die Provinz Dauphine schickte Abgesandte zu einer Provinzialsammlung nach Romans. Diese Gesandten erklärten einstimmig: daß der Bürgerstand für sich allein so viele Abgesandte haben solle, als der Adelstand und die Geistlichkeit zusammengenommen; daß die Gesandten der drey Stände vereinigt bleiben sollten; und daß sie künftig keine Abgaben mehr bezahlen, und keinen Gesetzen mehr gehorchen wollten, als solchen, die von den Reichsständen bewilligt worden wären. Dies war der Anfang der Revolution, da sich eine ganze große Provinz gleichsam vom Reiche trennte, und die Bedingungen machte, unter welchen allein sie künftig mit demselben verbunden bleiben wollte. Diesem Beyspiele folgten nun die übrigen Provinzen allmählig alle nach, und alle schickten Abgesandte an den König. Der Adel und die Geistlichkeit sahen die Gefahr

ein, welche ihnen drohte. Sie gaben zwar ihre Vorrechte, in Rücksicht auf die Abgaben, auf, und willig-
ten ein, so wie der Bürgerstand, nach Verhältniß ihres
Vermögens, zu bezahlen; allem übrigen aber widersetzten sie sich. Die ganze Aufmerksamkeit der Nation war
nun auf die wichtigen Auftritte gerichtet, welche vor ihren Augen vorgiengen. Diese Auftritte, und die politische Lage Frankreichs waren der einzige Gegenstand aller
Gespräche. Die Menge von Schriften, welche damals
erschienen, war ungeheuer groß. Man zählte ihrer gegen britthalbtausend. Unter denselben zeichneten sich einige vorzüglich aus, weil sie die schwankende Meynung
des Publikums bestimmten. Hieher kann man rechnen
die Schrift des Grafen von Kersaint, betitelt: le
bon Sens. Er, selbst ein Adelicher, bewies in dieser
Schrift die Ungerechtigkeit und Schädlichkeit der Vorrechte des Adelstandes, und die Lächerlichkeit der Anmaß-
sungen der Geistlichen. Er zeigte, wie schädlich beyde
Stände dem Staate wären. Der Graf Dentraigues
bewies ebenfalls, wie schädlich für den Staat der erbliche
Adel sey. Er that dar, wie viel Frankreich durch den
Despotismus seiner Fürsten von jeher gelitten habe. Er
mahlte Ludwig den Eilften, welcher zu seinem Vergnügen mordete, dessen Vertrauter der Scharfrichter war,
den er Freund und Gevatter nannte. Er mahlte diesen
König, wie derselbe in seinem Schlosse zu Plessis le Tour
über den Kerkern wohnte, in denen die, seiner Rache
und den schrecklichsten Martern bestimmten, Schlachtopfer angekettet lagen; und wie er endlich, gequält von
Angst und von Gewissensbissen, seine scheusliche Seele
aushauchte. Target, Cerutti, Mounier schrieben ebenfalls für die Sache des Volks. Die Bemerkungen

über die Geschichte von Frankreich, eine nachgelassene Schrift des Abts Mably, wurde mit ausserordentlicher Begierde gelesen, und trug sehr viel dazu bey, die Gemüther zu stimmen. Vorzügliche Wirkung thaten auch zwey Schriften des Abbe Sieyes, der Essay sur les Privilèges und die Schrift: Qu'est-ce que le Tiers-Etat? Diese letzte Schrift war vorzüglich eine von den allermächtigsten Triebfedern der Revolution. Die Menge neuer Ideen, welche durch diese Schriften in Umlauf kamen, und die Neuheit dieser Ideen selbst brachten bey der französischen Nation, welche die Neuheit liebt, eine unbeschreiblich große Wirkung hervor. Einige Prinzen vom Geblüte wagten es, eine Gegenschrift herauszugeben, worin sie ihre Rechte vertheidigten. Diese Schrift wurde aber nicht gut aufgenommen, und durch die vortrefliche Antwort, welche unter dem Titel: L'Ultimatum d'un citoyen du Tiers-Etat erschien, ward dieselbe gänzlich widerlegt. Alle Schriften, welche politische Verhältnisse, oder metaphysische Spekulationen über gesellschaftliche Rechte betrafen, wurden begierig gelesen. Doch keine so, wie Rousseaus gesellschaftlicher Vertrag. Dieses merkwürdige Buch ward auf einmal das Handbuch des Bürgerstandes, und der Verfasser derselben wurde beynahe vergöttert. Kaum ward ein Schriftsteller in Frankreich so sehr geschätzt, als Rousseau; und seine Schriften haben mehr, als alle andere dazu beygetragen, die Revolution vorzubereiten und zu befördern.

Der Adel und die Parlamenter sahen endlich ein, daß sie den gerechten Forderungen des Bürgerstandes nicht länger würden widerstehen können. Sie beschloßen daher, dem Sturme, welcher sie zu vernichten drohte, selbst entgegen zu gehen, und einen Theil ihrer Vorrechte freywillig aufzugeben, um die übrigen zu retten. Das Parlament faßte am 5ten Dezember 1788 den Beschluß, dem Könige eine Bittschrift zu übergeben, worin sie um gleichförmige Vertheilung der Auflagen auf alle Stände; um Abschaffung der Verhaftbriefe; um Preßfreyheit; um Verantwortlichkeit der Minister; und um periodische Zusammenberufung der Reichsstände baten. Auf diese Bittschrift wurde aber gar keine Rücksicht genommen. Durch die ausgeschriebene Zusammenberufung der Reichsstände kam ganz Frankreich in eine neue, ungewöhnliche, bisher unbekannte Lage. Die schon zum Theil zerrissenen Bande, womit das Volk noch durch die Gesetze verbunden war, rissen jetzt vollends, da, zu dem gänzlichen Mangel an bevollmächtigten Gerichtshöfen, nun noch die Ausgelassenheit kam, mit welcher Volkswahlen allemal verbunden zu seyn pflegen. In allen Theilen des Reiches versammelte sich das Volk, und Frankreich wurde der Tummelplatz des Partheygeistes, der Zwietracht, der Kabalen, der Intrigen, der Bestechungen und aller übrigen verächtlichen, demagogischen Künste. Jeder wünschte eine Rolle zu spielen; und die Zahl der Kandidaten, welche sich zu Abgesandten bey den Reichsständen anboten, war unglaublich groß. Mord, Diebstahl und Ungerechtigkeiten aller Art begieng nun der Pöbel ungestraft, weil sich Niemand durch Ausübung der Justitz verhaßt machen wollte. In einigen Provinzen vereinigten sich die drey Stände; in andern war der Adel mit der Geistlichkeit auf einer Seite gegen den Bürgerstand; überall entstanden Unruhen, mehr oder weniger, je nachdem in den Provinzen mehr oder weniger Freyheitsgeist übrig geblieben war: das heißt, je nachdem sie mehr oder weniger von der Hauptstadt entfernt waren. Die Minister hatten

Frankreich in zwey große Theile getheilt; die Provinzen im Innern des Reiches, oder die sogenannten Pays d'Elections wurden ganz unumschränkt und despotisch beherrscht; und die Auflagen wurden vom Könige wirklich ausgeschrieben, und durch Hülfe des Militairs eingetrieben. Die Provinzen an den Gränzen, oder die sogenannten Pays d'Etats hatten hingegen noch den Schein der Freyheit behalten, nachdem sie schon lange das Wesen derselben verloren hatten. Das Beyspiel Spaniens und Oesterreichs, wodurch jenes Holland, dieses die Schweitz (beydes entfernte Provinzen) verloren hatte, würkte auf die Staatsminister Frankreichs, und machte sie klug genug, um die entferntesten Provinzen des Reiches nicht aller Vorrechte zu berauben. Der Despotismus der Regierung nahm in konzentrischen Kreisen, deren gemeinschaftlicher Mittelpunkt Versailles war, bis an die Gränzen allmählig ab. In den Provinzen an der Gränze konnten keine Auflagen ausgeschrieben werden, ehe dieselben von den Ständen dieser Provinzen bewilligt waren; im Innern des Reiches war ein bloßer Befehl: de par le Roi hinlänglich. Man erzählt von dem Bohan-Upas, dem Giftbaume in Ostindien, daß seine Ausdünstungen alle lebendigen Geschöpfe um ihn her vergiften und tödten. Das Erdreich ist weit umher kahl und dürre; kein lebendiges Geschöpf regt sich; kein Vogel zwitschert; nicht das kleinste Insekt freut sich seines Daseyns; rund um denselben her herrscht eine Todtenstille, und die Natur scheint ausgestorben zu seyn. Nur allein eine häßliche giftige Schlange nährt sich von seinen Blättern. Diesem Baume gleicht der Despotismus. Sein giftiger Hauch tödtet alle großen, herzerhebenden Gedanken; alle feinen, beseeligenden Empfindungen; allen Adel der Seele; alle freymüthigen Aeusserungen. Rings um sich her vertilgt er alles, was edel, schön, groß und erhaben ist; und unter seinem giftigen Schatten gedeihen nur kriechende Schmeichler und feile Sclaven.

Bey der Wahl der Abgesandten an die Reichsstände war der Unterschied in der Denkungsart der Provinzen sehr merklich, und es scheint dieses ein neuer auffallender Beweis von der ewigen Wahrheit: daß die Denkungsart und der Karakter der Nationen gröstentheils durch die Regierungsform, unter welcher sie leben, bestimmt wird. Im Innern des Reichs giengen die Wahlen beynahe durchgängig sehr ruhig vor sich; nicht so an den Gränzen. Das Dauphine widersetzte sich; die Provenze war in Gährung; Languedok empörte sich, Bretagne und die Franche-Comte widerstanden allen Eingriffen in ihre Vorrechte; und im Elsaß erwachte der Geist der Freyheit aufs neue. Auch zeigte sich der Einfluß des Klima und der Sitten auf die Denkungsart der Einwohner. In Frankreichs fruchtbaren Ebenen wohnt, unter einem milden Himmelsstriche, ein gebildetes, gesittetes, der Knechtschaft gewohntes Volk, welches Handlung und Ackerbau treibt, oder sich durch Ausübung der mechanischen Künste nährt. In diesen Ebenen sind die großen und reichen Städte an schiffreichen Flüssen, oder an künstlich gegrabenen Kanälen gebaut. Die Bewohner dieser Ebenen sind thätig, betriebsam, handelnd, immer in Bewegung; sie lieben alles, was neu, gefährlich, ausserordentlich und gewagt ist. Ganz anders sind von Karakter die Bewohner der Anhöhen und der Gebirge; die Bewohner der Alpen des Dauphine, der Sevennen, der Pyrenäen, der Vogesen. Die steilen, unersteiglichen, mit ewigem Schnee bedeckten Berge, in deren Zwischenräumen sie sich aufhalten, sondern sie von der übrigen Welt ab, und geben ihren Gedanken mehr Eigenthümlichkeit und Originalität; ihren Sitten mehr Rauhheit; ihrem Karakter mehr Freymüthigkeit, Ehrlichkeit, Offenheit und Aufrichtigkeit. Ihre Arbeitsamkeit ist mühsamer; ihre Betriebsamkeit schwieriger; ihre Lebensart patriarchalischer; ihre Bedürfnisse sind einfacher; ihr Reichthum ist geringer; der Erdboden unfruchtbarer; ihre Denkungsart ist freyer und unverdorbener, als in der Ebene. Sie sind hartnäckiger und eigensinniger; Schwierigkeiten geben ihnen Muth, Widerstand Kraft. Sie verachten Ueppigkeit und Luxus, und kennen keine Furcht; denn die Wälle, wodurch sie ihren Feinden fürchterlich werden, hat um sie her die Natur gezogen. Bomben und Kanonenkugeln werfen dieselben nicht nieder, und eine Armee übersteigt sie nicht. Es sind unbezwingbare Festungen, von Gott gebaut, wogegen alle Zitadellen Vaubans nur unbedeutende Ameisenhaufen sind; papierne Wände, die ein Trompetenschall umbläst, während jene, groß, wie alle Werke des Schöpfers, und ewig, wie die Natur, der Zeit und der Gewalt, den Stürmen und den Elementen Trotz bieten. Hier entstehen die Flüsse, welche schäumend, rauschend und tobend von Felsen zu Felsen sich fortwälzen, und dann in der Ebene mit majestätischem Laufe Fruchtbarkeit und Segen in die Natur bringen. Hier ist das große, vom Schöpfer angelegte Magazin der Menschheit, aus welchem von Zeit zu Zeit Kolonien in die Ebenen herabrücken, um Arbeiten zu übernehmen, die dem weichlichen und verzärtelten Bewohner der Ebene zu schwer sind, um Lücken auszufüllen, welche die Ueppigkeit der Städtebewohner in der Bevölkerung täglich verursacht. Die Bewohner der Gebirge verzärteln nie. Wo sie hinkommen, bringen sie den ihnen eigenen Geist; die rühmliche Freymüthigkeit, Ehrlichkeit und Aufrichtigkeit; den Scharfsinn des Verstandes und die Lebhaftigkeit der Einbildungskraft mit sich; wo sie hinkommen, sogar in den Pallästen der Großen, und auf den Stufen des Throns bringen sie Liebe zu ihrem Vaterlande und Sehnsucht nach demselben mit sich. Ein unfreywilliger Seufzer verräth den geheimen Wunsch ihrer Seele, und wovon sie auch sprechen mögen, dreht sich doch immer, unmerklich und ihnen selbst unbewußt, das Gespräch auf ihr geliebtes Vaterland zurück; auf die friedliche Hütte; auf die erhabene Natur, von welcher der erste Lichtstrahl in ihr Auge fiel, und in welcher sie den ersten Athemzug einsogen. Die Bewohner der Gebirge zeigten auch in Frankreich einen ganz andern Geist, als die Bewohner der Städte. Auf dem rauhen Rücken der Alpen des Dauphine, und zwischen den, mit Schnee begränzten Pyrenäen in Bearn fieng die französische Freyheit zuerst an, sich zu zeigen; dort war die Wiege des Riesens, oder vielmehr des Ungeheuers, über dessen Anblick jetzo ganz Europa erstaunt.

Auch der Einfluß der Erziehung auf den Karakter des Menschen zeigte sich bey diesen Wahlen deutlich und unverkennbar. Der Mensch wird, was er ist, durch Erziehung und Erfahrung; durch Unterricht, welchen derselbe aus dem Umgange und aus den Schicksalen, die ihn befallen, schöpft; belebte und leblose Dinge, die ihn umgeben, sind seine Schulmeister. Zwar nehme man diesen Satz nicht in der Ausdehnung an, in welcher denselben Helvetius vortrug: man glaube nicht, daß Erziehung alles thue. Vielmehr rechne man viel auf Anlage, auf Organisation, auf Klima und Regierungsfor-

tive; Erziehung und Erfahrung sind die **Materie**, oder das Objektive, in der Bildung eines jeden Menschen. Die Versammlungen des Adelstandes und des Bürgerstandes waren, im Ganzen genommen, ziemlich ruhig, aber die Versammlungen der Geistlichen waren tumultuarisch und lärmend. Der Adel war ruhig, weil alle Mitglieder nur Ein gemeinschaftliches Interesse hatten; und weil unter einem Stande, bey welchem die Ehre eine so empfindliche Stelle ist, Niemand durch Beleidigungen, oder durch Schimpfwörter dieselbe zu berühren wagte; denn ein solcher Angriff wäre durch einen gezogenen Degen, oder durch eine geladene Pistole erwiedert worden. Auch der Bürgerstand hatte ein gemeinschaftliches Interesse, und Unruhen unter demselben entstanden blos allein durch die Kabalen und Intrigen der Demagogen und der Partheysüchtigen. In den Versammlungen der Geistlichen hingegen war das Interesse getheilt. Hier machten die Prälaten, oder die sogenannte hohe Geistlichkeit (haud clergé), welche ganz aus Adelichen bestand, eine starke und mächtige Parthie, die gegen die Mönche und Weltpriester, oder gegen die niedere Geistlichkeit (bas clergé) Vorrechte vertheidigte, welche diese nicht anzuerkennen gesonnen waren. Alle Folgen der Hierarchie und der Mönchserziehung zeigten sich in ihrem ganzen Umfange. Die Zeit verfloß in unnützen Zänkereyen; und von allem, was da hätte gethan werden sollen, geschah nichts. Der Bürgerstand vertheidigte die Grundsätze der eingeschränkten Monarchie; der geistliche Stand, die Grundsätze des absoluten Despotismus; der Adel hielt die Mitte, und vertheidigte vernünftige und gemäßigte Grundsätze. Die erste öffentliche Handlung der hohen Geistlichkeit war ein unsinniger Widerspruch gegen ihre

das Recht, unumschränkt zu befehlen, und der Unterthan müsse stillschweigend und unterwerfend gehorchen, und zu eben der Zeit protestirte dennoch das Domkapitel der Hauptkirche zu Paris gegen das Edikt des Königs, durch welches die Reichsstände zusammenberufen wurden, weil, vermöge dieses Edikts, die hohe Geistlichkeit, mit der niedern Geistlichkeit vereinigt, nur Einen Stand ausmachen sollte. Sie suchten die alten verrosteten Waffen aus den Zeughäusern der Hierarchie und des Fanatismus wieder hervor, und wagten es zu sagen: der König habe durch dieses Edikt die Religion selbst angegriffen. a) Das Edikt, welches einem, lange Zeit gedrückten Volke seine ursprüngliche Freyheit wieder geben sollte, war in den Augen der fetten und üppigen Prälaten eine Gottesläfterung. Und so etwas wagten sie, noch gegen das Ende des achtzehnten Jahrhunderts, zu sagen! Aber von dieser Art sind die Früchte der ultramontanischen Hierarchie:

---

a) Tout ce qui eſt rélatif, dans ce reglement, à la convocation de l'ordre du Clergé, eſt ſi contraire aux principes, aux bonnes regles, aux loix et à la juſtice diſtributive, qu'il eſt impoſſibile de ne pas le regarder comme ſurpris à la réligion du Roi . . . . toute ſubordination eſt dédruite; l'éſprit d'indépendance et d'inſurrection y eſt manifeſtement favoriſé; les droits les plus ſacrés de la hierarchie et de la propriété y ſont violés.. La réligion, elle-même, eſt attaquée, pour ainſi dire, jusques dans ſon ſanctuaire; car lorsque la claſſe inférieure des miniſtres de la réligion, ſe mettra ſur les mêmes rangs que la claſſe ſupérieure ... dès-lors la ſoumiſſion, qui caractériſe particulièrement gouvernement de l'égliſe, ſera entièrement anéantie. Proteſtation du chapitre de l'égliſe de Paris contre le reglement fait par le Roi du 24 Janvier 1789.

dieses sind die ächten Grundsätze jesuitischer Philosophie. Blinder Gehorsam und stumme Unterwürfigkeit wird ihnen von ihrer frühen Jugend an geprediget; dialektischen Unsinn nennen sie Weisheit; Kenntniß der päbstlichen Bullen und der Conziliumsschlüße, Gelehrsamkeit; einen Wust von heiligen Legenden und frommen Mährchen, Belesenheit; den Grundsatz, in allen Dingen den krummen Weg zu gehen, und dem geraden Wege auszuweichen, Klugheit; Schmeicheln und Kriechen, Bücken und Schweigen nennen sie christliche Demuth; das jesuitische Lächeln der feinern Verstellungskunst, Sanftmuth; das zuvorkommende Umarmen des Mannes, welchen man erdrosseln möchte, Liebe der Feinde. Immer lächeln sie, wenn sie schlagen wollen; nie sind sie freundlicher, als wenn die Kabale gelungen ist; und diese Höflichkeit (welche kützelt, indem sie sticht, und welche den Rand des Giftbechers mit Honig bestreicht) nennen sie Schlangenklugheit und Taubeneinfalt. Sie wollten eine Revolution, aber eine solche, wie in Brabant, unterstützt durch eine Armee, welcher das Kruzifix zur Standarte, und das Wort: unbefleckte Empfängniß zur Parole diente. An dieser Schiefheit des Karakters war vorzüglich ihre Erziehung Schuld. Diese machte sie zu so vollkommenen Heuchlern, daß auch der Klügste sich nicht selten durch sie täuschen ließ.

In Bretagne brach während der Wahl ein Bürgerkrieg aus, in welchem der Bürgerstand gegen den Adelstand stritt. Es wurde Geld unter das Volk vertheilt, und falsche Gerüchte wurden ausgestreut, um die Bürger gegen den Adel aufzubringen; und die Aufwiegler erreichten ihren Zweck. Am 24ten Januar 1789 versammelte sich zu Rennes in Bretagne ein ungeheures

Haufe des niedrigsten Pöbels auf einem Felde, nahe bey der Stadt. Mitten im Felde stand ein großer Tisch. Auf diesen stellte sich ein Livreebedienter und redete zu dem Volke: „Meine Brüder!" sprach er, „von wem leben „wir? Von dem Adel und der Geistlichkeit, nicht wahr? „Nun will aber der Bürgerstand den Adel und die Geist„lichkeit abschaffen; folglich werden wir dann Hungers „sterben müssen. Ihr wisset selbst, wie sehr seit einiger „Zeit das Brod im Preise gestiegen ist. Daran ist der „Bürgerstand durch seine ungerechten Forderungen „schuld. Ich schlage daher vor, daß sich diese ehrwür„dige Versammlung sogleich nach dem Parlamentshause „verfüge, und dem Parlamente geradezu und mit Nach„druck erkläre: der Adel habe in seinen Forderungen „Recht, und es solle sogleich befehlen, daß das Brod „künftig wohlfeiler werde." Nach geendigter Rede sprang er von seinem Rednerstuhle herunter, führte den Pöbel gegen das Parlamentshaus und hielt dort eine Rede an das versammelte Parlament. Das Parlament hörte ihn gütig an und versprach, seine Forderungen einzugehen. Nun zog der zerlumpte Haufe, stolz auf seinen erhaltenen Sieg, triumphirend ab, und zerstreuete sich in die Schenken und Wirthshäuser der Stadt. Nach einigen Stunden versammelte sich derselbige Haufe abermals, und nun war er betrunken und mit Knütteln bewaffnet. Jetzt genügten ihm nicht mehr schöne Reden, sondern er schritt zu Thätigkeiten. Jeder Bürger, welcher ihnen auf der Straße entgegen kam, wurde geprügelt; und endlich kam es zu einer förmlichen Schlacht, zwischen den Bürgern und dem Pöbel. Nur erst die einbrechende Nacht stellte die Ruhe wiederum her. Die Bürger, aufgebracht auf den Pöbel und auf das Parlament, welches denselben unterstützte, erwartete nur den Morgen, um sich grausam zu rächen. Bey dem Anbruche des Tages versammelte sich der Adel, um sich zu berathschlagen; und indessen zogen die Bürger mit Degen, mit Hirschfängern und Pistolen bewaffnet, durch die Strassen der Stadt, und erwarteten die Adelichen. So wie diese aus ihren Häusern kamen, wurden sie angegriffen. Sie wehrten sich, und Blut floß in den Strassen; überall in der Stadt wütheten Feuer und Schwert. Ein neunzehnjähriger Edelmann fiel zu den Füßen seines Vaters, von einem Degenstiche durchbohrt, todt nieder, und der entseelte Leichnam desselben wurde von den wüthenden Bürgern durch die Strassen geschleift. Aufruhr und Morden nahm zu, und, um den Auftritt recht schrecklich zu machen, mischten sich nun von beyden Seiten auch die Weiber dazu. Die Sturmglocke wurde gezogen; die Einwohner verließen ihre Häuser; der Streit ward allgemein; Bürgerblut floß. Wahrscheinlich hätte noch lange dieser schreckliche Auftritt nicht aufgehört, wenn nicht der Kommandant der Stadt, ein Mann von seltenem Muthe, mitten unter dem wüthenden Haufen erschienen wäre. „Ich befehle euch," ruft er ihnen zu, „ich be„fehle euch, im Namen des Königs und des Vaterlan„des, eure Waffen niederzulegen; ihr seyd Mitbürger, „und wollt euch einander ermorden: fangt mit mir an, „badet euch in meinem Blute, wenn ihr so blutdürstig „seyd." Bey seinem Anblicke und bey dieser Anrede fallen beyden Parthien die Waffen aus den Händen, der Haufe geht aus einander, zertheilt sich, und die Stadt ist ruhig.

Magno in populo cum saepe coorta est
Seditio, saevitque animis ignobile vulgus,

Jamque faces et saxa volant, furor arma mihistrat;
Tum pietate gravem, ac meritis, si forte virum quem
Conspexere, silent, arrectisque auribus adstant:
Ille regit dictis animos, et pectora mulcet.

Zu dieser schönen Beschreibung Virgils war hier das Gegenbild. Die Rede des Kommandanten trieb den Pöbel aus einander, aber leider! war die Ruhe nur von kurzer Dauer. Der aufrührische Haufe versammelte sich nun um das Theater, wohin sich die Vornehmsten des Adels, mit ihren Weibern und Kindern, geflüchtet hatten. Der Pöbel wollte Feuer und Schwerdt in diesen Zufluchtsort der Unschuldigen und Wehrlosen bringen. Schon machten einige unter dem Haufen Anstalten, das Gebäude anzustecken, und andere stellten sich an alle Ausgänge, um die Weiber und Töchter der Adelichen, welche sich zu retten suchen würden, auf die unmenschlichste Weise, im Angesichte ihrer Männer und Väter, zu mißhandeln. In dieser dringenden Gefahr berathschlagte sich der im Hause versammelte Adel. Die Jünglinge, welche sich nicht ohne große Schwierigkeiten aus dem ersten Gefechte gerettet hatten, und schon mit Blut und Wunden bedeckt waren, schlugen vor, einen Ausfall zu thun, und den meuchelmörderischen, nach Blut dürstenden Haufen, anzugreifen und zu zerstreuen. Schon schien dieser Vorschlag die Mehrheit der Stimmen zu gewinnen, als ein alter ehrwürdiger Greis aufstand. „Nein!" rief er, „das „thun wir nicht. Wenn wir sterben müssen, so laßt uns „wenigstens mit unserer Ehre sterben. Wir wollen nicht „noch unsere Väter in ihren Gräbern betrüben, und mit „der Schmach des Verbrechens die Namen beflecken, „welche, glänzend von ihren Tugenden, von ihnen auf „uns herabgekommen sind. Auf das Leben müssen wir

„Verzicht thun; aber das Vaterland müssen wir retten, „und unsern Brüdern ein Verbrechen ersparen, indem „wir nicht angreifen, sondern uns blos allein rechtmäßig „vertheidigen. Sie sollen selbst über ihre Schandthaten „erröthen, wenn sie unsere Mäßigung und unsere Weis„heit sehen. Wir wollen ihnen Beweise unserer Groß„muth und unserer Vaterlandsliebe geben; die einzigen „Beweise eines wahren Adels, welchem sowohl die Phi„losophie als die Menschlichkeit huldigen müssen." Diese vortrefliche Rede stimmte alle Gemüther um; man entschloß sich, bloß allein sich zu vertheidigen; man theilte Waffen unter die Versammlung aus, und man stellte Wachen auf jeden Posten. So blieb der ganze Adel 72 Stunden lang versammelt, 72 Stunden lang in Erwartung des Todes. Durch diese edelmüthige Denkungsart wurde endlich die Wuth des Pöbels gedämpft. Er schickte Abgesandte an den Adel, und machte Vorschläge, aber der Adel verwarf standhaft alle Vorschläge von denen, die ihn hatten ermorden wollen. Endlich bewegt sie der Graf Thiars, der Kommendant der Stadt, einen Vergleich zu machen, und der Pöbel willigt ein, die Adelichen, aber ohne andere Waffen, als ihren Degen, ruhig nach ihren Wohnungen gehen zu lassen. Auf diese Weise wurde die Ruhe in der Provinz Bretagne wiederum hergestellt.

Andere Provinzen Frankreichs waren nicht weniger in Unordnung. In der Provenze war Mirabeau geschäftig; Mirabeau, welcher, bey einer Umwerfung des Staats, nichts zu verlieren, und alles zu gewinnen hatte. Nachdem ihm der Adelstand den Zutritt zu dessen Versammlungen versagt hatte, theils wegen seines bekannten, durchaus schlechten Karakters, theils weil er keine Güter besaß, so ließ er sich von dem Bürgerstande

241

zum Abgesandten bey den Reichsständen wählen; und wiegelte das Volk gegen den Adel und gegen die Geistlichkeit auf. Am 6. März 1789 wurde er, von den Einwohnern zu Aix, im Triumphe auf den Schultern durch die Stadt getragen, und das Volk rief zu widerholtenmalen aus: „Hoch lebe der Graf Mirabeau! Hoch lebe „der Vater des Vaterlandes!" Die Glocken wurden geläutet, und Kanonen wurden abgeschossen. Er schien sehr gerührt; Freudenthränen flossen über seine Wangen, und er sagte zu denen, die ihn auf den Schultern trugen: „Meine Freunde! Menschen sind nicht gemacht, „um Menschen zu tragen, und ihr tragt ihrer ohnehin „schon zu viele." Die ganze Nacht durch brannten Freudenfeuer und Illuminationslampen. Am folgenden Tage sandte die Bürgerschaft Abgesandte an ihn, um ihm für das zu danken, was er für sie gethan hätte. Mirabeau „antwortete: Nun begreife ich, wie die Menschen unter„jocht worden sind; die Tyranney hat sich auf die Dank„barkeit eingepfropft." a) Von Aix gieng er nach Marseille, wo der Pöbel, am 19. März 1789, die Pferde ausspannte, und seinen Wagen selbst zog. Unter seinen Fenstern brannte man Freudenfeuer ab, in welche man Weihrauch streute; im Theater führte man ihn auf den Ehrenplatz; eine schöne Dame setzte öffentlich eine Lor-

---

a) La Tyrannie s'est entée sur la reconnoissance. (Ceterum tempora illa infecta et adultione sordida fuere .... Memoriae proditur. Tiberium, quoties curia egrederetur, Graecis verbis, in hunc modum eloqui solitum: o homines ad servitutem paratos! scilicet, etiam illum, qui libertatem publicam nollet, tam projectae servientium patientiae taedebat. Tacitus Annal. l. 3.)

beerkrone auf sein Haupt; und als er herauskam, wurde
er mit Musik und Fackeln, im Triumphe durch die Stadt
geführt. Am folgenden Tage fieng dieser Triumphzug
von neuem an; Fenster in den Hauptstraßen, durch welche der Zug gieng, wurden von 1 bis zu 2 Louisd'ors,
vermiethet; sein Wagen wurde mit Blumen, mit Pal-
men, mit Oelzweigen und mit Lorbeern bestreut; das
Volk klatschte ihm Beyfall zu, und rief aus; „Hoch lebe
der König und der Graf Mirabeau!" Der Aufstand
wurde gefährlich, und der Kommandant der Provinz,
dessen Ansehen der Pöbel nicht mehr achtete, sah sich genöthigt, am 30. März 1789, einen Brief an Mirabeau
zu schreiben, und ihn inständigst zu bitten, daß er, vermöge seiner großen Gewalt über das Volk, den Aufruhr,
welchen er selbst veranlaßt hatte, wiederum dämpfen möge.

Folgendes ist der Brief des Grafen Caraman an
Mirabeau:

Mein Herr Graf!

Die schmeichelhafte Art, mit welcher man Sie zu Marseille aufgenommen hat, ist wohl für Sie der zuverläßigste
Beweis, von der Denkungsart der Einwohner dieser
großen Stadt, und Sie lieben zu sehr die Ruhe, durch
welche allein die Absichten des Ministers in Erfüllung gebracht werden können, um nicht die Folgen so zahlreicher
Versammlungen einzusehen, besonders zu einer Zeit,
wo, ohne daß ich weiß warum, eine traurige Gährung
herrscht. Sie verstehen mich, ohne daß ich mehr zu sagen brauche. Beweise von Freundschaft und Dankbarkeit
dürfen nicht der öffentlichen Ruhe, dem Publikum, gefährlich werden. Sie können keinen größern Beweis Ihrer Liebe
für den König, und für das Wohl des Königreiches geben, als wenn Sie die Gemüther beruhigen, welche in

der Versammlung der Reichsstände das einzige Mittel sehen sollten, die Nation glücklich zu machen. Durch eine solche Ruhe sollte man Ihnen Zutrauen und Freundschaft beweisen, und von Ihrer Freundschaft für mich erwarte ich die Herstellung derselben. Sie ist der erste Wunsch des Königs, und wenn sie jemals nöthig ist, so ist sie es dann, wenn sich die Nation unter den Augen ihres Königs versammelt, um sich auf eine Umschaffung vorzubereiten, welche ihr Glück auf immer befestigen soll. Ich bin, u. s. w.

Auf diesen höflichen Brief sandte Mirabeau folgende Antwort:

In Ihrem Briefe, Herr Graf, sind mir zwey Dinge gleich unerklärlich: die Bedeutung, welche sie dem Worte Publikum beylegen, und die Zweifel, welche Sie über die wahre Ursache dessen, was Sie eine traurige Gährung nennen, zu haben scheinen. Die Ursachen des allgemeinen Mißvergnügens, welches sie Gährung nennen, sind zu bekannt, als daß ich nicht Ihre Zweifel ganz heben sollte. Das Volk stirbt Hungers; das ist eine Ursache. Diejenigen, denen die königliche Gewalt in dieser Provinz übertragen ist, werden schon seit vierzig Jahren, des Kornbiebstahls beschuldigt; das ist die zweyte Ursache. Die Unverschämtheit und Ungerechtigkeit der privilegirten Stände nehmen täglich zu; das ist die dritte Ursache. Man ist aufgebracht, zu sehen, daß, ungeachtet der bekannten Gesinnungen des Königs, ungeachtet seiner deutlichsten Gesetze, der Wohlthat, welche er der Nation erzeigt, Schwierigkeiten in den Weg gelegt werden, oder vielmehr, daß dieselbe durch die vereinigte Wuth des Stolzes und der Geldbegierde unmöglich zu machen versucht wird; dieß ist die vierte Ursache. Man sieht mit Schmerzen, daß das Parlament darauf besteht, Unglückliche, welche allein der Hunger verleitet hat, zu bestrafen; daß der Bischof von Sisteron öffentlich vergiebt und heimlich sich rächt; daß Sie gegen Ihre Grundsätze und gegen die natürliche Güte Ihres Herzens, treulosen und ungerechten Bitten, um Vermehrung der Truppen, nachgeben, welche doch, da wo alles ruhig ist, ganz unnöthig sind; welche nicht die bewaffnete Hand desjenigen seyn dürfen, der keinen Widerstand findet; welche eine Menge von Unglück über diese Provinz bringen werden, und welche zu nichts weiter, als zu dem Stolze und der Rachsucht der Herren Richter dienen können. Dieses sind eine Menge trauriger Ursachen des Mißvergnügens, und ich erspare ihren Gefühlen noch tausend andere. Nun frage ich Sie: wer ist das Publikum, welches durch die Beweise von Dankbarkeit und Freundschaft, die ich erhalte, beunruhigt wird? Ihr, die Ihr in den Aemtern sitzt! Werdet Ihr denn nie einsehen lernen, daß eure Stubengesellschaften und eure Schmeichler und eure Klienten, nicht das Publikum sind? Stellen Sie sich vor, Herr Graf, hundert und zwanzig tausend Menschen in den Straßen von Marseille; eine so betriebsame und so blühende Stadt, verliert einen ganzen Tag Arbeit; vermiethet die Fenster von einem bis zwey Louisd'ors; eben soviel auch die Pferde; der Wagen des Mannes, welcher bloß allein seine Schuldigkeit that, wird mit Palmzweigen, mit Lorbeerzweigen, und mit Oelzweigen bedeckt; das Volk küßt die Räder; die Weiber bieten ihm ihre Kinder zum Weihopfer dar; hundert und zwanzig tausend Stimmen, von dem Schiffsjungen bis zum Millionair, die alle ausrufen: es lebe der König und Mirabeau; vier bis fünfhundert der allerangesehensten jungen Leute, die zu Pferde vor ihm herziehen; dreyhundert Wagen, die ihm nachfolgen. Stellen Sie sich alles dieses vor, und dann haben Sie einen Begriff von der Art, wie ich Marseille verließ, und dann werden Sie einsehen: erstens, daß es eben so unmöglich ist, eine solche Gährung (wenn sie nun einmal diesen Namen haben soll) zu verhindern, als dieselbe zu veranlassen; zweytens, daß die Menschen der Knechtschaft der Dankbarkeit näher sind, als den Ausschweifungen der Ausgelassenheit; drittens, endlich, daß es für mich kein anderes Mittel geben könnte, allem diesem auszuweichen, als Extrapost zu nehmen und zu fliehen. Wie feig und undankbar müßte ich nicht seyn, wenn ich auf eine solche Weise ausreißen wollte? Oder hat sich etwa gegen Sie, Herr Graf, meine ehrenvolle aber bedenkliche Begleitung so schlecht betragen, daß Sie zu klagen Ursache haben? Und, wenn dieses nicht ist, warum opfern Sie denn Ihren Feinden Ihre Freunde auf, und beklatschen diejenigen, welche Sie auspfeifen? Ich bin u. s. w.

Am 25. März kam Mirabeau nach Marseille zurück, und da entstand ein neuer, und höchst gefährlicher Aufruhr, wobey viele Menschen umkamen. Der Kommandant der Provinz, der Graf Caraman, eben derjenige, an welchen Mirabeau obigen unverschämten Brief geschrieben hatte, sah sich genöthigt, um die Ruhe herzustellen, dem Grafen die unumschränkte Gewalt zu übertragen, und ihn machen zu lassen, was er für gut fand. Am 26. März stillte Mirabeau in wenigen Stunden den Aufruhr, welchen er selbst verursacht hatte.

Mirabeau schrieb einen anonymen Brief von Marseille nach Paris, in welchem er sich unverschämt lobte, und seinen Triumph selbst erzählte. Diesen Brief ließ er in alle Journale einrücken. Die Aufschrift war: **Brief eines Bürgers von Marseille an seinen Freund zu Paris.** Jemand zu Paris, welcher Mirabeaus Karakter ganz kannte, ließ folgende Antwort auf diesen Brief in die Journale einrücken.

Antwort eines Bürgers von Paris, an den Herrn Grafen von Mirabeau, Bürger von Marseille.

Mein Herr Graf!

Die Guthmüthigkeit des Grafen von Caraman, welcher an Sie schreibt, um von Ihnen Frieden zu verlangen, und die glückliche Unverschämtheit Ihrer Antwort haben uns auf einige Augenblicke beschäftigt. Wir bewundern die unschuldige List, mit welcher Sie sich zwey drohende Briefe von den Lazzaronis zu Marseille schreiben ließen, um dadurch einen so rechtschaffenen Mann, als der Kommandant ist, in die Nothwendigkeit zu setzen, Sie bitten zu müssen, daß Sie Ihren Einfluß auf das Volk in der Provenze mäßigen möchten. Der König fühlt ganz, was er Ihnen schuldig ist; denn er sieht ein, was Sie thun können. Sie selbst haben die Köpfe wieder gekühlt, welche Sie erhitzt hatten, und zur Belohnung für eine so große Uneigennützigkeit verlangen Sie weiter nichts, als die Provinz glücklich zu machen, welche Sie erobert haben. Was ist Ihr Wunsch? Zum Abgesandten für den Bürgerstand gewählt zu werden. Der Pöbel, dessen Tribun Sie sind, vergißt, daß Sie sich erst dann in seine Arme warfen, nachdem Sie der Adelstand schon abgewiesen hatte, und rächt die Ihnen zugefügte Beleidigung. Er ruft Sie zum König des Fischmarkts aus, und Sie halten in den Straßen von Marfeille einen Einzug, deſſen ſich der Herzog von Beaufort nicht zu ſchämen hätte. Die Erzählung Ihres Triumphes, geſchrieben von Ihrer eigenen Hand, iſt bis zu uns gekommen, und ſchon legen die Bilderhändler des Palais Royal Ihr Angeſicht, neben dem von Cagliostro, zum Kaufe aus. Nur kann ich mich nicht enthalten, Ihnen, mein Herr Graf, der Sie jetzt der Ehre im Schooße ſitzen, einen Vorwurf zu machen; geſetzt auch, daß derſelbe Sie in dem Genuſſe Ihres Glückes ſtören ſollte. Da Sie ſich einmal in die Nothwendigkeit geſetzt ſehen, ſich ſelbſt zu loben, ſo frage ich, warum Sie anonym bleiben? Offenherzigkeit beſteht darinn, daß man ſeine Fehler und ſeine Verdienſte gleich freymüthig geſtehe. Da Sie nun ſelbſt bekennen, daß Sie der beredteſte Mann unſers Jahrhunderts, ein Rouſſeau, ein Montesquieu, mit einem Worte ein großer Mann ſind, warum unterſchreiben Sie denn dieſes Geſtändniß nicht? Bey der bekannten Rechtſchaffenheit Ihres Karakters, hätte man Ihnen auf Ihr Wort geglaubt, ſtatt daß jetzt die Menge der Leſer, welche nie recht weiß, was ſie will, in den ſchwärmeriſchen Ausdrücken ihres marſeillaniſchen Bewunderers, weiter nichts als kalte Ironie zu finden wähnt. Paris iſt aufgebracht, zu ſehen, daß ein ſchöner Geiſt aus der Provenze (er ſpreche nun im Ernſte, oder er ſcherze) auf alle Fälle Sie lächerlich macht. Ich mag noch ſo oft wiederholen, daß Sie ſelbſt den Brief des Bürgers geſchrieben haben; daß Sie ſelbſt ſich ſo ſehr loben; daß Sie von jeher dieſer Methode ſich bedient haben; und daß, um die Aufmerkſamkeit des Publikums auf ſich zu ziehen, Sie wohl zwanzigmal an ſich ſelbſt geſchrieben haben, bald über Holland; bald über das Pariſer Trinkwaſſer; bald über den Papierhandel; dieſes alles

entschuldigt Sie nicht. „Was!" ruft man, „konnte es
„sich dann nicht auf uns verlassen? Wie kann er uns bis
„zu dem Grade beleidigen, daß er Lobsprüche und Ver-
„theidiger zu Marseille sucht? Was wird Europa sagen?
„Was werden über uns die Nationen und die Könige ur-
„theilen, denen er, wie er sehr naiv sagt, so gut bekannt
„ist? Man wird sagen, wir haben ihn gezwungen, auf
„die Bühnen der Provenze zu steigen,

„um allen Nationen den gefallenen Methridat zu
„zeigen."

Umsonst werden Sie sagen: „Marseille ist die erste Stadt
„in der Welt; ihre Kaufleute sind Könige, und ihre Bo-
„then Gesandte. Vergeblich werden Sie, wie Sertorius,
„ausrufen:

„Rom ist nicht mehr in Rom; es ist da, wo
„ich bin."

Paris wird darüber nur desto untröstlicher seyn. Undank-
barer! bedenken Sie, was wir alles für Sie gethan haben! Haben wir Sie nicht unter unsere lärmendsten
Schriftsteller gerechnet? Haben wir Sie nicht mit den
Linguets und den Bergasse in eine Klasse gesetzt? Haben
wir nicht Ihrem Geschrey und Ihren Broschüren vorzügliche Aufmerksamkeit gegönnt? Haben wir nicht ge-
fühlt, daß Sie nur darum der besonderen Moral ent-
sagt haben, um die allgemeine desto besser auszuüben zu
können? und daß, wenn der einzelne Mensch dem Grafen
Mirabeau nicht trauen darf, das menschliche Geschlecht,
im Ganzen, nur desto sicherer auf Ihn zählen kann? Finden Sie in Ihrer Provenze Köpfe, welche fähig sind, so
fein zu distinguiren? Glauben Sie mir, Herr Graf, die
Provinzen haben überhaupt ein zu wenig verfeinertes
Gewissen, und sind nicht im Stande, Ihren Werth ein-

zusehen. Erinnern Sie sich noch, wie in der Franche-Comté das Schwerdt der Geseze Sie verfolgte? Erinnern Sie sich noch so vieler anderer Länder, wo man sichs zur Tugend anrechnet, Sie zu verachten? Nichts bleibt für Sie übrig, als Paris. Wer unterstüzt Sie, wer trägt Sie zu Marseille? Der Pöbel, welcher nicht liest und welcher weiter nichts als Ihren Haß gegen den Adel kennt. Aber dieser Pöbel kann kälter werden; er kann seine Bewunderung einem andern Charlatan schenken. Ihre Reputation kann vergehen, wie dieselbe gekommen ist. Die guten Provenzalen bilden sich ganz getrost ein; man müsse ein gelehrter und ein rechtschaffener Mann seyn, um die Stelle eines Abgesandten, so wie es sich gehört, zu bekleiden. Kommt Ihnen dieses nicht lächerlich vor, Ihnen, der Sie wissen, daß man in Paris, ohne das Eine oder das Andere, die Aufmerksamkeit rege machen kann? Kommen Sie wieder zu uns. Die Provenzalen werden schon einen andern Brander finden, um die Flotte, welche ihre Abgesandten hieher bringen soll, zu konvoyiren. Die geheime Berliner Korrespondenz beweist, sowohl Ihre auf das Aeußerste getriebene Uneigennüzigkeit, als Ihr Talent zu unterhandeln; sie zeigt zugleich, daß man Sie in geheimen Rollen brauchen muß; und dieß kann Marseille, bey dem Lärme, welchen Sie jetzt machen, gar nicht einsehen. Lassen Sie Ihre langen Arbeiten, wie zum Beyspiele Ihre unvergängliche preußische Monarchie liegen. Diese Art von Büchern verlangt zu viel, sie will Zeit und Styl haben. Schreiben Sie Broschüren und Pamphlete. "Sie haben „schon 30 geschrieben," werden Sie mir antworten." Desto besser, Paris rechnet mit denen, welche es liebt, nicht so genau. Wollte Ihnen Jemand den treulosen

Rath geben, sich Zeit zu nehmen, sorgfältig zu schreiben, und Ihr Kapital der Nachwelt an den Zins zu geben, wie der arme Rousseau, oder wie Montesquieu: so hüten Sie sich ja wohl, einem solchen Rathe zu folgen. Fliehen Sie; kommen Sie hieher, und schreiben Sie in der Minute und für die Minute. Sie glauben gar nicht, was für ein ungeheurer Vortheil hierinn steckt. Schreibt man über die Zeitangelegenheiten, so findet man allemal ein erhitztes Publikum, das, in verschiedene Partheyen getheilt, bereit ist, alles zu lesen. Kommen Sie, und noch einmal sage ich, kommen Sie. Sie können sich hier große Leibrenten von Schriftstellerruhm erwerben. Wenn man sich so wohl befindet, wie Sie, wenn man schreibt wie Sie, so erwirbt man sich leicht einen großen Ruhm, und lebt auch lang genug, um denselben ganz aufzuzehren. Ich bin, u. s. w.

Dieß waren Mirabeaus Vorübungen zu der Rolle, welche er sich in Paris und Versailles zu spielen vornahm. a) Dieß waren die unmittelbaren Folgen der Zusammenberufung der Reichsstände, aber dieß waren die Folgen nicht alle. Die Abgesandten sollten an die Stände die Klagen ihrer Provinzen mitbringen. Jede Stadt, jedes Dorf, sollte seinen Abgesandten geschrieben mitgeben, was für Mißbräuche sie abgeschaft, was für neue Verordnungen sie zu haben wünschten. b) Die Folgen eines so unpoliti-

---

a) Sed fama constans fuit, ipsum Valentem magna pecunia emptum. Is diu sordidus, repente dives, mutationem fortunae male regebat, accensis, egestate longa, cupidinibus, immoderatus, et inopi juventa senex prodigus. Tacitus Histor. lib. 1.
b) Tiberius, vim principatus sibi firmans, imaginem antiquitatis senatui praebebat, postulata provincia-

schen Verlangens zeigte sich bald. Jeder durfte nun laut
klagen, und da war auch des Klagens kein Ende. Es
gieng, wie mit dem Wünschen um Regen und um schönes Wetter. Was der eine verlangte, darüber beklagte
sich der andere; was dem einen recht war, das war seinem Nachbar eine Plage. Und nun raisonnirte jeder;
jeder wollte befehlen, umschaffen und verbessern; niemand wollte gehorchen. Anarchie und Unordnungen
fiengen an. Freylich hatte Necker Ursachen genug, um
die Reichsstände zusammen zu berufen; er sah wohl ein,
daß dieses das einzige Mittel war, um den zerrütteten
Finanzen aufzuhelfen, oder den Staat mit Ehren bankerott werden zu lassen; aber er sah nicht die weitaussehen-
den Folgen, welche ein solcher Schritt haben konnte; er
sah nicht ein, was doch sein großer Landsmann, Rouss-
seau, schon im prophetischen Geiste gefürchtet und vor-
ausgesagt hatte, und was leider! nur zu wahr befunden
worden ist. a)

Nirgends waren die Wahltage so lärmend, an keinem
Orte war die Gährung so groß, als zu Paris. Die Wahl
dauerte sechs Wochen lang; und während dieser Zeit stieg
die Anarchie und die Verachtung aller Gesetze aufs höchste.
Eben das, was Mirabeau in der Provenze that, thaten
andere zu Paris, und endlich fiel der schreckliche Auftritt

---

rum ad disquisitionem patrum mittendo . . . . .
Igitur placitum, ut mitterent civitates jura atque
legatos. Tacit. Annal. 3.

a) Qu'on juge du danger, d'émouvoir une fois les
masses énormes, qui composent la Monarchie
Française! Qui pourra rétiner l'ébranlement don-
né, ou prévoir tous les effets, qu'il peut produire? Rousseau sur la Polysinodie.

vor, welcher als die nächste Vorbereitung zu der Revolution angesehen werden kann; ich meyne die Zerstörung des Hauses des Herrn Reveillon. Ich habe die traurige Geschichte von dem vortreflichen Manne selbst erzählen gehört, und ich werde dieselbe mit seinen eigenen Worten wieder erzählen. Er sprach, wie folgt:

„Ich wurde von sehr armen Eltern geboren, und kam vor 50 Jahren zu einem Papierfabrikanten in die Lehre. Nachdem ich drey Jahre als Lehrjunge in seinem Hause zugebracht hatte, wollte er mich nicht länger bey sich behalten. Ich mußte sein Haus verlassen, und war in Paris mehrere Tage ohne Wohnung, ohne Brod und in zerrissenen Kleidern, welche mich kaum vor der Kälte schützten. Dieser schreckliche Zustand brachte mich beynahe zur Verzweiflung; ich war vor Hunger und Kälte schon halb todt, als ich einen meiner Freunde, den Sohn eines Schreiners, unvermuthet antraf. Er bedauerte mich, konnte mir aber nicht helfen, weil er selbst kein Geld hatte, aber er hatte einen Hobel bey sich; diesen verkaufte er, und kaufte aus dem gelösten Gelde Brod für mich. Er gieng mit mir zu verschiedenen Papiermachern, die er kannte, um mir Arbeit zu verschaffen, aber mein elendes Aussehen war schuld, daß mich Niemand in Dienste nehmen wollte. Endlich kamen wir zu einem Papiermacher, der mir zwar keine Arbeit versprach, aber mir doch erlaubte, in seinem Hause einige Tage zu bleiben. In dieser Zeit beobachtete er mich genau, mein Betragen gefiel ihm, und er behielt mich bey sich. Im Jahre 1752 war ich noch nicht im Stande, mehr als 120 Livres (30 Rthlr.) im Jahre zu verdienen, und als ich den Kaufmann, bey dem ich bisher gearbeitet hatte, verließ, belief sich mein ganzes erspartes Vermögen auf 18

Livres (4 Rthlr. 12 Gr.). Nun war ich wieder frey, und jetzt nahm ich mir vor, für meine eigne Rechnung zu arbeiten. Ich fieng an zu spekuliren, kaufte Papier, und verkaufte es wieder. Noch jetzt erinnere ich mich mit Vergnügen des kleinen Gewinnstes, den mir dieser unbedeutende Handel eintrug. Ich sah mich bald im Besitze von 300 Livres (75 Rthlr.) und einer silbernen Uhr. So habe ich angefangen, und so fuhr ich noch eine Zeitlang fort. Die Regelmäßigkeit meiner Aufführung, und der natürliche Verstand, den man mir zutraute, verschaffte mir das Herz und die Hand der vortreflichen Frau, die ich das Glück habe, zu besitzen, und die in meinem Wohlstande mein gröster Schatz war, so wie sie jetzt mein einziger Trost im Unglücke ist. Durch sie erhielt ich damals Geld und konnte daher den Papierhandel mehr ins Große treiben. Sparsamkeit, Thätigkeit, Ordnung und Genauigkeit sind die Mittel, durch welche ich reich wurde. Im Jahre 1760 legte ich eine Fabrik an, um Sammtpapier zu verfertigen, und bald wurde diese die größte Fabrik in Paris. Anfänglich hatte ich nur zwölf Arbeiter, aber bald hatte ich Arbeit für achtzig. Meine Glücksumstände verbesserten sich beträchtlich, und ich kaufte das Haus in der Vorstadt St. Antoine, in welchem ich bis im vorigen Jahre so glücklich gelebt habe. Ich gab meinen Papierhandel auf, der mir damals gegen 30,000 Livres jährlich eintrug, und beschäftigte mich nun ganz mit meiner neuen Manufaktur. Ich kaufte noch eine andere Fabrik ohnweit Paris, und machte dort den ersten Versuch, das geglättete Papier der Engländer nachzuahmen. Der Versuch gelang vollkommen. Ich erhielt für diese den, von Herrn Necker zu Aufmunterung der Künste, gestifteten Preis. Nun fieng ich an, das holländische Papier nach zunahmen, und auch dieses gelang. Jetzt war meine Papiermanufaktur eine der ersten in Europa. Ich beschäftigte und ernährte mehr, als 300 Arbeiter in der Manufaktur selbst, und eben so viele außer der Manufaktur in der Stadt. Ein berühmter Künstler, welcher die Zeichnungen für die Tapeten machte, bekam von mir 10,000 Livres jährlich, außer andern Vortheilen, die er bey mir genoß, und ich bezahlte jährlich blos für Händearbeit (main-d'oeuvre) mehr, als 200,000 Livres. Unter allen meinen Arbeitern herrschte die größte Ordnung; sie liebten mich alle, wie ihren Vater; ihre Kinder versorgte ich; alle waren gerne bey mir; keiner verließ mich; und viele sind in meiner Manufaktur alt geworden. Während des letzten harten Winters (von 1788 auf 1789) konnte, wegen der ungewöhnlichen Kälte, lange nicht gearbeitet werden; dennoch behielt ich sie alle, und bezahlte sie alle so wie vorher, und gab noch überdies einigen von ihnen Geld und Holz. Es schien mir Pflicht, so zu handeln, und ich rechne mir diese Handlung keineswegs zum Verdienste an. Ich lebte glücklich und zufrieden, in der frohen Empfindung, alles, was ich war, durch mich selbst geworden, und in dem angenehmen Gefühle, der Vater und Wohlthäter einer großen Anzahl von Menschen zu seyn, welche durch mich Arbeit und Nahrung erhielten. In dieser glücklichen Lage befand ich mich, als ich von der Orleansschen Parthie, welche seit einiger Zeit so viele Schandthaten in meinem unglücklichen Vaterlande ausgeübt und veranlaßt hat, zum Schlachtopfer ihrer tief versteckten Plane ausersehen, und der Wuth des Pöbels Preis gegeben wurde. Man streuete heimliche Verläumdungen aus; man stimmte den Pöbel gegen mich; man theilte Geld aus; man stellte mich dem Volke als einen Freund des Adels vor; und man behauptete: ich wolle den Arbeitern nur funfzehn Sous des Tages bezahlen. Der durch diese Verläumdungen gegen mich aufgebrachte Pöbel kam am 27ten April des Jahres 1789 unter der Anführung des Abbe Roy, eines bekannten Bösewichts und meines persönlichen Feindes zu mir, um mich, wie er sich ausdrückte, in Stücken zu zerreißen. Glücklicherweise war ich nicht zu Hause, als der wüthende Haufe anlangte, sie rächten sich also an einem Strohmanne, dem sie meinen Namen gaben, und den sie vor meinem Hause verbrannten. Zugleich kündigten sie an, daß sie am folgenden Tage bewaffnet wieder kommen wollten. Des folgenden Tages, am 28ten April, versammelten sie sich des Mittags, und der rasende Haufe zog gegen mein Haus zu. Schrecken und Furcht giengen vor ihnen her, in allen Straßen, durch welche sie heulend und schreyend zogen, wurden Thüren und Buden verschlossen. Man gab mir Nachricht von ihrer Ankunft, und kaum hatte ich noch Zeit, mich mit meiner Frau zu retten, als sie schon da waren. Umsonst hatte ich eine zahlreiche Wache von Soldaten in mein Haus genommen und alle Eingänge besetzt. Im Angesichte der Wache, welche bestochen war, und daher ganz unthätig blieb, schlugen sie meine Thüren ein, drangen in meinen Garten mit gräßlichem Geschrey, steckten drey verschiedene Feuer an, stürzten in mein Haus, und warfen alles, was sie fanden, in das Feuer; alle meine Kostbarkeiten, meine Wäsche, meine seit 30 Jahren gehaltenen Handlungsbücher, meinen Wagen, ja sogar das im Hofe herumlaufende Federvieh. Nachdem nichts mehr zu verbrennen übrig war, drangen sie in das Haus selbst und in alle Zimmer desselben, rissen Tapeten, Spiegel und Gemälde von den

Wänden, zerschlugen Thüren und Schränke, das Täfelwerk und die Fenster; sogar das marmorne Gesimse der Kamine entgieng ihrer Wuth nicht. Endlich raubt der rohe Haufe, welcher Niederträchtigkeit mit Wuth vereinigt, eine beträchtliche Summe Geldes und andere Kostbarkeiten aus meinen erbrochenen Schränken. Dieser schreckliche Auftritt dauerte über zwey Stunden; dann erst kamen einige Truppen, welche versuchten, den Pöbel zu zerstreuen. Aber der Pöbel wagte es, die Soldaten anzugreifen, und nun entstand ein abscheuliches Blutbad. Ueber zweyhundert Personen wurden in meinem Hause todtgeschossen; über zweyhundert Leichname lagen in den friedlichen Zimmern, die sonst mir und meiner Familie zur Wohnung gedient hatten. Auch der Keller lag von Todten, die im Rausche gestorben waren, ganz angefüllt. Der mir verursachte Schaden beläuft sich auf 200,000 Livres, und durch den Verlust meiner Handlungsbücher habe ich wenigstens noch auf 300,000 Livres verloren; denn seit diesem Verluste weigern sich meine Schuldner zu bezahlen, und läugnen ihre Schulden ab, die ich ihnen nun nicht mehr rechtskräftig zu beweisen im Stande bin. Außerdem ist mein Kredit größtentheils dahin; meine Manufaktur ist zerstört; mein Haus ist zur Mördergrube gemacht; die Frucht eines langen und thätigen Lebens ist verloren, und mein Name ist dem Volke verhaßt. Kaum konnte ich noch vor der Wuth des Pöbels, welcher mich und meine Frau überall suchte, um uns umzubringen, mein Leben retten. Nirgends war ich sicher, und der einzige Zufluchtsort, der mir übrig blieb, der einzige, wo ich Nichts zu befürchten hatte, war die Bastille. Dorthin begab ich mich freywillig, und dort brachte ich, mit Erlaubniß des Gouverneurs, einige

257

...eit zu. Noch jetzt darf ich es nicht wagen, in mein Vaterland zurück zu kehren, noch jetzt muß ich in demjenigen Alter, in welchem ich die Früchte meiner Arbeit ruhig zu genießen hoffte, dürftig, einsam und aus meinem Vaterlande gleichsam verbannt, in der Welt umher ...ren."

Dieses ist die Geschichte des 27. und 28ten Aprils des Jahrs 1789, so wie ich dieselbe aus dem Munde des unglücklichen Reveillon selbst gehört habe. Es war der Anfang der Revolution in Frankreich, deren Geschichte ich nunmehr umständlich, aber unpartheyisch erzählen werde: so wie der Geschichtschreiber thun muß, welcher, als kaltblütiger Zuschauer, weder von dem Geschrey des Partheygeistes betäubt, noch von dem trügerischen Lichte, das die Verschwornen auf gewisse Gegenstände zu werfen suchen, um andere desto besser zu verbergen, geblendet werden darf.

Die zu Mitgliedern der Reichsstände gewählten zwölfhundert Abgesandten erhielten von denjenigen, durch welche sie gewählt wurden, eine geschriebene Vorschrift, welche die Punkte enthielt, die zum Gegenstande der Berathschlagung auf dem Reichstage dienen sollten. Vor seiner Abreise nach Versailles schwor jedes Mitglied der Reichsstände denjenigen, welche ihn gewählt hatten, einen feyerlichen Eyd: daß er die ihm übergebene Vorschrift als den Willen seiner Wahlherren ansehen und pünktlich befolgen wolle.

Diese geschriebenen Vorschriften, welche als der allgemeine Wille der französischen Nation im Jahre 1789 anzusehen sind, enthalten vorzüglich folgende Punkte:

1. Die römischkatholische Religion soll als die einzige herrschende Religion in Frankreich angesehen werden, und

derselben allein soll das Recht gestattet werden, öffentlichen Gottesdienst zu halten.

2. Jedoch sollen auch die Nichtkatholischen geduldet und in alle bürgerlichen Rechte wiederum eingesetzt werden.

3. Die französische Staatsverfassung ist monarchisch, und soll auch ferner monarchisch bleiben.

4. Die Person des Königs ist geheiligt oder unverletzbar. Die Krone ist erblich, und wird, nach dem Rechte der Erstgebohrenheit, von einem Prinzen auf den andern gebracht. Es kann aber dieselbe niemals von einer Person weiblichen Geschlechts besessen werden.

5. Wenn der Fall sich ereignet, daß eine Regentschaft nöthig seyn sollte, so kömmt es den Reichsständen allein zu, hierüber die nöthigen Einrichtungen zu treffen.

6. Die gesetzgebende Gewalt gehört der Nation, und wird von ihren Stellvertretern in Vereinigung mit dem Könige ausgeübt.

7. Gesetze sind: der Ausdruck des Willens der Nation bestätigt durch die Einwilligung des Königs.

8. Dem Könige allein, als dem obersten Verwalter des Reiches, gehört die ausübende Gewalt.

9. Die gerichtliche Gewalt wird im Namen des Königs von den Richtern verwaltet, und diese können an der Gesetzgebung keinen Antheil nehmen; auch nicht durch die ausübende Gewalt in den Verrichtungen ihres Amtes gehindert werden.

10. Die Gränzen der gesetzgebenden, der ausübenden und der gerichtlichen Gewalt müssen genau bestimmt werden, und keine darf sich in dasjenige mischen, was der andern zukommt.

11. Die Person eines jeden Staatsbürgers muß gegen

willkührliche Angriffe seiner Freyheit gesichert, und die königlichen Verhaftbefehle müssen abgeschafft werden.

12. Alle Leibeigenschaft muß aufgehoben werden.

13. Die Preßfreyheit ist (unter den Einschränkungen, welche zu Erhaltung der öffentlichen Ordnung vonnöthen seyn möchten) in Frankreich zu bewilligen.

14. Keine Briefe dürfen auf den Posten erbrochen werden.

15. Die Minister des Königs sind der Nation, wegen ihrer Handlungen Rechenschaft schuldig.

16. Das Recht des Eigenthums soll unverletzlich seyn, und Niemand soll seines Eigenthums, ohne eine billige und schleunige Schadloshaltung, beraubt werden können.

17. Der König soll, ohne Einwilligung der Nation, keine neuen Abgaben zu erheben, und kein neues Anlehen zu machen befugt seyn.

18. Die Stellvertreter der Nation sollen sich regelmäßig zu gewissen festgesetzten Zeiten, und nach nicht allzulangen Zwischenräumen versammeln.

19. Dieser Versammlung soll es ganz allein zukommen, die Art und Weise ihrer Zusammenberufung, die Anzahl ihrer Mitglieder, so wie auch alles, was ihre innere Einrichtung betrift, zu bestimmen und festzusetzen.

20. Jede Stadt wählt ihren eigenen Magistrat, und jede Provinz ihre eigenen Landstände.

21. Alle Frankreicher müssen dem Gesetze, ohne alle besondere Vorrechte, und den Abgaben, ohne alle besondere Ausnahmen, auf eine völlig gleiche Weise unterworfen seyn.

22. Alle Frankreicher, ohne Unterschied, sind fähig, eine jede, geistliche, bürgerliche, oder militairische Stelle zu bekleiden.

23. Bürgerliche Personen sollen künftig nicht für Geld, sondern blos allein wegen wichtiger, dem Staate geleisteter Dienste in den Adelstand erhoben werden können.

24. Keine nützliche Beschäftigung, von welcher Art dieselbe auch seyn mag, kann für einen Adelichen entehrend seyn.

25. Die Verwaltung der Justiz (die Gerechtigkeitspflege) muß unentgeldlich seyn.

26. Keine Stelle und keine Bedienung soll künftig verkauft werden.

27. Kein Bürger des Staates kann vor einem andern Gerichte, als vor seiner ordentlichen Obrigkeit, belangt werden.

28. Die von den Reichsständen als rechtmäßig und gültig anerkannten Schulden der Regierung sollen als eine Schuld des Staates angesehen, und mit baarem Gelde bezahlt werden.

29. Kein Papiergeld von irgend einer Art soll in Frankreich vorhanden seyn.

30. Die ganze Landmacht sowohl, als die Seemacht sollen unter den Befehlen des Königs stehen.

31. Die Sorge für die Vertheidigung des Reichs bleibt dem Könige allein überlassen.

32. Das Recht, Krieg zu erklären und Frieden zu schließen, gehört dem Könige allein zu.

33. Der König allein ernennt zu allen bürgerlichen und militairischen Stellen.

34. Jeder Bischoff und jeder Abbt soll gehalten seyn, sich in seinem Kirchsprengel aufzuhalten.

35. Jedes Verhör in Kriminalsachen soll öffentlich gehalten werden.

36. Ueber die Jagd sollen Vorschriften gegeben werden, so wie auch über die Taubenhäuser auf den adelichen Gütern.

37. Alle Frohndienste sollen abgeschafft werden.

38. Niemand soll verbunden seyn, Soldat zu werden, der sich mit Gelde ablaufen kann.

39. Im Innern des Reiches muß das Getreide freye Zirkulation haben.

40. Alle Verordnungen, welche den Handel einschränken; alle Verordnungen, welche der Betriebsamkeit hinderlich sind, sollen aufhören.

41. Alle Mauthhäuser, im Innern des Königreiches, sollen abgeschafft werden.

42. Die Einrichtung der Zünfte und Innungen soll verbessert, aber nicht gänzlich aufgehoben werden.

43. Alle ausschließende Vorrechte sollen aufhören, und künftig nicht mehr geduldet werden; jedoch so, daß jedem Erfinder auf eine gewisse, bestimmte Zeit ein ausschließendes Vorrecht ertheilt werden soll.

44. Die bisher auf Eisen, Oel, Seife, Leder und Papier gelegten Abgaben sollen künftig nicht mehr bezahlt werden.

45. Die Salzsteuer soll abgeschafft werden.

46. Die Abgaben sollen künftig nicht mehr verpachtet werden.

47. Geschenke und Gnadengehalte sollen künftig sparsamer ausgetheilt werden.

48. Die Krongüter sollen, um die Schulden des Staates zu tilgen, zum Theil verkauft werden.

49. Alle Lotterien sollen verboten seyn.

50. Der Gehalt der Münzen soll festgesetzt, und ohne Einwilligung der Nation, nicht abgeändert werden.

51. Die Soldaten sollen nicht mit Schlägen oder Hieben bestraft werden.

52. Der Sold der gemeinen Soldaten soll erhöht werden.

53. Die Reichsstände sollen den Plan zu einer National-Erziehung entwerfen.

Dieses waren die Vorschriften, mit welchen die Mitglieder der Reichsstände nach Versailles reisten, und welche zu befolgen sie vor ihrer Abreise feyerlich geschworen hatten. In wie ferne sie ihrem Eide getreu geblieben sind, dieses wird aus den folgenden Büchern der zu erzählenden Geschichte von selbst erhellen.

Viertes Buch.

Geschichte der französischen Revolution von der Eröffnung der Reichsstände bis zu der Einnahme der Bastille.

Eröffnung der Reichsstände. Rede des Königs. Neckers Rede. Uneinigkeiten der Stände unter sich. Entstehung des Wortes Nationalversammlung. Eydschwur. Erste Beschlüsse. Das Versammlungshaus wird mit Soldaten umringt. Sitzung im Ballhause. Sitzung in der Kirche. Königliche Sitzung am 23sten Junius. Rede des Königs. Folgen dieser Sitzung. Fernere Sitzungen der Nationalversammlung. Mißglückte Verschwörung des Herzogs von Orleans. Der Erzbischof von Paris wird mit Steinen geworfen. Plan der Verschwörung des Herzogs von Orleans. Anekdote, die Marquise de Ellery betreffend. Der Herzog schlägt die Präsidentenstelle in der Versammlung aus. Desmoulins und andere Volksredner im Palais royal. Anekboten den Herzog von Orleans betreffend. Was ein Statthalter in Frankreich eigentlich sey. Mißliche Lage, in welcher der König sich befand. Unterredung des Königs mit dem Herzoge von Luxenburg. Der Adelstand und die Geistlichkeit vereinigen sich auf Befehl des Königs mit der Nationalversammlung. Freude des Volkes über diese Vereinigung. Ephemerische Schriftsteller. Truppen versammeln sich um Paris. Die Soldaten werden verführt. Anekbote, den König betreffend. Falsche und übertriebene Gerüchte. Der Pöbel befreyt einige gefangene Soldaten. Gesandtschaft aus einem Pariser Kaffeehause nach Versailles. Der König begnadigt die strafbaren Soldaten. Wahlherren zu Paris. Addresse der Versammlung an den König, um Ihn zu bitten, daß er die Truppen entfernen möge. Anekdoten, Mi: rabeau betreffend. Antwort des Königs auf die Addresse. Berathschlagung der Versammlung über diese Antwort. Berathschlagung über die Nothwendigkeit einer Bekanntma: chung der Rechte des Menschen und des Bürgers. Verweisung des Hrn. Neckers. Volksredner. Die Nachricht von der Verweisung des Hrn. Neckers kommt nach Paris. Lärm: beſc in den Thuillerien. Desmoullns ſetzt bjc grüne Ko: karde auf ſeinen Hut, und alle Zuschauer folgen nach. Anek: dote, den Herzog von Orleans betreffend. Anfang des Auf: ruhrs zu Paris. Die Wahlherren versammeln ſich auf dem Rathhause. Verwüſtung in dem Kloſter St. Lazare. Zuſtand der Stadt Paris am 13ten Julius. Genauere Schilderung dieſes ſchrecklichen Zuſtandes. Der Aufruhr nimmt zu. Auf dem Rathhause wird ein beſtändiger Ausschuß erwählt. Anekdote, Hrn. de la Fayette betreffend. Der Abbe Lefe: bure übernimmt die Aufſicht über das erbeutete Schießpul: ver. Fernere Vorfälle auf dem Rathhauſe. Einrichtung der Bürgermiliz durch den Marquis de la Salle. Die Ko: karde wird auf Befehl verändert. Neue Gefahr, in wel: cher der Abbe Lefebure ſich befand. Sitzung der National: verſammlung am 13ten Julius. Die Verſammlung ſchickt eine Gesandtschaft an den König. Antwort des Königs. Merkwürdiger Beſchluß der Nationalverſammlung.

Neque solum illis aliena mens erat, qui conscii conjurationis; sed omnino cuncta plebes, novarum rerum studio, Catilinæ incepta probabat. Id adeo more suo videbatur facere. Nam semper in civitate queis opes nullæ sunt, bonis invident, malos extollunt; vetera odere, nova exoptant; odio suarum rerum mutari omnia student; turba atque seditionibus sine cura aluntur; quoniam egestas facile habetur sine damno. Sed urbana plebes, ea vero

praeceps ierat, multis de caussis. Primum om-
bium, qui ubique probro atque petulantia maxime
praestabant; item alii per dedecora patrimoniis amis-
sis; postremo omnes, quos flagitium aut facinus
domo expulerat, ii Romam, sicuti in sentinam,
confluxerant . . . . . Ubi regio victu atque cultu
aetatem agerent, sibi quisque, si in armis forent,
ex victoria talia sperabant. Praeterea iuventus,
quae in agris, manuum mercede, inopiam tolerave-
rat, privatis atque publicis largitionibus excita, ur-
banum otium ingrato labori praetulerant, eos atque
alios omnes malum publicum alebat. Quo minus
mirandum, homines egentes, malis moribus, maxima spe reipublicae juxta ac sibi consuluisse.
SALLUSTII CATILINA.

Der fünfte May 1789 war der Tag, an welchem die
zusammenberufenen Reichsstände sich zum erstenmale in
Verſailles verſammelten. Dieſer Tag war ein Feſttag für
ganz Frankreich. a) Er fieng mit einer feyerlichen Meſſe
an. Die Abgeſandten der drey Stände des Reiches,
nebſt dem Könige, giengen in Prozeßion nach dem Tem-
pel durch eine ungeheure neugierige Menge, welche durch
das große Schauſpiel herbeygelockt worden war. Die
Verſchiedenheit der Kleidungen zog zuerſt die Aufmerk-

---

a) Magnaque ejus diei species fuit, quo senatus majorum beneficia, sociorum pacta, regum etiam,
qui ante vim Romanam valuerant, decreta, ipso-
rumque numinum religiones introspexit, libero,
ut quondam, quid firmaret, mutaretve.
TACITUS Annal. I. s.

samkeit des Volks auf sich. Die Geistlichkeit erschien. Die Kardinäle im päbstlichen Purpur; dann die Erzbischöffe und Bischöffe in violett gekleidet; und die Landprediger in schwarzer Kleidung. Darauf folgte der Adel in kurzen spanischen Mänteln mit reichen Spitzen benäht, und mit hohen weißen Federbüschen auf ihren Hüten, welche, durch den Wind und durch den fortschreitenden Gang derer, die sie trugen, bewegt, majestätisch hin und her schwankten. Dann kam der Bürgerstand schwarz gekleidet, mit stark gepudertem Haar, welches ungebunden und los auf den Rücken herabfiel. So zogen sie feyerlich in die Messe, und nach Endigung derselben in den, für ihre Versammlungen bestimmten Saal. Zum erstenmale, seit 175 Jahren, waren nun die Stände des Reichs, war die Nation in ihren Stellvertretern wieder versammelt; ein herrlicher, großer, ehrfurchtsvoller Anblick.

Der Versammlungssaal war sehr groß und auf das prächtigste ausgeschmückt. Er ruhte auf zwanzig dorischen Säulen. An dem einen Ende des Saales und zu beyden Seiten saßen die zwölfhundert Stellvertreter Frankreichs, in drey Stände abgetheilt. Zu der Rechten die Geistlichen; gegen über der Adel; und auf den Bänken, welche zwischen diesen beyden Ständen queer gegen über giengen, befanden sich die sechshundert Abgesandten des Bürgerstandes. An dem andern Ende des ungeheuren Saales stand (den Abgesandten des Bürgerstandes gegen über) auf einer Erhöhung, welche sich stufenweise erhob, der königliche Thron, unter einem prächtigen, himmelblauen, mit Gold gestickten, mit goldenen Tressen verbrämten, und mit goldenen und silbernen Lilien besäeten Thronhimmel. Auf dem Throne saß der

König. Neben ihm, zur Rechten und etwas tiefer, als er, die Königin. Zur Rechten und zur Linken, neben dem Könige und neben der Königin, die Prinzen vom Geblüte, nebst den Prinzessinnen und den vornehmsten Herren des Hofes: alle, nach der strengsten Etikette, in die, ihrem Amte zugehörige, Tracht gekleidet. Neben diesen saßen die Herzoge und die Pairs des Königreiches, alle neben einander, ohne Verwirrung, in der regelmäßigsten Ordnung. Tiefer, als diese, zu den Füßen des Thrones, mitten im Saale, saßen, um einen langen, viereckigten, mit einem grünen Teppiche bedeckten Tisch, die Minister des Königs, nebst den Staatssekretären. Auf dem Tische standen mehrere Dintenfässer, und zwischen denselben lagen Federn und Papier. Ganz nahe am Throne, zu den Füßen desselben, und neben der untersten Stufe saß der Siegelbewahrer. Rund um den Saal herum saßen, an der Wand, in einiger Entfernung, die Damen des Hofes, mit Juwelen, mit Diamanten, mit goldenen und silbernen Tressen, mit Seide und mit Nesseltuch bedeckt. Hinter diesen befanden sich in mehreren Reihen auf Bänken, welche amphitheatralisch über einander emporstiegen, mehr als zweytausend vornehme Zuschauer in bunten Kleidern durcheinander gemischt.

Unter den Ministern des Königs zeichnete sich Herr Necker aus, weil er keine Zeremonienkleidung trug. Er war in einen dunkelgrauen, mit Silber reich gestickten, Rock gekleidet.

Der König erhob sich von dem Throne, und die allertiefste Stille herrschte in dieser erhabenen Versammlung. Der König war nachdenkend und ernsthaft. Er sah sich um, nach beyden Seiten. Er wandte seine Augen rechts und links einige Minuten lang. Endlich las er mit star-

ker Stimme deutlich, vernehmlich und unerschrocken fol
gende Rede von dem Papiere ab, welches er in seiner
Hand hielt:

„Meine Herren! Der Tag, den mein Herz so lange
„sehnlichst erwartet hat, ist endlich erschienen, und ich
„sehe mich jetzt mit den Abgesandten desjenigen Volkes
„umgeben, welches ich die Ehre habe zu beherrschen. Ein
„langer Zwischenraum ist seit der letzten Sitzung verflos-
„sen, und die Zusammenberufung der Stände des Rei-
„ches war ganz in Vergessenheit gerathen. Dennoch habe
„ich nicht angestanden, einen Gebrauch wieder einzufüh-
„ren, durch welchen das Reich neue Kraft erhalten kann,
„und welcher der Nation eine neue Quelle von Glück zu
„versprechen scheint. Die Staatsschuld, welche schon
„bey meiner Thronbesteigung ungeheuer war, ist unter
„meiner Regierung noch angewachsen. Ein kostbarer,
„aber ehrenvoller Krieg war Schuld daran. Die Ver-
„mehrung der Auflagen, eine natürliche Folge des Krie-
„ges, hat die ungleiche Vertheilung derselben nur desto
„auffallender gemacht. Allgemeine Unruhe und übertrie-
„bene Neuerungssucht haben sich aller Gemüther bemäch-
„tigt, und diese Stimmung würde sich in einer gänzli-
„chen Verwirrung endigen, wenn man nicht eilte, durch
„Vereinigung weiser und gemäßigter Rathschläge, dem
„Unheile zu steuren. In dieser Zuversicht, meine Her-
„ren, habe ich Sie versammelt, und ich bemerke mit
„Vergnügen, daß ich richtig geurtheilt habe; denn schon
„sind die beyden ersten Stände des Reiches willig, ihren,
„die Auflagen betreffenden, Vorrechten zu entsagen. Die
„Hoffnung, welche ich mir mache, alle drey Stände ver-
„einigt, mit mir zum Besten des Staates mitwirken zu
„sehen, wird also nicht vergeblich seyn. Schon habe ich

„meine Ausgaben beträchtlich eingeschränkt, und erwarte
„nun von Ihnen neue Vorschläge, die ich mit Freuden
„annehmen werde. Aber, ungeachtet der strengsten
„Sparsamkeit, fürchte ich dennoch, daß ich meine Un-
„terthanen nicht so schnell, als ich es wünschte, von der
„Last, welche sie jetzo drückt, werde befreyen können.
„Ich will Ihnen die Lage der Finanzen auf das genaueste
„vorlegen lassen, und wenn Sie dieselbe untersucht haben,
„so erwarte ich schon im voraus, daß Sie mir die kräf-
„tigsten Mittel angeben werden, um eine festgesetzte Ord-
„nung darein zu bringen, und den öffentlichen Kredit zu
„befestigen. Dieses große, dieses heilsame Werk, wel-
„ches das Glück im Innern des Königreiches und sein An-
„sehen im Auslande befestigen wird, muß vorzüglich der
„Gegenstand Ihrer Berathschlagungen seyn. Die Ge-
„müther sind in Gährung, aber eine Versammlung der
„Abgesandten der Nation wird ohne Zweifel nur die
„Rathschläge der Weisheit und der Klugheit anhören.
„Sie wissen selbst, meine Herren, daß man bey einigen
„neuern Vorfällen sich von beyden entfernt hat, aber der
„herrschende Geist Ihrer Berathschlagungen wird den herr-
„schenden Gesinnungen einer großmüthigen Nation ge-
„mäß seyn, welche sich von jeher durch Liebe für ihre
„Könige ausgezeichnet hat. Was geschehen ist, werde
„ich vergessen. Ich kenne das Ansehen und die Macht,
„welche ein gerechter König besitzt, der über ein getreues
„Volk regiert, das von jeher für die Monarchie Vorliebe
„gezeigt hat. Bis jetzt war der Ruhm und die Größe
„Frankreichs auf dieselbe gebaut, mir kommt es zu, sie
„zu erhalten, und ich werde nie aufhören es zu thun.
„Aber alles, was man von dem zärtlichsten Antheil an
„dem öffentlichen Glück erwarten darf, alles, was man

„von einem Herrscher, welcher der erste Freund seines
„Volkes ist, verlangen kann, alles dieses können Sie von
„meinen Gesinnungen erwarten. Möge eine glückliche Ein-
„tracht in dieser Versammlung herrschen, möge der gegen-
„wärtige Zeitpunkt für das Glück und den Wohlstand Frank-
„reichs immer unvergeßlich bleiben! Dies ist der Wunsch
„meines Herzens und mein eifrigstes Verlangen: dies ist
„die Belohnung, welche ich für die Aufrichtigkeit meiner
„Gesinnungen und für die Liebe zu meinem Volke er-
„warte."

Nach dem Könige hielt der Siegelbewahrer eine Rede,
und dann Necker, als Finanzminister. Diese begierig erwartete Rede entsprach den Erwartungen nicht, welche
man sich gemacht hatte. Zwar bewunderte man einige
schöne Stellen, aber die unerträgliche Länge und Weit-
schweifigkeit; die öftern Wiederholungen; die mit Pomp
gesagten Gemeinplätze; die Unverständlichkeit mancher
Stellen; die unerwartete Kleinheit der angegebenen
Hülfsmittel; das Schwankende und das Unbestimmte;
der gänzliche Mangel an einem festen Plan; die Nichter-
wähnung des Wortes Konstitution; der unbedingte
Gehorsam, welchen er für die Befehle des Königs von
den Stellvertretern der Nation verlangte; die Klassifika-
tion der Gegenstände, über welche die Versammlung sich
berathschlagen sollte; die lange und unpolitische Herzählung der Mittel, durch welche sich der König hätte helfen
können, ohne die Stände zusammen zu berufen; die
Scheingründe, mit denen er das System der Antizipatio-
nen nicht nur entschuldigte, sondern sogar vertheidigte;
die Lobrede auf die Diskontokasse; die Empfehlung der
ostindischen Kompagnie; die Vertheidigung der Vorrechte
der privilegirten Stände; die Beweise, daß nach Stän-

den und nicht nach Köpfen gestimmt werden, oder daß wenigstens die eine Art zu stimmen mit der andern abwechseln müsse; das beständige Laviren zu einer Zeit, wo alle Segel aufgespannt waren; die Schwäche der Regierung und des Finanzministers, welche überall durchblickte: alles dieses tadelte man, und zwar mit Recht an Neckers Rede. Seinen Versprechungen traute man nicht, diese waren zu groß, als daß sie hätten wahr seyn können.

Nun waren also die Reichsstände versammelt, aber die ersten zwey Monate verstrichen zwischen beständigen Streitigkeiten der Stände unter sich. Die Stände waren uneinig, und von allen drey Ständen war der Bürgerstand der Einzige, der unter sich selbst einig war: dies gab ihm große Kraft, ein großes Uebergewicht über die beyden andern Stände. Der Adelstand nahm lauter unrichtige Maasregeln und wollte durch Gewalt erzwingen, was er nur durch Bitten hätte erhalten können. Der Bürgerstand suchte seine Vorrechte auszudehnen; der Adel die seinigen zu erhalten; und die Geistlichkeit sah ruhig und unthätig dem Streite zu, um sich zu der überwindenden Parthie zu schlagen. Der König allein wünschte Frieden und Eintracht; er allein that alles, um die Gemüther zu vereinigen. Er schrieb an die drey Stände, wie unangenehm es ihm sey, die Nationalversammlung (so nannte sie der König selbst, schon damals a)) unthätig zu sehen. Er bat, die Berathschlagungen anzufangen; er bat, er befahl nicht. Der Adelstand nahm den Vorschlag des Königs nicht an, sondern blieb auf seiner Meynung, und wollte gar nicht nachge-

---

a) Mémoires du Comte de Lally-Tolendal p. 23.

ben. Dadurch fieng der Plan, den einige Mitglieder des dritten Standes gemacht hatten, um den Adelstand zu unterdrücken (weil bekannt war, daß er die Erhebung des Herzogs von Orleans nie zugeben würde), weit früher an sich zu entwickeln, als sonst geschehen wäre. Gerade der Widerstand des Adels; die unbesonnene Vertheidigung aller seiner Vorrechte; die Hartnäckigkeit, mit welcher derselbe auf Kleinigkeiten bestand, waren Ursache, daß er sein größtes Interesse aus den Augen verlor, und dem Bürgerstande die Waffen, ihn zu stürzen, selbst in die Hand gab. Der Bürgerstand behauptete nun, daß keine Verschiedenheit der Stände Staat haben solle, und daß Er allein die Nation vorstelle. Der Bürgerstand war hier mit sich selbst im Widerspruche. Eilf Tage vorher, am 6ten Junius hatte er beschlossen: „Keiner der Stände „habe das Recht ausschließenderweise die Nation vorzu„stellen. Die Geistlichkeit sey nicht die Nation; der Adel„stand sey nicht die Nation; der Bürgerstand sogar, ob „er gleich den größten Theil derselben ausmache, könne „nicht als die Nation angesehen werden."

Am 17ten Junius 1789 gab sich der Bürgerstand auf den Vorschlag des Abbe Sieyes (des vertrauten Freundes des Herzogs von Orleans) den Namen Nationalversammlung. Dies war der Zeitpunkt, von welchem das Wohl Frankreichs abhieng. Sobald sich der Bürgerstand den Namen Nationalversammlung gab, hätten die Geistlichkeit und der Adel sich vereinigen und den Namen des Oberhauses annehmen sollen. Herr von Montesquieu schlug dieses dem Adel vor, aber vergeblich, und dadurch gieng der kostbarste Augenblick unwiederbringlich verloren. Wäre dieser Vorschlag angenommen worden, so hätte Frankreich eine Konstitution bekommen, welche alle Vorzüge der Engländischen, ohne ihre wesentlichen Fehler, gehabt haben würde, weil in Frankreich die Nationalversammlung, die Gemeinen in richtigerem Verhältnisse, als in England das Unterhaus, vorgestellt hätte. Aber im Buche der Schicksale war geschrieben, daß dieses nicht geschehen sollte; ein so großes Glück war Frankreich nicht bestimmt.

Ein Theil des Adels und der Geistlichkeit vereinigte sich mit der Nationalversammlung; diese stellte nun, da sie aus allen drey Ständen bestand, die Nation wirklich vor, und fieng auch sogleich ihre Berathschlagungen an. Alle Mitglieder schworen den Eid, und Herr Bailly wurde zum Präsidenten erwählt. Ihr erster Beschluß war, daß künftig nur diejenigen Abgaben bezahlt werden sollten, welche von der Nationalversammlung bewilligt wären, und daß die Nation die Bezahlung aller Schulden des Staates auf sich nehme. Durch diesen Beschluß hatte die Versammlung die mächtigste und größte Parthie im Königreiche, die Wechsler und die Wucherer auf ihrer Seite; und gegen diese Parthie vermogten alle Gutsbesitzer, ja selbst der König nichts.

Der Adel und die Geistlichkeit suchten nun die ferneren Sitzungen dieser sogenannten Nationalversammlung zu verhindern, und am 20ten Junius, während der König von Versailles abwesend und zu Marly war, wurde das Haus, worinn sie sich versammelten, mit Soldaten umgeben, welche den Mitgliedern den Eingang verwehrten. Aber sie giengen nach dem Ballhause, und hielten dort eine Sitzung, worin sie sich durch einen neuen Eid verbanden, nicht auseinander zu gehen, bis die neue Konstitution vollendet sey. Am 22ten Junius wollte die Nationalversammlung wiederum im Ballhause Sitzung halten;

aber der Zuschauer war eine so große Menge, daß für die Mitglieder nicht Platz genug übrig blieb; sie begab sich daher nach der Kirche, und sobald sie dort war, vereinigten sich 149 Mitglieder der Geistlichkeit mit ihr.

Am 23ten Junius wurde die berühmte königliche Sitzung gehalten, welche alle Gemüther erbitterte, und welche gerade das verursachte, was man durch diese Sitzung hatte verhüten wollen. Der König ward zu dieser Sitzung von seinen Rathgebern beynahe gezwungen. Man stellte ihm vor: er müsse sein Ansehen zeigen; nicht nur er selbst, sondern sein Königreich komme in Gefahr, wenn er zuviel nachgäbe. Durch solche Gründe ließ er sich bewegen, seine ganze Macht und sein ganzes Ansehen an diesem großen Tage zu gebrauchen; und der Erfolg war, daß er die allerüberzeugendsten Beweise erhielt, daß ihm weder Macht noch Ansehen mehr übrig geblieben sey.

Am 23ten Junius ward das Versammlungszimmer der Reichsstände mit Soldaten umringt; die Geistlichkeit und der Adel kamen allmählich an; eine ungeheure Menge von Zuschauern sah sie ankommen, aber die Menge knirschte mit den Zähnen, und klatschte ihnen nicht, wie sonst wohl geschehen war, Beyfall zu. Gegen 10 Uhr erschien der Herzog von Orleans, und ihn, ihn allein empfieng die Menge mit Beyfallklatschen, mit lautem Jubel und Freudengeschrey. Die Erzbischöffe und Bischöffe wurden alle, so wie sie nach einander anlangten, ausgezischt und ausgepfiffen. Der Adel und die Geistlichkeit hatten schon ihre Plätze eingenommen, aber die Nationalversammlung wurde noch nicht hereingelassen, sondern sie mußte lange vor dem Hause, unter einem hölzernen Obdache, das den fallenden Regen kaum abhielt, warten. Mirabeau drang darauf, daß die Thüren geöffnet werden sollten, und endlich geschah es. Die Nationalversammlung nahm in dem Saale den ihr bestimmten Platz ein, aber allen Zuschauern wurde der Eingang verwehrt. Der König erschien. Er setzte sich auf den, am Ende des Saals für ihn bestimmten, und auf einer Erhöhung angebrachten Thron. Zur Rechten saß ihm die Geistlichkeit; zur Linken der Adel; am andern Ende des Saals, dem Könige gegenüber, die Mitglieder der Nationalversammlung. Vor dem Könige saßen, auf niedrigen Stühlen die Minister, und vier Herolde standen in der Mitte des Saals. Bey der Größe, Majestät und Pracht dieses einzigen Schauspiels fiel nichts so sehr auf, als daß der für Neckern bestimmte Stuhl leer und unbesetzt war. Gerade deswegen, weil er fehlte, sah man vorzüglich nur ihn.

Tiefe Stille und bange Erwartung herrschten in der Versammlung, als der König sich vom Throne erhob, und folgende Rede hielt: „Meine Herren! Ich glaubte „Alles, was in meiner Macht war, zum Besten meines „Volkes gethan zu haben, als ich den Entschluß faßte, „Sie zusammen zu berufen; als ich alle die Schwierig„keiten, welche sich bey dieser Zusammenberufung zeig„ten, aus dem Wege räumte; als ich gleichsam dem „Wunsche der Nation zuvorkam, indem ich schon im „voraus erklärte, was ich für Ihr Glück zu thun geson„nen sey. Es schien mir, daß Ihnen weiter nichts zu „thun übrig bleibe, als mein Werk zu endigen, und die „Nation erwartete mit Ungeduld die Zeit, wo, durch die „wohlthätigen Absichten des Monarchen und den aufge„klärten Eifer ihrer Stellvertreter, sie alle das Glück und „den Wohlstand würde genießen können, welche sie von „einer solchen Vereinigung hoffen durfte. Nun sind die

„Reichsstände seit beynahe zwey Monaten versammelt,
„und noch haben sie nicht einmal über die Präliminarien
„ihrer Arbeit einig werden können. Eine völlige Einig-
„keit hätte schon allein aus Vaterlandsliebe entstehen sol-
„len, und, statt derselben, beunruhigt die traurige
„Zwietracht alle Gemüther. Ich will glauben, und ich
„finde Freude an dem Gedanken, daß die Frankreicher
„noch unverändert sind. Um aber den Vorwürfen, die
„ich Ihnen machen müßte, auszuweichen, will ich den-
„ken, daß die Erneuerung der Reichsstände nach einem so
„langen Zwischenraume; die Unruhen, welche vorhergien-
„gen; der Zweck dieser Zusammenberufung, der so sehr von
„denen verschieden ist, um welcher willen sich Ihre Voreltern
„versammelten; die Einschränkung der Vollmachten;
„und noch viele andere Umstände, nothwendigerweise
„Uneinigkeit, Streit und übertriebene Ansprüche haben
„verursachen müssen. Ich bin es dem Wohl des Rei-
„ches, ich bin es mir selbst schuldig, dieser schädlichen
„Zwietracht ein Ende zu machen. In diesem Entschluße,
„meine Herren, habe ich Sie jetzt von neuem um mich
„her versammelt. Als der Vater meiner Unterthanen
„und als der Vertheidiger der Gesetze meines Königrei-
„ches komme ich, Ihnen den wahren Geist dieser Gesetze
„in Erinnerung zu bringen, und alle darauf zu machen-
„den Eingriffe zurück zu halten. Nun aber, meine Her-
„ren, nachdem ich die gegenseitigen Rechte der verschie-
„denen Stände deutlich bestimmt habe, so erwarte ich
„von dem Patriotismus der ersten beyden Stände; von
„der Anhänglichkeit derselben an meine Person; von der
„Kenntniß, die Sie von den Uebeln haben, welche den
„Staat drücken; daß sie in Dingen, welche das gemeine
„Beste

„Beste betreffen, die ersten seyn werden, die eine Verei-
„nigung von Meynungen und Gesinnungen vorschlagen
„werden; eine Vereinigung, welche in dem gegenwärti-
„gen kritischen Zeitpunkte nothwendig ist, und welche
„zum Heil des Staates dienen wird."

Hierauf las der Siegelbewahrer, im Namen des Monarchen, eine Erklärung vor, vermöge welcher der König, um der Ordnung, um der Schicklichkeit, ja sogar
um der Freyheit der Meynungen willen, ausdrücklich gebot, daß keine Zuschauer zu den Berathschlagungen der
Stände ferner zugelassen werden sollten, und vermöge
welcher er alles, was die Nationalversammlung bisher
gethan hatte, für null und nichtig erklärte. Dann stand
der König abermals auf, und fuhr in seiner Rede fort.
Darauf las der Siegelbewahrer ein Verzeichniß der Gegenstände vor, über welche die Reichsstände sich berathschlagen sollten, und nachher fuhr der König wiederum
fort: „Wenn Sie mich, meine Herren, in einer so schö-
„nen Unternehmung verlassen, so will ich allein mein
„Volk glücklich machen; allein will ich mich als seinen
„wirklichen Stellvertreter ansehen. Bedenken Sie, meine
„Herren, daß keiner Ihrer Plane, keiner Ihrer Be-
„schlüsse gesetzmäßige Gültigkeit hat, ehe er von mir ge-
„nehmigt ist. Ich bin daher der natürliche Aufrechthal-
„ter Ihrer gegenseitigen Rechte, und alle Stände des
„Staats können sich auf meine billige Unpartheylichkeit
„verlassen. Jedes Mißtrauen von Ihrer Seite wäre eine
„große Ungerechtigkeit. Bisher habe ich allein alles für
„die Wohlfahrt meines Volkes gethan, und vielleicht ist
„es ein seltenes Beyspiel, daß ein Monarch allen seinen
„Ehrgeitz darin suche, seine Unterthanen dahin zu brin-
„gen, daß sie sich doch endlich einmal untereinander ver-

„stehen, und seine Wohlthaten annehmen. Endlich be»
„schloß der König diese merkwürdige Sitzung mit folgen»
„den Worten: Ich befehle Ihnen, meine Herren,
„sich sogleich zu trennen, und morgen, Jeder in dem
„seinem Stande bestimmten Saale zu erscheinen, um
„dort Ihre Sitzungen zu halten." Diese letzten Worte
des Königs machten einen tiefen Eindruck auf alle Gemü»
ther. „Also befiehlt der Monarch" sagte einer zum
andern „er befiehlt also, in der Versammlung der
„Stände des Reichs." Leises Gemurmel des Unwillens
gieng von einem Ende des Saals zum andern; aller Au»
gen waren, mit einem unterdrückten Seufzer, gegen den
leeren Stuhl des Finanzministers Necker gerichtet; auf
den Gesichtern der Abgesandten, und in ihren Blicken,
las man deutlich die Worte; „Nun wissen wir, warum
„Dieser fehlt! Er ist zu rechtschaffen, um bey einem
„solchen Auftritte gegenwärtig zu seyn!" Die oben
angeführten letzten Worte des Königs, mit denen er die
Sitzung des 23. Junius beschloß, waren zugleich die
letzten Worte des sterbenden Despotismus, der noch ein»
mal alle seine Kräfte zusammenrafte, sein Haupt in die
Höhe hob; stark und vernehmlich das Machtwort: Ich
befehle! aussprach, und dann, ohnmächtig und kraft»
los, auf immer dahin sank.

Der Adel und die Geistlichkeit folgten dem königlichen
Befehle, sie verließen den Saal und giengen auseinander,
aber die Nationalversammlung blieb. Bald erschien der
Zeremonienmeister, der Marquis de Breze, „Sie
„haben, meine Herren" sagte er, „den Befehl des Kö»
„nigs gehört?" — „Ja! wir haben gehört, was man
„dem Könige zu sagen aufgetragen hat" antwortete Mi»
rabeau „wir haben es gehört; aber Sie, mein Herr, Sie

„haben hier weder Sitz noch Stimme; Sie haben nicht
„einmal das Recht, zu sprechen; Ihnen kommt es gar
„nicht zu, uns den Befehl des Königs ins Gedächtniß
„zurück zu rufen. Und, um recht deutlich zu sprechen,
„erkläre ich Ihnen hiemit, daß wir unsere Plätze nicht
„anders als durch Gewalt, durch die Macht der Bajo-
„netter genöthigt, verlassen werden." Alle übrigen Mitglieder der Nationalversammlung riefen einstimmig:
„Dies sind die Gesinnungen der Versamm-
„lung!" und so war die Revolution geschehen, die
Macht des Königs war vernichtet, und der Despotismus war gestürzt!

Der Zeremonienmeister verließ den Saal, und eine
tiefe Stille herrschte in der Versammlung, deren Mitglieder nun über dasjenige, was sie im Enthusiasmus
gethan hatten, kaltblütig nachdachten. Herr Camus
brach zuerst das Stillschweigen, und that den Vorschlag,
in dem genommenen Entschlusse zu beharren. Einige andere Mitglieder sprachen, und die Nationalversammlung erklärte einstimmig, daß sie auf allen ihren gefaßten Beschlüssen bestehe. Nun stand abermals Mirabeau auf, und schlug vor, die Personen der Abgesandten der Nation für unverletzbar zu erklären. Furchtsamkeit gab ihm wahrscheinlich diesen Vorschlag ein; indessen
nahm die Nationalversammlung denselben an, und beschloß, daß alle Mitglieder ihrer Versammlung unverletzbar seyn, und daß Jeder, der es wagen werde, Hand
an einen von ihnen zu legen, er möge dazu Befehl haben, von wem er auch wolle, für ehrlos, für einen Va-
terlandsverräther erklärt werden solle, und des Todes
schuldig sey.

Während dieses in dem Saale der Reichsstände geschah, war der König nach seinem Pallaste zurückgekehrt. Er wurde, auf seinem Wege von einer großen Volksmenge begleitet, welche ihm bis in die Zimmer nachfolgte, und auf mancherley Weise ihre Unzufriedenheit zu erkennen gab. Die Nationalversammlung gieng, nachdem sie den obigen Beschluß gefaßt hatte, zu Herrn Necker, und bat ihn, der Nation und dem Könige getreu zu bleiben, und seine Stelle nicht niederzulegen. Gegen halb sieben Uhr des Abends versammelte sich das Volk vor Neckers Hause, und rief zu wiederholtenmalen: „Es lebe Necker! Hoch lebe Necker!" Necker erschien. Man rief ihm zu: „Bleiben Sie?" und er antwortete: „Ja! ich bleibe, ich bleibe bey Ihnen!" Nun erschallte es aufs Neue aus aller Munde: „Hoch lebe der König! Hoch lebe Necker!" Der Minister war über diesen Auftritt so gerührt, daß er sich auf einige Augenblicke entfernte, und in sein Zimmer einschloß; dann erschien er aufs neue, gebot mit der Hand dem versammelten Volke Stillschweigen, und sagte: „Ja, meine Herren, ich bleibe bey Ihnen, und sollte es „mir auch das Leben kosten; ich habe es dem Könige versprochen, und er hat mein Wort gütigst angenommen. „Nur bitte ich Sie, meine Herren (indem er sich zu den Mitgliedern der Nationalversammlung wandte), alle „die Sanftmuth, die Standhaftigkeit und die Tugend „anzuwenden, deren Sie fähig sind; um alles zum Besten zu lenken." Noch einmal rief jetzt das Volk: Hoch lebe Necker! Er bleibt bey uns! Er ist unser Vater und unser Rathgeber.

Dadurch, daß Necker in der königlichen Sitzung nicht gegenwärtig gewesen war, that diese Sitzung nicht nur gar keine, sondern sogar eine, derjenigen, welche man erwartet hatte, ganz entgegengesetzte Wirkung. „Der „Minister", so sprach man, „verabscheut selbst diesen „auffallenden Schritt des Despotismus. „Necker war „nicht da", sagte man, „weil er die Sitzung mißbil„ligte." a) Von diesem Tage an entstanden in Paris zwey Partheyen; diejenigen, welche für die königliche Gewalt waren, wurden Aristokraten genannt; diejenigen, welche die Rechte des Volkes vertheidigten, hießen Demokraten.

Ohne sich an den Befehl des Königs zu kehren, setzte die Nationalversammlung ihre Sitzungen fort. Gleich am folgenden Tage, am 24sten Junius, vereinigte sich der größte Theil der Geistlichkeit mit der Versammlung und ein Brief des Herrn Necker wurde vorgelesen, worin er der Nationalversammlung für das ihm bewiesene Zutrauen dankte. Am 25sten Junius kamen 47 Mitglieder des Adelstandes, mit einem Prinzen vom Geblüte, dem Herzoge von Orleans, an ihrer Spitze, um sich mit der Nationalversammlung zu vereinigen. Unter den 47 Adelichen waren die meisten solche, die von dem Könige, der Königinn, und den Ministern, mit Gnadengehalten, Wohlthaten und Geschenken, überhäuft worden waren. Anfänglich fiel dem Volke diese Undankbarkeit auf; aber die Pariser sagten: „Diese Herren wollen die Entstehung ih„res Glückes dem Könige, und die Erhaltung dessel„ben dem Bürgerstande zu verdanken haben." b) Dieser witzige Einfall galt für eine Erklärung ihres unbe-

---

a) S'il n'y a point assisté, c'est qu'il ne l'approuvoit pas.

b) Ils veulent, disoit-on, tenir leur fortune du Roi, et la maintenir par le Tiers.

greiflichen Betragens. Die Vereinigung der Verschwornen, oder der Orleanschen Parthey, mit der Nationalversammlung, war, wie man seither erfahren hat, ein fein angelegter Plan, und am 25ſten Junius hätte die Verſchwörung ausbrechen ſollen, wenn ſie nicht, durch die unerwartete Standhaftigkeit des Adels, verunglückt wäre. Eine Menge Volks wurde um den Saal der Nationalverſammlung verſammelt; eine Menge Meuchelmörder waren von Paris gekommen, hatten ſich unter das Volk gemiſcht, und bey demſelben den Haß gegen den Adel durch alle möglichen Mittel angefacht; ſogar einige Mitglieder der Nationalverſammlung, welche um die Verſchwörung wußten, waren mit Dolchen bewaffnet in die Verſammlung gekommen. Nachdem alle dieſe Zurüſtungen gemacht waren, that der Herzog von Orleans dem Adelſtande den Vorſchlag: das ganze Korps des Adels ſolle ſich zu der Nationalverſammlung verfügen, nicht um ſich mit derſelben zu vereinigen, ſondern bloß allein um ihr zu ſagen, daß nun die Vollmacht eines jeden Mitgliedes unterſucht ſey, und daß ſie ſich dem zufolge als die wirklichen Stellvertreter des Adels anſähen. Der Herzog wollte, durch dieſen Vorſchlag, den Adel, auf eine hinterliſtige Weiſe, in die gelegte Falle locken; denn der Plan war, daß, ſobald der Adel, mit dem Herzoge an ſeiner Spitze, in den Verſammlungsſaal eingetreten ſeyn würde, dann, gleichſam im Enthuſiasmus der Freude, die Mitglieder der Nationalverſammlung, durch Akklamation, den Herzog von Orleans zum Statthalter des Königreiches, das heißt, zum Vizekönige, zum Protektor, ausrufen ſollten. Der Adel würde dieß, das konnten ſich die Verſchwornen leicht denken, aus Anhänglichkeit an den König, nicht zugeben, und darum wären die Meuchelmörder von Paris gekommen, um alle, die sich widersetzen würden, zu ermorden. Ob in diesem Plane noch mehr Mordthaten enthalten wären, oder nicht: dieß läßt sich jetzo noch nicht zuverläßig angeben. Der Plan mißlang, theils durch die unerwartete Standhaftigkeit des Adels, welcher den Vorschlag des Herzogs nicht annahm, theils durch die Feigheit des Herzogs selbst. Diese Feigherzigkeit war auch Ursache, daß die ganze Sache zur Untersuchung kam, und bekannt wurde, da man dieselbe wahrscheinlich sonst nicht würde erfahren haben. Der Herzog hatte sich von dem Marquis von Sillery den Vorschlag, welchen er thun sollte, aufschreiben lassen. Nachdem er nun angefangen hatte, denselben, in der Versammlung des Adelstandes, vorzulesen, so wurde ihm, indem er sich die Folgen dieses Vorschlages, und seine persönliche Gefahr dabey dachte, so bange, daß er während des Lesens ohnmächtig niedersank. Man drängte sich um ihn; man riß seinen Rock und seine Weste auf, um ihm Luft zu geben: aber mit Erstaunen fand man, daß der Herzog sechs bis acht dünne Westen übereinander, und auf der bloßen Brust ein dickes Stück Pappedeckel trug. a) „Sechs bis acht Westen, im Junius, an „einem heißen Sommertage! und ein Stück Pappe„deckel! Was für Meuchelmörder hat denn der Herzog „zu fürchten, daß er sich so wohl vorsieht?" Diese und andere ähnliche Reden giengen von Mund zu Mund: aber bald erholte sich der Herzog wieder, und zog dann

---

a) Man sehe, was Mounier über diese Begebenheit sagt: Appel au tribunal de l'opinion publique. p. 263.

mit 47 Mitverschwornen, in die Nationalversammlung, um sich mit derselben zu vereinigen. Die Meuchelmörder, welche noch nicht wußten, daß der Plan mißlungen war, wiegelten das Volk auf, und drangen, mit demselben vereinigt und unter dasselbe gemischt, auf die Soldaten zu, welche vor der Thüre des Saales die Wache hatten. Sie warfen diese Soldaten über den Haufen, sprengten die Thüren ein, und stürzten in den Saal. Hier fanden nun die Meuchelmörder, mit Unwillen, daß die Schlachtopfer, welche sie suchten, nicht vorhanden waren, und begaben sich wieder hinweg, nachdem sie sich vorher, von dem Präsidenten der Nationalversammlung, hatten versprechen lassen, daß künftig dem Volke alle Thüren offen stehen sollten.

Ein großer Theil des Adels und der Geistlichkeit hielt indessen noch immer seine Sitzungen besonders, und von der Nationalversammluug getrennt. Unter den letztern befand sich auch der Erzbischof von Paris, ein Mann von vortrefflichem Karakter, dessen Liebe zu dem Volke, und dessen Mildthätigkeit gegen die Armen, allgemein bekannt sind. Aber gerade gegen diesen, von dem Volke beynahe angebeteten Prälaten, hatte die im Finstern arbeitende Parthie das Volk aufgewiegelt: man weis nicht, ob aus Privathaß; oder um ihre Stärke zu versuchen und ihre Kräfte zu üben; oder aus irgend einer andern Absicht. a) Der Erzbischof wurde als ein eifriger Aristokrat ausgeschrien; als derjenige, welcher die königliche Sitzung den 21.

---

a) Nobilitas, opes, omissi gestique honores pro crimine, et ob virtutes certissimum exitium. TACIT.

Junius veranlaßt habe, und der immer gegen das
Volk votire. Am 25. Junius, da er aus dem Ver-
sammlungssaale nach Hause fuhr, verfolgte ihn der
Pöbel, von den Meuchelmördern aufgewiegelt, die
eben aus dem Saale der Nationalversammlung, wohin sie vergeblich gegangen waren, zurückkamen. Ein
Regen von Steinen flog nach dem Erzbischofe, und
nur mit Mühe rettete er sein Leben, durch die Schnel-
ligkeit seiner Pferde, und durch die Unerschrockenheit
seines Kutschers. Der Pöbel umringte sein Haus,
und obgleich die Schweizergarde, die französische
Garde und die Garde du Korps, ihm zu Hülfe kamen,
so vermochten doch alle diese nichts gegen das Volk.
Der Haufe gieng nicht eher auseinander, als bis der
Erzbischof eine Erklärung ablesen ließ, worin er versprach, sich mit der Nationalversammlung zu vereinigen. a) Am 26. Junius erschien der Erzbischof in
der Nationalversammlung, und der Präsident machte
ihm ein schönes Kompliment, über die Größe seiner
Seele, welche ihn bewege, um des Friedens und der
Eintracht willen, sich freywillig mit der Nationalversammlung zu vereinigen. Auf diese Weise hat sich
die Nationalversammlung, sowohl als der Pariser
Bürgerrath, während der ganzen Revolution betragen.
Immer zwangen sie andere, mit dem Dolche auf der
Brust, zu thun, was man von ihnen verlangte; und

---

a) Ces premiers mouvements, fortuits pour la
plupart des spectateurs, ne l'étoient, ni pour
ceux qui réflechissoient, ni pour ceux qui agis-
soient. Ces mouvements en annoncoient d'autres, ils menaçoient la France entière. Mémoires de Lally-Tolendal. p. 48.

wenn denn diese feig genug waren, ihr Leben mehr zu achten als ihre Ehre, und in das Verlangte einzuwilligen, dann machten sie ihnen schöne Komplimente, über ihre edle und großmüthige Aufopferung. Dieß geschah nicht ohne Absicht. Die Provinzen ließen sich, sowohl als das übrige Europa, hiedurch täuschen; und darauf ward vorläufig gerechnet.

Außer dem Erzbischofe von Paris, vereinigten sich, in derselbigen Sitzung, noch einige Bischöfe mit der Versammlung: weil sie einsahen, daß sie, ohne diesen Schritt, in beständiger Lebensgefahr sich befinden würden.

Schon seit einiger Zeit hatte der Herzog von Orleans den sträflichen Plan, sich des Thrones mit Gewalt zu bemächtigen. Mirabeau war sein Werkzeug, und seine Mitverschwornen, welche, mehr oder weniger, um seine Absichten wußten, waren: der Herzog von Biron; der Herzog von Aiguillon; der Vicomte de Noailles; Herr de la Clos, Verfasser des berüchtigten Romans: les liaisons dangereuses; Herr de la Touche, Kanzler des Herzogs von Orleans; der Marquis de Sillery, und seine, als Schriftstellerinn bekannte Gemahlinn, Madame de Genlis; zwey verbannte Genfer, vertraute Freunde Mirabeaus, welche die Reden aufsetzten, die dieser, von Zeit zu Zeit, in der Nationalversammlung ablas, und welche auch, in der Folge, das Journal: Courier de Provence betitelt, in Mirabeaus Namen schrieben, sie hießen Claviere und Du Roveray und waren beyde unversöhnliche Feinde Neckers. Vielleicht gehörten auch unter die Verschwornen, die beyden Grafen Lameth und Herr Duport.

Alle diese Männer hatten einen unversöhnlichen Haß gegen die Königinn. Dem Herzoge von Orleans war dieser Haß durch die Marquise de Sillery (Gräfinn von Genlis) beygebracht worden. Madame de Sillery war, mit Einwilligung ihres Mannes, die erklärte Maitreffe des Herzogs von Orleans. Der Herzog hatte dieser Dame, um dieselbe beständig bey sich zu haben, die Aufsicht über die Erziehung seiner Kinder anvertraut. Da es aber in Frankreich etwas ungewöhnliches war, daß die Söhne eines Prinzen vom Geblüte einer Dame zur Erziehung übergeben wurden, so hieß, zufolge eines Machtspruches des Orleans, seine Maitresse, Madame de Genlis, nicht die Gouvernantinn, sondern der Hofmeister seiner Söhne; und man nannte diese Dame: Madame le Gouverneur. Auch genoß dieselbe aller Vorrechte einer solchen Stelle.

Eines Tages erwies die Königinn dem Herzoge die Ehre, in seinem Hause mit ihm zu speisen. Da vergaß der Herzog, die, der Monarchinn schuldige, Hochachtung so sehr, daß er diesen weiblichen Hofmeister, an der Tafel, neben die Königinn setzte; seine Maitresse neben die Monarchinn. Voll von dem Gefühle eines edlen Stolzes bat die Königinn, daß der Herzog diese Dame von ihrer Seite entfernen möchte. Madame de Genlis sah sich genöthigt aufzustehen, und die Tafel zu verlassen. Dafür schwor sie in ihrem Herzen, der Königinn eine bittere Rache. Sie bediente sich der Gewalt, welche sie über das Gemüth des Herzogs hatte, um demselben einen unversöhnlichen Haß gegen die königliche Familie beyzubringen; sie suchte seinen Ehrgeiz anzufachen; sie gab ihm zu verstehen, daß, wenn er, bey den Unruhen, welche überall in dem Königreiche herrschten, eine Rolle spielen und Geld austheilen wolle, um dieselben zu unterhalten, er dadurch der Abgott des Volkes werden, und vielleicht sogar auf den Thron gelangen könnte. Nach einigem innern Streite mit seinem Geldgeize und mit seiner Furchtsamkeit, willigte der Herzog in diesen Vorschlag ein. Wahrscheinlich kam also der erste Gedanke zu einer Verschwörung gegen den Thron von einem Weibe her!

Die Verschwörung sollte in dem Monate Julius ausbrechen, und der Herzog sollte zum Protektor, zum Statthalter des Königreiches ausgerufen werden. Zu diesem Ende wurde derselbe, zu Anfang des Julius, zum Präsidenten der Nationalversammlung gewählt: um dadurch die Ausführung des Plans zu erleichtern, weil ohnehin der Präsident der Nationalversammlung, nach dem Könige, die erste Person im ganzen Reiche war. Aber der Herzog nahm, aus Furchtsamkeit, die ihm angetragene Präsidentenstelle nicht an.

Um diese Zeit hielt der Advokat Desmoulins, nebst einigen andern gedungenen Rednern, in dem Palais Royal, in dem Pallaste des Herzogs von Orleans, Anreden an das Volk. Er verlangte: man solle alle Prinzen vom Geblüte, die Condes, die Contis, und die Bourbons, als gefährliche Rathgeber, aus dem Königreiche verweisen; die Polignacs solle man, wegen ihrer genauen Verbindung mit der Königinn, wegjagen; die Bürger sollen sich eidlich verbinden, die Nationalversammlung, den Herrn Necker, und den Herzog von Orleans zu unterstützen. Den Namen des letztern sprach der Redner mit ausgezeichnetem Nachdrucke aus. Nach geendigter Rede lud er alle Umstehenden ein, ihre Namen zu unterzeichnen, und an dem Komplotte Antheil zu nehmen. a)

Um eben diese Zeit wurde im Palais Royal sehr viel Geld ausgetheilt, welches in gedruckte Papiere gewickelt war, in denen das Volk zum Aufruhr aufgemuntert wurde. b)

"Der Advokat Herr Perin hörte, im Palais Royal, folgende Rede eines Volksredners: „Hieher „Mitbürger! Wir haben uns hier versammlet, um zu „erklären, daß wir einen Jeden, der es wagen wür„de, an das Leben des Herrn Necker, oder an seine „ministerielle Existenz, Hand an zu legen, für infam „und für einen Verräther des Vaterlandes halten; „denn es ist unsere Absicht, ihn als den unabsetzbaren „(ministre inamovible) Minister der Nation auszu„rufen. Und da unser König zwar gut und zutraulich, „aber nicht im Stande ist, sein Reich zu regieren: „so ernennen wir Seine Durchlaucht den Herzog „von Orleans zum Statthalter des Königreiches. Wir „wollen nunmehr nach dem Invalidenhause hingehen, „dort die Waffen wegnehmen, und uns bewaffnen." Diese Rede hatte der Redner geschrieben in Händen, und las dieselbe zweymal nacheinander, wörtlich ab. c)

Zu Anfang des Julius 1789 ließ der Herzog von Orleans sehr viele eiserne Platten, von der Größe ei-

---

a) Procédure criminelle du Chatelet de Paris. Témoin 48.
b) Témoin. 48. 248.
c) Témoin. 243.

nes Quartblatts gießen, worauf sein Wappen stand, mit den Worten: Vive Orleans. a) Um eben diese Zeit kamen eine große Menge Briefe aus England, unter der Adresse des Herzogs von Orleans, der Madame de Genlis, und anderer Personen nach Paris. Einige waren sogar mit der eigenen Hand des Herzogs überschrieben und mit seinem Wappen versiegelt. b) Diese Briefe wurden zum Theil aufgefangen, und obgleich alle aufgefangene Briefe geöffnet wurden: so hatte man doch für diese, die an das Haus Orleans addressirt waren, besondere Achtung. Der Magistrat der Stadt Paris wandte sich an den König, und bat sich Erlaubniß aus, diese Briefe öffnen zu dürfen. Der Monarch antwortete: er könne nicht erlauben, daß das Geheimniß der Briefe verletzt werde; sollten aber diese Briefe von verdächtigen Personen geschrieben, oder an verdächtige Personen addressirt seyn: so habe das Tribunal, welches den Angeklagten richte, das Recht, das Siegel dieser Briefe zu erbrechen. Die Briefe wurden dennoch uneröffnet an ihre Addressen abgegeben. c)

Die Pariser Polizey war bestochen, und daher verhielt sich dieselbe ganz ruhig und unthätig.

Aus allen den erzählten Umständen erhellt deutlich genug, daß eine Verschwörung vorhanden war, durch welche der Herzog von Orleans zu der Stelle eines Statthalters des Königreiches erhoben werden sollte,

---

a) Témoin. 180. 155. 126.
b) Témoin. 126. 155. 162.
c) Témoin. 155.

welches eben so viel hieß, als den Herzog auf den Thron setzen zu wollen. „Die Stelle eines Statthal„ters des Königreiches giebt eben so viel Gewalt als „die Regentschaft. Sie hat das königliche Ansehen „in den Händen; über Armee und Finanzen; über „Alles hat ein Statthalter zu befehlen; er kann alle „die Befehle geben, welche ein König selbst geben „könnte. Wenn man den Dauphin Karl ausnimmt, „welcher, während der Gefangenschaft seines Vaters, „des Königs Johann, Statthalter war, so hat es „niemals einen Statthalter gegeben, als in Zeiten der „Unruhe und während den Unordnungen der bürger„lichen Kriege. Heinrich der Fünfte, König von Eng„land, beherrschte Frankreich unter diesem Titel, „nachdem er sich mit der Burgundischen Parthey ver„bunden, sich die Verstandesverrückung Karls des „Sechsten zu Nutzen gemacht, und sich für den recht„mäßigen Thronerben, mit Ausschließung desjenigen, „dem der Thron gehörte, hatte erklären lassen. Nach „seinem Tode bekleidete sein Bruder, der Herzog von „Befort, eine Zeitlang dieselbe Stelle. Ein Herzog „von Guise übte, unter diesem Namen, während den „letzten Monaten der Regierung Heinrichs des Zwey„ten, und während der Regierung Franz des Zweyten, „den allerunumschränktesten Despotismus aus. Der „Herzog von Anjou war Statthalter unter Karl dem „Neunten; der Herzog von Mayenne wurde zu „dieser Stelle, unter Heinrich dem Dritten, von den „Rebellen erhoben, welche in der Geschichte unter dem „Namen der Ligueurs bekannt sind. Endlich wurde „auch, während der Minderjährigkeit Ludwigs des „Vierzehnten, im Jahr 1652, durch eine Akte des

„Pariser Parlaments, Gaston Herzog von Orleans, „welchen das Pariser Parlament an die Spitze der „Aufrührer stellen, und welchem dasselbe die Führung „des lächerlichen Krieges der Fronde übertragen woll„te, zum Statthalter ernannt."

„Ein Monarch, welcher sein Königreich verlassen „hat, oder welchen Kränklichkeit nöthigt, sich den Ge„schäften zu entziehen, könnte einen Statthalter, oder „einen Regenten, statt seiner selbst ernennen. Aber „wenn seine Wahl nicht auf den nächsten Thronerben „fallen sollte: so müßte er große Vorsicht gebrauchen, „um seinem rechtmäßigen Thronfolger die Krone zu „erhalten. Anders aber, als durch den eignen, freyen „Willen eines Königs von Frankreich, kann es kei„nen rechtmäßigen Statthalter geben; ausgenommen, „wenn der König minderjährig, ein Kriegsgefangener, „oder am Verstande verrückt ist. Sollte er durch Re„bellen gezwungen werden, einen Statthalter zu er„nennen: so würde er verbunden seyn, demselben die „Regierung abzutreten, und ihm selbst würde nur ein „leerer Titel übrig bleiben, ein Gegenstand der Eifer„sucht des Statthalters, und fähig, demselben die „sträflichen Plane einzugeben. Sollte dieser, so wie „vormals die Maires du Palais, zu der Macht, die „er schon besitzt, auch noch die Würde zu besitzen „wünschen: dann möchte es auch in seiner Gewalt „stehen, sich derselben zu bemächtigen; vorzüglich „dann, wenn der König und dessen Familie unter sei„ner Aufsicht stünden, und Ehrgeiz in ihm den Wunsch „erregen sollte, seine eigene Familie auf den Thron „zu setzen. Diejenigen, welche die Absicht hatten, den „Herzog von Orleans zum Statthalter des Königs-

„reiches auszurufen, oder den König zu zwingen, „demselben diese Stelle zu übertragen, hatten dem „zufolge den Plan, Ludwig den Sechszehnten der Re„gierung des Staates zu berauben, und die Rechte „der Thronfolge zu verletzen."

Um der Nationalversammlung mehr Ansehen zu geben, ließ man zu Paris, im Namen der Bürger, eine Addresse verfertigen und der Versammlung überreichen. In dieser Addresse gaben die Pariser Bürger der Nationalversammlung ihre Anhänglichkeit, ihre Dankbarkeit, und ihre Bewunderung zu erkennen, und versprachen, allen Befehlen derselben pünktlich zu gehorchen.

Der Monarch, dieser gutgesinnte König, dem es aufrichtig um das Wohl der Nation zu thun war, sah mit Schmerzen die beständig fortdauernde Uneinigkeit unter den drey Ständen; er fühlte, mit Kummer, daß er seine Gewalt ganz verloren hatte, und daß seine Befehle unbedeutend waren und unbefolgt blieben. Er fand sich in einem Labyrinthe, aus dem er sich nicht herauszufinden wußte. Er hielt Staatsrath über Staatsrath und entschied nichts. Am 26sten Junius wurde großer Staatsrath gehalten, und alle Prinzen vom Geblüte dazu berufen. Am 27sten Junius wurde dieser Rath fortgesetzt, und fieng schon um sieben Uhr des Morgens an. In diesem Staatsrathe erschien der Herzog von Luxemburg, als Präsident des Adelstandes. Er folgte dem Könige in sein Kabinett, und hielt dort mit ihm eine Unterredung. Der König bat den Herzog, er möchte den Adelstand bewegen, sich mit der Nationalversammlung zu vereinigen. „Sire" antwortete der Herzog, „das ist unmöglich; denn der

„Adel vertheidigt nicht seine eigenen Rechte, sondern
„die Rechte der Krone." — „Wie so?" fragte der
König. „Der Adel" fuhr der Herzog fort, „hat bey
„der Vereinigung, welche Ew. Majestät verlangen,
„nichts zu verlieren. Sein Ansehen; seine Reichthü-
„mer; die Talente und der bekannte Karakter sei-
„ner meisten Mitglieder, geben ihm in der National-
„versammlung ein Uebergewicht, welches er nie ver-
„lieren kann. Der Adel wird sich also mit dem Bür-
„gerstande vereinigen, wenn Ew. Majestät es befeh-
„len, aber was werden die Folgen eines solchen
„Schrittes seyn? Eure Majestät wissen, daß, sobald
„die Reichsstände versammlet sind, alle Gewalt in
„den Händen derselben ist; und daß, in ihrer Ge-
„genwart, sogar das königliche Ansehen, womit Ew.
„Majestät bekleidet sind, verstummen muß. Sind nun
„die Reichsstände in drey Häuser getheilt, so ist ihre
„Macht eingeschränkt, und das königliche Ansehen
„bleibt. Sind sie getrennt, so sind sie Ihre Untertha-
„nen; sind sie vereinigt, so kennen sie keinen Herrn
„über sich. Der Adel, Sire, ist Ihnen getreu. Ge-
„genwärtig bleibt ihm die Wahl übrig, entweder,
„dem Wunsche Eurer Majestät gemäß, sich mit dem
„Unterhause zu vereinigen, oder in Vertheidigung der
„Rechte des Throns zu sterben. Er hat schon ge-
„wählt. Er wird sein Leben dahin geben: dieß ist
„seine Pflicht; aber durch seinen Tod wird er die
„Rechte des Throns erhalten, und alle Schlüsse der
„Nationalversammlung für null und nichtig erklären;
„denn eine Versammlung kann doch nicht die Nation
„vorstellen, nachdem der dritte Theil ihrer Mitglieder
„der Wuth des Pöbels und den Dolchen der Meu-

„chelmörder aufgeopfert worden ist. Ich beschwöre „Ew. Majestät, diesen Betrachtungen einiges Nach- „denken zu schenken." „Herr von Luxemburg," antwortete der König standhaft, „ich habe schon alles „überlegt, ich bin entschlossen, alles aufzuopfern, und „ich will nicht, daß ein einziger Mensch, in Ver- „theidigung meiner Vorrechte, umkomme. Sagen „Sie also Ihrem Stande, daß ich denselben bitte, „sich mit den beyden andern zu vereinigen. Ist die- „ses nicht genug, so befehle ich es ihm als sein Kö- „nig, ich will es. Ist eins unter seinen Gliedern, „welches sich, durch seinen Eid oder durch seine Ehre, „verbunden hält zurück zu bleiben: so lassen Sie mich „es wissen, und ich will hingehn, mich neben diesen „setzen und mit ihm umkommen, wenn es seyn muß." Eben das verlangte der König auch von dem geistlichen Stande. An beyde Stände schrieb er einen Brief, worin Er sagt: daß er zwar von den Beweisen ihrer Treue und von der Anhänglichkeit, welche sie ihm bezeigten, indem sie seine am 23sten Junius gegebene Erklärung angenommen hätten, sehr gerührt sey; daß er aber dessen ungeachtet sich nicht enthalten könne, sie einzuladen, sich mit denjenigen zu vereinigen, welche diese Erklärung verworfen hätten.

Während man in dem Saale, worin der Adelstand versammelt war, über den Befehl des Königs sich berathschlagte, und geneigt schien, demselben nicht zu gehorchen, kamen gleich nach einander zwey Bothschafter von dem Grafen von Artois, welcher bitten ließ, die Berathschlagung zu endigen, und dem Befehle des Königs zu gehorchen, weil ein längerer Widerstand für das Leben Seiner Majestät gefährlich werden könnte. Nach dieser

Bothschaft begab sich der Adel sowohl, als die Geistlichkeit nach dem Saale, wo die Nationalversammlung ihre Sitzungen hielt, und vereinigte sich mit derselben. Herr Bailly machte beyden Ständen ein sehr artiges Kompliment, worin er, unter andern schönen Dingen, auch sagte: nun sey die ganze Familie versammelt und alle Zwietracht gehoben. Dann verschob er die künftige Sitzung auf zwey Tage hinaus, damit man, wie er sich ausdrückte, Zeit habe, sich der Freude zu überlassen.

Kaum erschallte die erste Nachricht von dieser Begebenheit in Versailles, als schon das Volk in ungeheuren Haufen sich auf das Schloß zudrängte, und mit rasendem Geschrey den König und die Königin zu sehen verlangte. Ihre Majestäten erschienen auf dem Balkon, und nun ertönte die Luft: „Hoch lebe der König! Hoch „lebe die Königin!" Von da zogen sie zu Herrn Necker und riefen ihn für den Schutzgott Frankreichs aus. Dann kam die Reihe an den Herzog von Orleans, darauf an den Grafen von Montmorin, und endlich an Herrn Bailly. Mit Illuminationen, Freudenfeuern und Freudenfesten endigte sich dieser erste Freyheitsrausch.

Indessen waren um eben diese Zeit eine große Menge ephemerischer Schriftsteller aufgestanden, welche täglich in fliegenden Blättern, in Zeitungen, in Broschüren, Pamphleten und Pasquillen, den Bürgerstand vertheidigten und den Adelstand verhaßt oder lächerlich machten. Den Pilzen gleich schossen diese politischen und philosophischen Schriftsteller an einem Tage auf, und am andern waren ihre Schriften, von dem vorüberfließenden Strome der Zeit schon weggeführt. Indessen ließen doch die Ideen, welche sie mit Deklamation und Uebertreibung vortrugen, in den Gemüthern mehr oder weniger Eindruck zurück. Dicke Bände erschienen zu Gunsten des Bürgerstandes, und kleine giftige Broschüren gegen den Adel. Der große Montesquieu hieß ein Aristokrat. Den Bürgerstand verglichen diese Schriftsteller bald mit den Negern in den Kolonien: bald mit den Heloten zu Sparta; bald hießen die Bürgerlichen die einzigen nützlichen Menschen im Staate; bald nannte man sie diejenigen, ohne welche die übrigen gar nicht würden leben können; bald die einzigen Menschen im Staate, welche Verstand und Einsichten hätten; bald erschienen sie in ihrer ganzen Stärke, als vierundzwanzig Millionen entschlossener und tapferer Männer; bald als die Nation. Adel und Geistlichkeit nannte man nun nicht mehr Stände, sondern privilegirte Klassen.

Die wiederholten Versammlungen des Pöbels; die von demselben seit einiger Zeit verübten Exzesse; und die wenige Achtung, welche derselbe für das Militair zeigte, fiengen an, die Aufmerksamkeit der Regierung, und vorzüglich der Pariser Polizey auf sich zu ziehen. Man hielt für nöthig, Truppen in der Nachbarschaft von Paris zu versammeln, um im Falle der Noth Hülfe zu haben; vielleicht hatte die Regierung noch dabey die Nebenabsicht, die so wenig gefällige Nationalversammlung einzuschränken, oder wohl gar mit Gewalt auseinander gehen zu machen. Der Anblick dieser Truppen war für diejenige Parthie, welche den Pöbel aufwiegelte, und in deren Plan es gehörte, Unordnungen zu erwecken, höchst unangenehm. Sie wandte alles an, um diese Truppen zu entfernen. Erst setzte sie die so leichtgläubigen und so furchtsamen Pariser in Schrecken. Das Gerücht sagte: man wolle die Nationalversammlung einschließen und ermorden; nachher, man wolle der Stadt Paris alle Zufuhr abschneiden; endlich, man wolle Paris aushungern. Alle Tage entstand und verbreitete sich ein neues Gerücht, und die Furcht vor den Truppen stieg aufs höchste. Fünf und dreyßig tausend Mann, hieß es, wären schon da, noch zwanzig tausend sollten nachfolgen, die Artillerie sey im Anmarsche und die Batterien würden errichtet. a) Unzählige andere, diesen ähnliche, Gerüchte entstanden, die zwar alle gleich falsch und gleich ungegründet waren, aber doch dazu dienten, die Gemüther zu stimmen und den wahren Plan der Verschwornen zu verbergen.

Auf diese Weise wurden die Pariser gestimmt: nun kam es darauf an, auch die Soldaten zu stimmen. Hier mußten nun freylich ganz andere Mittel gebraucht werden; nichts konnte dienen, als Geld. Geld war nöthig, und sogleich war Geld im Ueberflusse vorhanden. Mit dem Regimente der französischen Garde wurde der Anfang gemacht. Der Marquis von Valadi, vormals selbst ein Offizier dieses Regiments, gieng von Kaserne zu Kaserne herum, predigte den Soldaten die **wahren Pflichten des Menschen**, und theilte Geld unter sie aus. Diese Predigt that gute Wirkung, denn schon am folgenden Tage giengen die Grenadiere der französischen Garde im Palais Royal herum, wo man ihnen Geld in Menge gab. Um die Befehle ihrer Offiziere bekümmerten sie sich gar nicht mehr. Von dem 20ten Junius an erhielten alle Soldaten Befehl, ihre Kasernen nicht zu verlassen; aber am 25. und 26. brachen sie haufenweise aus, kamen zu Hunderten nach dem Palais Royal, und wurden mit Freudengeschrey und Händeklat-

---

a) Augendo rumoribus virtutem copiasque hostium.
TACIT.

schen aufgenommen. Man gab ihnen Wein, Eis, Essen, Geld; und betrunken von Freude und Wein, riefen sie aus: „Es lebe der Bürgerstand hoch!" Gänzlicher Mangel an Subordination, Verachtung aller Gesetze, und Schwäche der ausübenden Gewalt nahmen täglich sichtbar zu. Subalterne Offiziere, welche sich über ihre Oberoffiziere zu beklagen hatten, und nur eine Gelegenheit suchten, sich ungestraft rächen zu können, führten mit Widerwillen die ihnen gegebenen Befehle aus, und die um Paris versammelten Truppen trugen nur noch zu Vermehrung der Unordnung bey. a)

Der Marschall von Broglio wurde aus Lothringen verschrieben, um das Kommando der in der Nähe von Paris versammelten Truppen zu übernehmen. Als er bey Hofe erschien, warf sich der König weinend in seine Arme und sagte: „Wie bin ich so unglücklich! Alles „habe ich verloren! Meine Unterthanen lieben mich nicht „mehr, und ich bin ohne Geld und ohne Soldaten!" b)

Die Truppen bestanden aus einigen Regimentern Kavallerie und Infanterie, unter den Befehlen des Marschalls von Broglio. Diese anrückenden Truppen erfüllten die Nationalversammlung mit Schrecken und Furcht. Sie schrieben Briefe über Briefe nach Paris und nach den Provinzen; in jeder Stadt, auf jedem Dorfe lasen die-

---

a) Nec ulla apud Vitellianos flagitii poena et praemiis defectorum versa fides, ac reliquum perfidiae certamen, crebra transfugia tribunorum centurionumque. TACIT.

b) Que je suis malheureux! J'ai tout perdu! Je n'ai plus le coeur de mes sujets, et je suis sans finances et sans soldats. Correspondance d'un habitant de Paris. p. 19.

jenigen, welche die Briefe erhielten, posttäglich die erhaltenen Nachrichten dem versammelten Volke vor; und da kamen Nachrichten, über die man jetzt lachen müßte, wenn sie nicht so gefährliche Folgen gehabt hätten. Alles, was die furchtsame Einbildungskraft der Mitglieder der Nationalversammlung ihnen als möglich vorstellte, das hielten sie für wahr, für gewiß, für wirklich geschehen. Bald hatten die Minister den Saal der Nationalversammlung untergraben, und die Höhlung mit Schießpulver angefüllt, um die Versammlung in die Luft zu sprengen; bald waren glühende Kugeln gegen ihren hölzernen Versammlungssaal gerichtet, um denselben zu verbrennen; bald sollte Paris und Versailles belagert und ausgehungert werden. Furcht und Schrecken bemächtigten sich aller Gemüther, beyde wurden über ganz Frankreich allgemein. a)

Am 30ten Junius wurden einige Soldaten, welche es gewagt hatten, sich den Befehlen ihrer Offiziere zu widersetzen, in Arrest genommen. Gegen Abend sprach man über diesen Vorfall in einem Kaffeehause des Palais Royal. Sogleich riefen einige von der Gesellschaft aus: „Wir wollen sie los machen! wir wollen sie los machen!" Der Haufe zog weg, und vergrößerte sich auf den Straßen allmählig immer mehr und mehr. Man kommt zum Gefängnisse, man sprengt die Thüren ein und befreyt die gefangenen Soldaten. Endlich, aber zu spät, schickt der

---

a) Alii ficta haec, et in gratiam Muciani composita; quidam, omnium id ducum consilium fuisse, ostendare potius urbi bellum, quam inferre: quando validissimae cohortes a Vitellio descivissent, et abscissis omnibus praesidiis, cessurus imperio videbatur. TACIT. hist. lib. 3.

Polizeylieutenant eine Kompagnie Dragoner und eine Kompagnie Husaren gegen den aufrührischen Haufen, aber der Pöbel fällt den Pferden in die Zügel und die Unordnung nimmt zu. Die immer geschäftige, heimlich wirkende Parthie läßt Wein in Menge herbeybringen, der Pöbel betrinkt sich in Gesellschaft der gegen ihn abgeschickten Husaren und Dragoner, und diese stimmen in das Freudengeschrey: „Hoch lebe die Nation!" mit ein. Die befreyten Gefangenen wurden im Triumphe nach dem Palais Royal geführt, und die Straße, in welcher das erbrochene Gefängniß lag, wurde erleuchtet. In der periodischen Schrift, welche Mirabeau herausgab, wurde dieser Ungehorsam der Soldaten gegen ihre Offiziere als eine heroische That gelobt, und der übrigen Armee, als ein nachahmungswürdiges Beyspiel anempfohlen.

Am ersten Julius kamen einige unbekannte junge Leute nach Versailles und übergaben dem Präsidenten der Nationalversammlung, Herrn Bailly, einen Brief, worin die Nationalversammlung um Gnade für die aus dem Gefängnisse befreyten Soldaten gebeten wurde. Vernünftige und kaltblütige Personen fanden es äußerst sonderbar, daß die erhabene Versammlung der Stellvertreter der französischen Nation eine solche Kaffeehausgesandtschaft annahm; und zwar nahm die Versammlung sie nicht nur gut auf, sondern Herr Bailly, der Präsident, schlug vor, einen Ausschuß zu wählen, welcher sich mit dieser Sache beschäftigen sollte. Aber ein solcher Vorschlag, der ein offenbarer Eingriff in die Rechte der ausübenden Gewalt war, wurde mit Unwillen verworfen, und die Versammlung beschloß, daß sie sich mit nichts beschäftigen könne, was die ausübende Gewalt angehe, die allein in den Händen des Königs bleiben müsse, und von welcher die

Sicherheit des Reichs abhange. Wohl der Nationalversammlung! Wohl der französischen Nation! wenn sie diesem Grundsatze getreu geblieben wäre. Die Nationalversammlung schickte eine Gesandtschaft an den König, um ihm diesen Beschluß bekannt zu machen, und zugleich seine Gnade für die gefangenen Soldaten zu erflehen. Der König, sich immer gleich, immer gerecht und gut, antwortete: „Meine Herren, ihr Beschluß ist sehr weise, „und ich freue mich, die Gesinnung der Versammlung „kennen zu lernen. So oft sich die Nation mir anver„trauen wird, soll alles gut gehen." Am 2ten Julius schrieb der König einen Brief an den Erzbischof von Paris, worin er diesem Prälaten sagte: „die gewaltthätige „Befreyung der Gefangenen sey höchst sträflich. Allen „Ständen, allen guten, rechtschaffenen und ruheliebenden Bürgern müsse an der Aufrechthaltung der zu Be„schützung der öffentlichen Ruhe vorhandenen Gesetze ge„legen seyn. Dessen ungeachtet wolle er für diesmal sei„ner Güte folgen, aber nicht eher, als bis die Ruhe „wieder hergestellt seyn werde." Diese Nachricht wurde nach Paris geschickt, die Gefangenen giengen, zufolge derselben in der Nacht vom vierten auf den fünften Julius wiederum in ihr Gefängniß zurück, und erhielten schon am andern Tage ihre Gnade. Dieser ruhige Ausgang eines so fein angesponnenen Aufruhrs verrückte zwar für diesmal den Urhebern des Plans ihre Projekte, aber brachte sie nur noch mehr auf, und machte ihre folgenden Plane nur um desto kühner und sicherer.

Gleich, nachdem das Edikt zu der Zusammenberufung der Reichsstände erschienen war, hatte sich Paris, um zu der Wahl seiner Abgesandten zu schreiten, in 60 Quartiere, oder sogenannte Distrikte getheilt. Die Bürger eines jeden Distrikts versammelten sich und wählten aus ihrer Mitte eine gewisse bestimmte Anzahl von Personen, welche Wahlherren (Electeurs) genannt wurden. Dieser Wahlherren waren für ganz Paris zwischen zwey und dreyhundert; sie hielten ihre Sitzungen auf dem Rathhause, und wählten unter sich die Mitglieder der Nationalversammlung, welche zu Versailles die Stelle der Bürger von Paris vertreten sollten. Nachdem diese Wahl geschehen war, erwartete die Regierung, daß diese Wahlherren, deren Zusammenkünfte und Sitzungen nun keinen rechtmäßigen Zweck mehr haben konnten, auseinander gehen sollten; aber das thaten sie nicht. Das Gerüste, welches zu der Wahl der Stellvertreter von Paris errichtet worden war, diente der Revolution und dem aufzuführenden Gebäude einer neuen Konstitution zur Grundlage. Die Eintheilung in 60 Distrikte blieb; und so hatte man ein leichtes Mittel, ganz Paris zu versammeln. Man durfte nur die Sturmglocke ziehen, oder Lärm trommeln lassen, so gieng jeder Bürger nach seinem Distrikte, jeder Wahlherr nach dem Rathhause, und vermöge 60 Rednern, die man wohl unterrichtet und reichlich bezahlt hatte, und von denen man jeden in einen andern Distrikt sandte, konnte in wenigen Stunden über ganz Paris ein falsches Gerücht verbreitet, oder ein neuer Grundsatz in Umlauf gebracht werden. Nachdem die Wahlherren ihre Wahlen geendigt hatten, versammelten sie sich am 10ten May 1789 zum letztenmale, und ehe sie auseinander giengen, verbanden sie sich untereinander, ihre Sitzungen auch künftig fortzusetzen. Ohne diesen Beschluß der Pariser Wahlherren wäre vielleicht die Revolution nie zu Stande gekommen. Sie wußten wohl, daß ihre fortgesetzten Sitzungen unrechtmäßig waren, aber dennoch setzten sie dieselben fort. Eine, ihnen nur auf kurze Zeit anvertraute, Macht wollten sie nunmehr beständig behalten. Der Saal des Rathhauses wurde ihnen verschlossen; sie versammelten sich aber in einem Gasthofe der Straße Dauphine. Am 15ten Junius kamen sie dahin, als eben eine Hochzeit gehalten wurde, und der Bräutigam mit seinen Freunden sah sich genöthigt, mit dem Tanze aufzuhören, und diesem selbstgeschaffenen Tribunale den Tanzsaal zu seinen Sitzungen einzuräumen. Sie berathschlagten sich, ohne eigentlich zu wissen, worüber, als einer von ihnen, Herr von Bonneville, aufstand und ausrief: „Zu den Waf„fen! greift zu den Waffen!" Der größte Theil der Versammlung zitterte vor Schrecken, andere lächelten, und ein bejahrter Mann stand auf und sagte: „Jüngling, „noch ist es nicht Zeit! verschieben wir dieses noch um „vierzehn Tage!" Bald nachher versammelten sie sich wieder auf dem Rathhause, und blieben da, während der Revolution und nachher. Dieser Versammlung war die Verschwörung nicht unbekannt: einige ihrer Mitglieder thaten alles, was von ihnen abhieng, um die Versammlung der Wahlherren in das Interesse der Verschwornen zu ziehen, aber die meisten Mitglieder widersetzten sich solchen Maaßregeln fest und standhaft.

Die Nationalversammlung fuhr in ihren Berathschlagungen fort, und einige ihrer Mitglieder suchten dem Volke gegen die in der Nähe der Hauptstadt versammelten Truppen neues Mißtrauen beyzubringen, und einen neuen Aufstand zu erregen. Mirabeau hielt in der Nationalversammlung eine Rede, welche eines Demosthenes, eines Cicero würdig gewesen wäre. Er verlangte, daß die Versammlung den König bitten solle, diese Truppen zu entfernen, und auf seinen Vorschlag schickte, am Abende des 10ten Julius, die Nationalversammlung eine Gesandtschaft aus ihrer Mitte an den König, um demselben folgende Addresse zu überreichen, welche mit dem Feuer der wahren Beredsamkeit abgefaßt, und von Mirabeau aufgesetzt war:

Sire!

„Sie haben die Nationalversammlung gebeten, Zutrauen zu Ihnen zu haben; und hiedurch sind Sie dem innigsten Wunsche derselben zuvorgekommen."

„Wir theilen jetzo Ew. Majestät unsere ängstliche Besorgnisse mit. Wären wir selbst der Gegenstand dieser Besorgniß; wären wir schwach genug, für uns selbst Etwas zu befürchten, so würde Ihre Güte geruhen, uns diese Furcht zu benehmen; und sie würden selbst dann, wenn Sie uns einen Verweis darüber geben sollten, daß wir Ihre Gesinnungen so sehr verkennen konnten, dennoch unsere Unruhe besänftigen; Sie würden die Ursache derselben entfernen; Sie würden die Nationalversammlung, wegen ihrer Lage, nicht in Ungewißheit lassen."

„Aber, Sire, wir flehen nicht um ihren Schutz: dies hieße Ihre Gerechtigkeit beleidigen. Wir fürchten uns zwar, aber wir wagen es zu sagen, der reinste Patriotismus erzeugt diese Furcht: wir sind besorgt, wegen derjenigen, deren Stellvertreter wir sind; wir sind besorgt um die öffentliche Ruhe; um die Wohlfahrt eines geliebten Königs, welcher, da er den Weg zur Glückseligkeit uns selbst gebahnt hat, wohl verdient, auf demselben, ohne Schwierigkeit fortwandeln zu können."

„Auf Ihre Gesinnungen, Sire, auf die Empfindungen Ihres Gemüthes baut Frankreich seine Wohlfahrt. Wenn die Truppen, von allen Seiten her, sich nähern; wenn, rund um uns her, Lager aufgeschlagen werden; wenn die Hauptstatt belagert ist, dann fragen wir uns mit Erstaunen: Hat der König Mißtrauen in die Treue seines Volkes? Würde Er nicht, wenn Er ein solches Mißtrauen gefaßt hätte, den Kummer seines väterlichen Herzens uns mitgetheilt haben? Was bedeuten dann diese drohenden Zurüstungen? Wo sind die Feinde des Staates, wo sind die Feinde des Königs, welche bezwungen werden müssen? Wo sind die Rebellen, wo sind die Verschwornen, welche unterjocht werden müssen? . . . . Mit Einer Stimme antwortet die Hauptstadt, mit Einer Stimme ruft das ganze Königreich: „Wir verehren un„sern König; wir danken dem Himmel, welcher uns den„selben geschenkt hat!"

„Sire, unter dem Vorwande des öffentlichen Wohls hat man Eure Majestät irre geführt."

„Hätten diejenigen, welche unserem Könige solche Rathschläge gegeben haben, Zutrauen genug in ihre eigenen Grundsätze, um dieselben uns mitzutheilen, so würde die Wahrheit den schönsten Triumph erhalten."

„Dem Staate droht keine andere Gefahr, als die Gefahr der schädlichen Grundsätze, die es wagen, den Thron selbst zu belagern; die dem besten, dem tugendhaftesten Fürsten Mißtrauen beyzubringen suchen. Und wie fängt man es an, Sire, um Ihnen Zweifel gegen die Anhänglichkeit, gegen die Liebe Ihrer Unterthanen beyzubringen? Haben Sie das Blut derselben vergossen? Sind Sie grausam? Sind Sie unerbittlich? Haben Sie Ungerechtigkeiten begangen? Schreibt das Volk sein Unglück auf Ihre Rechnung? Nennt es Sie, als die Ursache der Plagen, von denen dasselbe gedrückt wird? Hat man es etwan gewagt, Ihnen zu sagen, das Volk sey seines

Beherrschers müde, es wolle sich dem Zepter der Bourbons entziehen? Nein! nein! das hat man Ihnen nicht gesagt; so ungereimt darf die Verläumbung nicht sprechen, sie sucht die Schwärze ihrer Bosheit wenigstens durch einige Wahrscheinlichkeit zu übertünchen!"

„Eure Majestät haben vor kurzer Zeit gesehen, wie viel Dieselben über Ihr Volk vermögen. In der unruhigen Hauptstadt ist die Subordination hergestellt worden; die, durch das Volk befreyten Gefangenen haben sich die Fesseln selbst wieder angezogen; und ein einziges Wort aus Ihrem Munde hat die öffentliche Ruhe wiederum hergestellt, zu deren Herstellung vielleicht Ströme von Blut würden erforderlich gewesen seyn, wenn man sich hätte der Gewalt bedienen wollen. Aber dieses Wort war ein Wort des Friedens; es war der Ausdruck Ihres Herzens, und Ihre Unterthanen rechnen es sich zur Ehre, demselben niemals zu widerstehen. Wie herrlich ist es, auf eine solche Weise zu herrschen! So regierten Ludwig der Neunte, Ludwig der Zwölfte, und Heinrich der Vierte: keine andere Art zu regieren ist Ihrer würdig!"

„Wir würden Sie betrügen, Sire, wenn wir nicht, durch die Umstände genöthigt, hinzu setzten: daß diese Art zu regieren die einzige jetzo in Frankreich mögliche ist. Frankreich wird nicht zugeben, daß man den besten der Könige irre führe; daß man Ihn durch gefährliche Rathschläge verleite, den Plan zu verlassen, welchen Er selbst Sich vorgesetzt hat. Sie haben uns berufen, um gemeinschaftlich mit Ihnen die Konstitution zu gründen, um die Umschaffung des Königreiches zu bewirken. Die Nationalversammlung erklärt Ihnen hiemit feyerlich, daß Ihre Wünsche sollen erfüllt werden; daß Ihre Versprechungen nicht vergeblich seyn werden; daß weder gelegte Fallstricke, noch Schwierigkeiten, noch Schrecknisse den Gang ihrer Berathschlagungen aufzuhalten, oder ihr den Muth zu rauben im Stande sind."

"Was bringen denn aber die Truppen für eine Ge-
"fahr?" so werden unsere Feinde sprechen. "Was wol-
"len diese Leute mit ihren Klagen, wenn sie so ganz furcht-
"los sind?"

"Die Gefahr, Sire, ist dringend; sie ist allgemein; sie ist größer, als menschliche Klugheit dieselbe zu berechnen im Stande seyn mag. Es ist Gefahr für die Provinzen vorhanden. Ist das Volk erst einmal um seine Freyheit besorgt, dann läßt es sich durch nichts mehr zurück halten. Die Entfernung vergrößert alles; sie übertreibt alles; sie verdoppelt, verbittert, vergiftet alle Besorgnisse. Es ist Gefahr für die Hauptstadt vorhanden; denn mit welchem Unwillen wird nicht das Volk in seiner Dürftigkeit, und gequält von ängstlicher Furcht, die nothwendigsten Bedürfnisse des Lebens sich von drohenden Soldaten entreißen sehen? Die Gegenwart der Truppen wird die Gemüther erhitzen und aufwiegeln, wird eine allgemeine Gährung verursachen; und bey der ersten Gewaltthätigkeit, welche unter dem Vorwande der Polizey verübt werden wird, kann eine schreckliche Reihe von Unglücksfällen ihren Anfang nehmen. Es ist Gefahr für die Trupen vorhanden. Französische Soldaten, nahe an dem Mittelpunkte der Berathschlagungen, theilnehmend an den Leidenschaften, so wie an dem Interesse des Volkes, können vergessen, daß ein Versprechen sie zu Soldaten machte, um sich zu erinnern, daß die Natur sie zu Menschen geschaffen habe. Es ist, Sire, auch für unsere Arbeiten Gefahr vorhan-

309

den; für diese Arbeiten, welche unsere erste Pflicht sind, und welche nur dann einen guten Erfolg, eine dauerhafte Beständigkeit erlangen können, wenn das Volk dieselben für völlig ungezwungen und frey hält. Außerdem sind leidenschaftliche Bewegungen ansteckend; wir sind auch Menschen; Mißtrauen in uns selbst, und Furcht schwach zu scheinen, können uns über das Ziel hinaus treiben; heftige und übertriebene Rathschläge werden von allen Seiten auf uns zuströmen; die kaltblütige Vernunft, die ruhige Weisheit geben ihre Sprüche niemals mitten im Tumulte, in Unordnungen, und während der Auftritte, welche der Partheygeist veranlaßt."

„Die Gefahr, Sire, ist noch schrecklicher, und urtheilen Sie von der Größe derselben aus den Besorgnissen, welche uns zu Ihnen führen. Große Revolutionen sind aus weit geringeren Ursachen entstanden; und mehr als eine Unternehmung, durch welche Völker zu Grunde gegangen sind, hat auf eine weniger bedenkliche, eine weniger gefährlichscheinende Art ihren Anfang genommen."

„Glauben Sie Denjenigen nicht, welche leichtsinnig von der Nation sprechen; welche Ihnen dieselbe so vorstellen, wie es ihre Absichten erfordern; bald als frech, rebellisch und aufrührisch; bald als unterwürfig, dem Joche unterthänig, und bereit den Hals zu beugen, um sich dasselbe auflegen zu lassen. Beyde Schilderungen sind höchst ungetreu."

„Jederzeit sind wir bereit, Ihnen zu gehorchen, Sire, weil Sie im Namen der Gesetze gebieten. Unsere Ergebenheit ist uneingeschränkt und unbegränzt. Wir sind bereit, jedem willkührlichen Befehle derjenigen, die Ihren Namen mißbrauchen, zu widerstreben, weil Diese Feinde der Gesetze sind; weil unsere Ergebenheit gegen Sie uns diesen Widerstand gebietet; und wir werden uns jederzeit es zur Ehre rechnen, die Vorwürfe zu verdienen, welche unsere Standhaftigkeit uns zuziehen möchte."

„Sire, wir beschwören Sie, im Namen des Vaterlandes, im Namen Ihres eigenen Wohls und Ihrer Ehre, daß Sie die Soldaten dahin zurück senden, woher Ihre Rathgeber dieselben haben kommen lassen; senden Sie diese Kanonen nach den Gränzen des Reiches zurück; senden Sie vor allen Dingen die fremden Truppen zurück, welche wir bezahlen, um unsere Wohnungen zu vertheidigen, nicht um dieselben zu beunruhigen. Eure Majestät bedarf derselben nicht. O! warum sollte ein von 25 Millionen Frankreichern angebeteter Monarch, mit großen Kosten, einige tausend Fremde um seinen Thron herum versammeln?"

„Sire, lassen Sie Sich mitten unter ihren Kindern von der Liebe derselben bewachen. Die Abgesandten der Nation sind berufen, gemeinschaftlich mit Ihnen die erhabenen Rechte des Königs auf die unerschütterliche Grundlage der Freyheit des Volkes zu gründen. Aber, wenn dieselben ihre Pflicht erfüllen; wenn sie ihrer Vernunft, ihren Gesinnungen folgen; wollten Sie dann dieselben dem Verdachte aussetzen, als hätte Furcht sie geleitet? O! das Ansehen, welches Ihnen die Herzen übertragen, ist das einzige wahre, das einzige unerschütterliche Ansehen; es ist die gerechte Vergeltung für Ihre Wohlthaten, und das unsterbliche Erbtheil derjenigen Fürsten, deren Vorbild Sie seyn werden."

Wenn man sich die Mühe nehmen will, die vorstehende Addresse mit derjenigen Addresse zu vergleichen, welche während des bürgerlichen Krieges in England Karl dem Ersten übergeben worden ist, so wird man finden, daß

vielmehr, daß Mirabeau seine Abdresse nach der engländischen (welche in der Geschichte der Madame Macaulay abgedruckt ist) kopiert habe. Mirabeau wünschte in Frankreich die Rolle eines Cromwells in der Folge spielen zu können, und dieser Wunsch war bey ihm so lebhaft, daß er denselben zuweilen laut werden ließ. In einer Gesellschaft, in welcher Mirabeau sich befand, machte eine Dame die Bemerkung: daß die von ihm aufgesetzte Adresse an den König, von der engländischen Adresse kopirt zu seyn scheine. „Wohlan! Madame" rief Mirabeau aus „hat nicht Cromwell den Namen seiner Familie „unsterblich gemacht!" a)

Ueberhaupt verrieth Mirabeau sehr oft seine Plane durch eine unzeitige Schwatzhaftigkeit. Einst befand er sich zu Versailles in Gesellschaft der Herren du Roveroy, Duport, Mounier und Bergasse. Er wollte Mounier und Bergasse, zwey vortrefliche Männer für seine Parthie gewinnen, oder wenigstens sie ausforschen. Er sagte daher: „Meine Herren! Gestern traf „ich den Herzog von Orleans an, und da sagte ich zu „ihm: Monseigneur! Sie können nicht läugnen, daß „es möglich ist, daß wir bald Ludwig den Siebzehnten, „statt Ludwig des Sechszehnten haben werden, oder, „wenn auch dieses nicht geschehen sollte, so würden Sie „doch wenigstens Statthalter des Königreichs werden. „Der Herzog von Orleans, meine Herren, hat mir hier„auf recht artige Dinge erwiedert." b) Mounier und

---

a) Mounier appel. p. 291.
b) Messieurs, j'ai rencontré hier M. le Duc d'Orleans, à qui j'ai dit: Monseigneur, vous ne pouvez pas nier que nous ne puissions avoir bientôt

Bergaſſe antworteten auf dieſe Rede nicht; aber als einige Zeit nachher die Antwort des Königs auf die Adreſſe, in welcher die Verſammlung den König um Entfernung der Truppen bat, in der Verſammlung abgeleſen wurde, ſuchte Mirabeau die Mitglieder gegen den König aufzuhetzen, wie ſogleich erzählt werden ſoll. Mounier hingegen, jener ſchrecklichen Worte eingedenk, wandte alles an, um die Gemüther zu beſänftigen. Mounier gieng aus der Verſammlung heraus, Mirabeau folgte ihm nach, und ſuchte ihn zu bewegen, auf ſeine Seite zu treten. Mounier blieb feſt, und ſtellte die Gefahr vor, welche dem Staate drohe, da ein ehrgeitziger Prinz vom Geblüte Pasquille und Geld unter die Soldaten austheilen laſſe, um die Truppen zum Abfall zu bewegen, und er vielleicht die Abſicht habe, ſich an die Spitze der Armee zu ſtellen, und ſich des Thrones zu bemächtigen. Mirabeau antwortete: „Wie können Sie doch ſo einfältig „ſeyn! ich habe eben ſo viel Anhänglichkeit an den Kö„nigstitel, als Sie; aber was liegt uns daran, ob es „Ludwig der Siebzehnte, oder Ludwig der Sechszehnte „ſey; und wozu brauchen wir dann, daß uns ein Kind „regiere!“ a) Mounier ſtellte ihm vor, wie groß das

---

Louis XVII, au lieu de Louis XVI; et si cela n'étoit pas ainsi, vous seriez au moins Lieutenant Général du Royaume. Le Duc d'Orleans m'a repondu, Messieurs, des choses fort aimables. Mounier appel. p. 12. Témoin. 4.

a) Mais, bon homme que vous êtes! je suis aussi attaché que vous à la Royauté: mais qu'importe que nous ayons Louis XVII au lieu de Louis XVI, et qu'avons nous besoin d'un bambin pour nous gouverner?

Verbrechen seyn würde, irgend einen Schritt zu thun, der dahin abzwecken könnte, die Thronfolge zu verändern. Er stellte ihm ferner vor, daß eine solche Veränderung der Linie die schrecklichsten Folgen, und unfehlbar einen bürgerlichen Krieg nach sich ziehen würde. Mirabeau erwiederte: „Aber wissen Sie, daß die Art, wie man „die Mitglieder des Bürgerstandes vor der Sitzung des „23ten Junius von ihrem Versammlungshause weggetrie„ben hat, eine sehr sträfliche Handlung ist, und daß die„ses ein schöner Vorwand zu einem Manifest seyn wür„de?" a) Mounier versetzte: Jene Handlung sey allerdings sehr unüberlegt gewesen, aber, wenn er einen Menschen kennte, von welchem er vermuthen könnte, daß er die Absicht habe, sich der Zeitumstände zu bedienen, um sich des Thrones zu bemächtigen, so würde er, sobald nur der geringste Anschein vorhanden wäre, daß dieser Plan gelingen könnte, es für Pflicht halten, einem solchen Manne selbst den Dolch ins Herz zu stoßen. b) Mirabeau erschrak und änderte sogleich den Gegenstand des Gespräches.

---

a) Mais savez vous, que la manière, dont les membres des Communes ont été repoussés du lieu de leurs séances, avant la déclaration du 23. Juin, étoit un acte bien coupable; et qu'il y auroit là un beau prétexte pour un Manifeste.
Mounier appel. p. 13.

b) Enfin, que si je connoissois un homme, qui eut le dessein de profiter des circonstances, pour s'emparer du trône, et que je puisse entrevoir une probabilité de succès, je me ferois un devoir de le poignarder.
Mounier appel. p. 14.

Den Mitgliedern der Versammlung, welche die Adresse an den Monarchen überbracht hatten, antwortete der König: „Die schändlichen Auftritte, welche „in Paris und in Versailles, unter meinen Augen und „unter den Augen der Reichsstände vorgefallen sind, „setzen mich in die Nothwendigkeit, von den Mitteln, „die in meiner Macht stehen, Gebrauch zu machen, „um die Ruhe in der Hauptstadt und ihrer Nachbar„schaft zu erhalten. Eine meiner ersten Pflichten be„steht darin, über die öffentliche Sicherheit zu wachen. „Aus diesen Gründen habe ich die Truppen um Paris „versammelt. Sie können den Reichsständen versichern, „daß diese Truppen nur bestimmt sind, um neue Unord„nungen zu verhüten, die Ausübung der Gesetze und die „öffentliche Ruhe zu erhalten, und die Freyheit Ihrer „Berathschlagungen zu versichern und zu beschützen." Als diese Antwort des Königs nach der Nationalversammlung zurückgebracht wurde, schienen alle Mitglieder mit derselben vollkommen zufrieden. Der Herzog von Crillon stand auf und sagte: „Erfüllen wir „nun unsere Pflicht gegen den König, indem wir ihm „zeigen, daß wir in ihn völliges Zutrauen setzen." Alle stimmten ein, nur Mirabeau nicht: „Unstreitig," sagte er, „verdient das gegebene Wort des Königs un„ser volles Zutrauen, aber dieses Wort ist doch eine „unbedeutende Bürgschaft, für die Aufführung des „Ministeriums, das den König ohne Aufhören betro„gen hat. Ein so unbedingtes Zutrauen, womit man „sich jetzt sogar wie mit einer Tugend ziert, ist von „jeher der herrschende Fehler der Nation gewesen. Un„sere blinde und veränderliche Unbesonnenheit hat uns „von Jahrhundert zu Jahrhundert begleitet, und von

„einem Fehler zum andern, bis zu der Krise geführt,
„welche nun endlich unsere Augen öffnen sollte, wenn
„wir uns nicht vorgenommen haben, immer rebellische
„und immer sklavische Kinder zu bleiben." a) Er en̄ꟷ
digte seine Rede mit dem Vorschlage, auf der Entferꟷ
nung der Truppen zu bestehen, und nicht zu ruhen,
bis dieselben entfernt seyn würden. Aber das Zuꟷ
trauen, in den bekannten Karakter des Monarchen,
war bey der Versammlung so groß, daß sie diesen
Vorschlag nicht einmal einer Untersuchung würdigte.

Am 11ten Julius schlug La Fayette eine Auſ-
einandersetzung und Bekanntmachung der angebornen
Rechte des Menschen und des Bürgers vor. Sonderꟷ
bar! daß diese methaphysische Idee zuerst von einem
Offizier vorgeschlagen wurde. Aber sie war nicht bey
i h m entstanden, sondern er hatte dieselbe mit aus
Amerika gebracht. Das Projekt, welches er vorlegte,
wurde sehr gebilligt, und Lally-Tolendal, der selten
lobte, und nie schmeichelte, machte dem Urheber des
Projekts das feine Kompliment: „er spreche von der
„Freyheit auf eben die Weise, wie er dieselbe vertheiꟷ
digt habe." Dessen ungeachtet billigte Lally-Tolendal
den Vorschlag, eine Konstitution auf abstrakte methaꟷ
physische Grundsätze zu gründen, und mit methaphyꟷ
sischen Diskussionen Zeit zu verlieren, gar nicht. „Es

---

a) Cette confiance illimitée, dont on se targue
comme d'une vertu, a toujours été le vice de
la nation. Nôtre aveugle et mobile inconsidé-
ration nous ont conduits de siècle en siècle,
et de fautes en fautes, à la crise qui doit enfin
dessiller nos yeux, à moins que nous n'ayons
résolu d'être des enfants toujours mutins, et
toujours esclaves.

„ist ein ungeheurer Unterschied," sagte er, „zwischen „einem erst entstehenden Volke, welches sich eine Re„gierungsform wählt, oder sie verändern will, und „einem alten Volke, welches sich versammelt, um eine „Monarchie ferner fortdauren zu machen, die bey ihm „schon gegen 1400 Jahre existirt hat, und schon seit „acht Jahrhunderten derselben Linie, die jetzo auf „dem Throne sitzt, unterworfen gewesen ist. Das „Volk leidet. Es verlangt thätige Hülfe, nicht ab„strakte Definitionen. Lassen Sie uns das vortreffliche „Projekt, welches man uns anbietet, bis auf eine an„dere Zeit verschieben. Unstreitig müssen wir uns an „das Naturrecht halten; denn dieses ist von allen Rech„ten das älteste. Aber lassen Sie uns so schnell als „möglich die Kette der Zwischensätze durchlaufen, und „wieder zum positiven Rechte der Monarchie herab„steigen; denn auf diese muß das Glück Aller sich „gründen."

Am 11ten Julius erhielt Necker Befehl, das Königreich zu verlassen, und die bisherigen Minister, Montmorin, de la Luzerne, und St. Priest, erhielten ihren Abschied. Dieß war ein Zeitpunkt, wie ihn die Verschwornen schon lange gewünscht und erwartet hatten; ein unverzeihlicher Fehler der Regierung, der zugleich gefährliche Plane und Absichten verrieth. Denn hätte man nicht Gewaltthätigkeiten vorzunehmen beschlossen, so wäre Necker nicht verwiesen worden; aber von ihm war es bekannt, daß er sich im Staatsrathe allen gewaltsamen Mitteln von jeher standhaft widersetzt hatte. Die Verweisung Neckers, in einem so kritischen Zeitpunkte, brachte alle Partheyen auf, und kam den Verräthern des Vaterlandes recht erwünscht. „Denn

„nun hatten sie einen Vorwand, um ihre Plane auszu-
„führen, und denselbigen noch überdieß den Anstrich von
„rechtmäßigem Widerstande zu geben. Nicht nur in der
„Hauptstadt, sondern im ganzen Königreiche, brachen
„jetzt, beynahe auf Einen Tag, die verabredeten Ver-
„schwörungen aus. Durch diesen unbesonnenen Schritt
„fiel alles, was in der Folge geschah, auf die Regierung
„zurück. Zu den Verschwornen gesellten sich nun die
„Schwindelköpfe, deren jene sich so gut zu bedienen ge-
„wußt haben, und die vielleicht noch gefährlicher sind,
„als die Bösewichter selbst, weil sie alles, was sie träu-
„men, für wahr halten; und weil sie Märtyrer der
„Verläumbung werden würden, wenn man sie nur
„dabey überredete, daß sie Märtyrer der Wahrheit
„seyen. Nunmehr fiengen auch die guten und recht-
„schaffenen Bürger, sogar die gemäßigten, an zu fürch-
„ten, und sie hatten nunmehr auch Ursache dazu. Sie
„setzten sich in Vertheidigungsstand, und dieß war
„nicht nur zu entschuldigen, sondern es gereichte ihnen
„sogar zur Ehre." a) Wahrscheinlich war der Plan
der Minister: die Truppen gegen Versailles anrücken
zu lassen, alle Gemeinschaft zwischen Paris und Versailles aufzuheben, von der Nationalversammlung zu
verlangen, daß sie sich in ein Oberhaus und in ein Unterhaus trennen solle, oder, wenn sie sich dessen weigerte, sie sogleich aufzuheben, und auseinander gehen
zu machen.

So stellte man aber den leichtgläubigen und furchtsamen Einwohnern von Paris die Sache nicht vor.
Man gab vor und machte bekannt, es sey auf Paris

---

a) Mémoires de Lally-Tolendal. p. 62.

abgesehen; die Stadt würde belagert; ausgehungert; mit glühenden Kugeln und Bomben beschossen; zum Theil in die Luft gesprengt, zum Theil verbrannt; und mit dem Säbel in der Hand eingenommen werden. Diese Gerüchte wirkten mächtig auf das Volk, so unsinnig sie auch waren. Und unsinnig waren sie gewiß: denn Paris enthielt ja alles, was dem Könige, den Ministern, den Offizieren und Soldaten am liebsten und am theuersten war; es enthielt ihre Freunde, ihre Verwandten, ihre Weiber, ihre Kinder, ihre Häuser und ihre Reichthümer. Wie thöricht ist nicht der Gedanke: Ludwig der Sechszehnte habe den Plan gehabt, seinen Thron auf einem Schutthaufen zu errichten! Dessen ungeachtet glauben die Pariser, auch jetzo noch, daß ein solcher Plan wirklich vorhanden gewesen sey.

Nach der Abreise des Herrn Neckers nahm die Gährung zu Paris auf einen fürchterlichen Grad zu. Die Erwartung war gespannt, und die Köpfe waren erhitzt. Diese wurden es noch mehr, durch die Zusammenkünfte im Palais Royal, wo alle Abende, von vier bis zwölf Uhr, mehrere Redner das Volk aufwiegelten. Diese Redner sprachen theils freywillig, aus Eitelkeit, um unter dem Volke eine Rolle zu spielen, theils waren sie von den Verschwornen abgeschickt und bezahlt. Die Reden dieser Freyheitsprediger enthielten immer überspannte, oft vermessene Grundsätze und Vorschläge, aber nicht selten auch gründliches Raisonnement und feine Bemerkungen. Gemäßigte, ruhige Bürger, standen nicht auf dem Rednerstuhle, aber sie hörten aufmerksam, und klatschten dem Redner, wenn

die Unbesonnenheit derjenigen, die das Volk aufwiegelten, aber sie erwarteten doch im Ganzen eine gute Wirkung davon, daß dem Volke für bürgerliche und politische Freyheit Interesse beygebracht, und daß demselben die Mißbräuche der bisherigen Regierung recht anschaulich gemacht, und im stärksten Lichte dargestellt würden. Doch waren die meisten dieser Redner darin einig, daß sie das Volk vermahnten, es möchte den Herzog von Orleans zum Statthalter, oder zum Protektor, ausrufen.

Sonntags, am 12ten Julius, gegen Mittag, verbreitete sich in Paris das Gerücht: Necker sey verreist; und ein allgemeiner Schrecken war die Folge dieser Nachricht. Die ersten, welche dieselbe nach dem Palais Royal brachten, wurden als übelgesinnte Lügner gemißhandelt: aber bald genug erfuhr man die Wahrheit dieser traurigen Begebenheit.

Zwischen vier und fünf Uhr des Abends, versammelte sich eine unglaubliche Menge von Menschen im Palais Royal; die schon angefangenen Schauspiele mußten aufhören; und die Schauspielhäuser wurden zugeschlossen. Der versammelte Pöbel zog, vom Palais Royal aus, in der Stadt herum; trug die Büste Neckers, und das Brustbild des Herzogs von Orleans im Triumphe durch alle Straßen; und ein unzählbarer Haufe folgte diesen Büsten nach. Dabey wurde ausgerufen: „Hoch lebe unser König von Orleans, und Herr Necker, sein Mini„ster!" Auf dem Vendomeplatze suchte eine Kompagnie Kavallerie vergeblich, diesen Haufen zu zerstreuen. Der Prinz von Lambesc befand sich damals mit dem Kavallerieregimente, dessen Oberster er war, auf dem

Platze Ludwigs des Funfzehnten. Der Pöbel warf mit
Steinen nach ihm. Um diesen Haufen zu zerstreuen,
rückte er mit seiner Kompagnie gegen die Thuillerien
an. Er sprengte nicht herein, wie man erzählt hat;
das Vorrücken der Kavallerie geschah so langsam, und
so ruhig, daß er bey dem Eingange der Thuillerien
Halt machen ließ, um einer Frau, welche ein Kind
an der Hand führte, und nicht schnell genug entfliehen
konnte, Zeit zu geben, sich zu entfernen. Sobald er
in den Thuillerien war, befahl er dem Pöbel, sich zu
zerstreuen. Der Pöbel kehrte sich nicht an den Befehl.
Die Truppen rückten daher allmählig vor, und obgleich
Steine und Schimpfwörter von allen Seiten zuflogen,
wurde dennoch weder von den Pistolen noch von den
Säbeln Gebrauch gemacht. Bey dem weiteren Vorrücken fand sich ein großer Haufe auf einander gethürm-
ter Stühle, die auseinander geworfen werden mußten.
Auch dieß geschah ganz ruhig, ohne daß ein einziger
Mensch dabey verwundet worden wäre. Nun flogen
von den Terrassen Stühle, Steine, zerbrochene Glä-
ser und Bouteillen auf die Dragoner; es wurde sogar
einigemal auf sie geschossen, aber zum Glück trafen die
Schüsse nicht. Indessen bemerkte der Prinz, daß die
Soldaten nicht gesonnen schienen, eine solche Behandlung länger zu ertragen: da er aber ausdrücklichen Befehl hatte, keine Gewalt zu gebrauchen, so befahl er
den Rückzug. Der Pöbel, durch diesen Sieg noch mehr
aufgemuntert und angefeuert, kannte nunmehr weiter
keine Grenzen. Alles lief nach der Drehbrücke zu, um
ihm den Rückweg abzuschneiden und denselben unmöglich
zu machen. Jetzt erst befahl Lambesc, um den Pöbel zu
schrecken, während des Rückzuges, seinen Dragonern,

321

einige Pistolenschüsse in die Luft zu thun. Das Volk hielt dieses für einen neuen Sieg, lachte und wurde dadurch nur desto dreister. Als Lambesc an die Brücke kam, sah er einen Mann, welcher vor allen übrigen am eifrigsten damit beschäftigt war, die Brücke zuzuschließen. Der Prinz selbst gab ihm mit seinem Säbel einen Hieb in den Arm. a) Der Mann fiel nieder, er war aber nur so leicht verwundet, daß er noch denselben Abend im Palais Royal erschien. Dieses sind die getreuen und wahren Umstände der Begebenheit, welche man zu Paris so sehr vergrößert hat. Daß sich wirklich so verhält, wie dieselbe hier erzählt worden ist, dafür bürgen nicht nur die vielen, gerichtlich, zu Paris, verhörten Augenzeugen, welche alle in ihrem Zeugnisse einstimmig sind; sondern noch ausserdem der bekannte, menschenfreundliche Karakter des Prinzen Lambesc, welcher, zu Valenciénnes, wo er lebte, bis zum 12. Julius, ein Liebling des Volks gewesen war. Vorwürfe verdient er allerdings; aber Vorwürfe von Schwäche, von allzu großer Gelindigkeit, in einem kritischen Zeitpunkte; wodurch er verursachte, daß die Soldaten bey dem Volke alles Ansehen verloren, und von nun an, wo sie sich nur zeigten, verspottet und verlacht würden. Soll denn ein Soldat auf denjenigen, der auf ihn schießt, nicht wiederum zurückschießen dürfen, sondern nur, um jenen zu schrecken, sein Gewehr in die Luft abfeuren? Zu einem solchen Verhalten konnte der Prinz doch unmöglich Befehl von seinem Oberoffizier erhalten haben; oder wenn er einen solchen Befehl erhalten hat, so ist der

---

a) Précis justificatif de Charles - Eugène Prince de Lambesc. p. 7.

Oberoffizier strafbar, weil er die Ehre des Militairs, auf eine so unüberlegte Weise, in Gefahr gesetzt hat. Der Prinz selbst sagt: „ich befahl einigen Dragonern, „auf die ich mich verlassen konnte, Pistolenschüsse in „die Luft zu thun, um dem Haufen auf den Terras„sen Furcht einzujagen. Ich eilte nach der Brücke, „und sah mich in demselbigen Augenblicke genöthigt, „einem von denen, die am eifrigsten damit beschäftigt „waren, die Brücke zuzuschließen, mit meinem Säbel „einen Streich zu versetzen. Er entfernte sich eilfertig, „und er war so leicht verwundet, daß er noch an dem„selbigen Abende im Palais Royal sich zeigte, und auch „seither in einer Zeitung selbst bekannt gemacht hat, wie „unbedeutend diese Wunde gewesen sey. Dieses ist die „Thatsache, welche die Verläumdung als eine Mord„that gegen einen Bürger, der, wie man sagt, ruhig „spazieren gieng, vorgestellt hat. Ausser diesem Manne „habe ich Niemand weder berührt noch verwundet." Nun höre man, wie eben diese Geschichte von einem Pariser Schriftsteller erzählt wird, und zwar von dem mäßigsten unter allen. a) „Lambesc hatte die Frechheit, „mit seinem Haufen über die Drehbrücke zu sprengen, „und, mit bewaffneter Hand, in einen öffentlichen „Garten einzudringen, wo eben damals eine unglaub„liche Menge Bürger, von jedem Range, Alter und „Geschlecht, das Vergnügen des Spazierengehens ge„nossen. Als er an den Eingang der großen Allee kam, „durfte er es wagen, seinen Soldaten zu befehlen, „auf das Volk, ohne Unterschied der Personen, zu „schießen. Die Barbaren befolgten diesen, eines Kali-

---

a) Histoire de France pendant trois mois. p. 27.

„gula würdigen Befehl; und er selbst, der mit ver-
„hängtem Zügel davon sprengte, war, wie man sagt,
„unmenschlich genug, um mit einem Säbelstreiche ei-
„nem armen Greise, welchen er zufälligerweise auf sei-
„nem Wege fand, und welcher ihn auf den Knien um
„Gnade bat, den Kopf zu spalten."

Am Abende desselbigen Tages entstanden noch verschiedene kleine Scharmützel, zwischen dem Pöbel und den
Dragonern, in welchen der Pöbel beynahe immer die
Oberhand behielt. Die auf Stangen herumgetragenen
wächsernen Brustbilder hatten indessen die Einbildungskraft des Pöbels gestimmt, indem man demselben, auf
eine sinnliche Weise, zeigte, was künftig mit den Köpfen der auf den Proskriptionslisten stehenden Personen
anzufangen sey; denn die bleichen Brustbilder, von
weißem Wachse, sahen, in der Dämmerung, abge-
schlagenen Köpfen außerordentlich ähnlich.

Im Palais Royal stand ein junger Mann, der Advokat Desmoulins, im Garten auf einem Tische;
sprach lange und heftig zu dem versammelten Volke;
und nachdem er seine Rede geendigt hatte, zog er schnell
den Degen, welchen er an seiner Seite trug, aus der
Scheide, that einige Stiche in die Luft, und schrie
dabey aus allen Kräften: „Zu den Waffen! zu den
„Waffen!" Das umstehende Volk, welches ihm zu-
hörte und zusah, wiederholte sein Geschrey, und der
Lärm ward unbeschreiblich groß. Dann steckte der
Redner seinen Degen wieder ein, und zog aus der Tasche eine Pistole, welche er dem Volke zeigte, und eine
grüne Kokarde, die er auf seinen Hut setzte. In demselbigen Augenblicke rissen einige tausend Menschen die
grünen Blätter von den Bäumen, und befestigten die-

selben an ihre Hüte, statt der Kokarden. Jedermann bewaffnete sich, und noch an demselbigen Abende wurden die Häuser ,und Werkstätte aller Waffenschmiede geplündert. Aufruhr und Gährung wurden allgemein. Jedermann sprach von Despotismus und von Unterdrückung; jedermann fürchtete, ohne zu wissen, was es eigentlich war, das er fürchtete; aber niemand fürchtete mehr und ward lauter, als der niedrigste Theil des Volkes, der Pöbel; derjenige Theil, welcher gar nichts zu befürchten hatte, weil er unmöglich unglücklicher werden konnte, als er es wirklich schon war. Es ist eine sehr wahre und sehr feine Bemerkung, die auch schon Montesquieu gemacht hat, daß niemand mehr das Unglück fürchtet, als die allerarmseligste und elendeste Menschenklasse, die auch bey dem größten Unglücke, welches das gemeine Wesen betreffen könnte, nichts zu verlieren haben würde. a) Die Lazzaronis zu Neapel, funfzig tausend Menschen, welche von Kräutern leben, in halb zerrissene Mäntel von grober Leinewand gekleidet sind, und des Nachts unter freyem Himmel schlafen; diese unglücklichen Menschen, die unglücklichsten auf der Erde, werden niedergeschlagen und zittern vor Furcht, wenn auch nur der kleinste Rauch aus dem Vesuv aufsteigt: sie sind thöricht genug zu glauben, daß sie unglücklich werden könnten.

Wäh-

---

a) Il n'y a point de gens, qui craignent si fort le malheur, que ceux que la misère de leur condition pourroit rassurer, et qui devroient dire, avec Andromaque: Plût à Dieu, que je craignisse!
MONTESQUIEU grandeur et décadence. Chap. 14.

Wäbrend der Lärm und Tumult, unter dem im Palais Royal versammelten Volke, am größten war, kam der Herzog von Orleans von einer Spazierfahrt zurück. Das Volk umringte seinen Wagen, und flehte ihn um Hülfe und um Beystand an. Der Herzog stieg aus dem Wagen, und, statt die erbitterten Gemüther zu besänftigen und zu beruhigen, rief dem, sich auf ihn zu drängenden Volke zu: „Es giebt nur Ein Mit„tel, meine Kinder! bewaffnet euch!" a)

Indessen hatten sich gegen Abend die Pariser Wahlherren auf dem Rathhause versammelt. Sie fanden den großen Saal dieses Hauses mit einer unzählbaren Menge Menschen, von allerley Rang und Stande, ganz angefüllt. Sie suchten die Gährung, welche unter dem Volke herrschte, zu stillen, und es gelang ihnen, wenigstens in soferne, daß die Zuschauer sich nicht erlaubten, durch die Schranken zu brechen, welche die Wahlherren von ihnen absonderten. Der Wärter des Rathhauses erschien in dem Saale, und bat sich, zitternd, von den versammelten Wahlherren Befehle aus, über das, was er thun sollte. Nun entstand ein allgemeines Geschrey: „Gebt uns Waffen! Gebt uns Waf„fen! Laßt die Sturmglocken läuten! Die Sturmglo„cken! Die Sturmglocken!" Von acht Uhr des Abends an blieb den versammelten Wahlherren gar keine Zeit mehr zu Berathschlagungen übrig; denn es kam eine Botschaft nach der andern an dieselben; und kaum war der Eindruck der einen Botschaft vorbey, als schon eine

---

a) Il n'y a qu'un moyen, mes enfans, c'est de prendre les armes. Procédure criminelle du Châtelet. Témoin. 5.

noch unerwartetere aufs neue die Seele erschütterte. Gegen acht Uhr des Abends kam die Patrouille der Polizeywache, um auf dem Greveplatze, vor dem Rathhause, die gewöhnlichen Posten zu besetzen. Diese Patrouille fand den Platz ganz voll von Menschen; und da sie einen Versuch machte, die Menge zu zerstreuen, so wurde sie von den Bürgern angefallen und ihrer Waffen beraubt; und gleich hernach entstanden unter dem Haufen ein fürchterliches Geschrey: „Waffen! Waffen! „Gebt uns Waffen! Gebt uns sogleich Waffen, oder „wir legen Feuer an das Rathhaus!" Der ganze Haufe wiederholte dieses Geschrey, und es pflanzte sich sogar bis in den Saal des Rathhauses selbst fort. Die Gährung nahm zu; der Haufe drang vor, die Schranken, welche den Magistrat von den Zuschauern trennten, wurden über den Haufen geworfen; und die Wahlherren wurden, gegen das Ende des Saales, zusammengepreßt. Man bat sie nicht länger, sondern man forderte: sie möchten Befehl geben, daß sich die Bürger bewaffnen sollten, um die der Stadt drohende Gefahr abzuwenden. Nun kamen Nachrichten an, welche die Größe dieser Gefahr schilderten. Einer sagte, das Volk habe, nachdem es erfahren, daß Necker verwiesen sey, die Büsten des Herzogs von Orleans und des verwiesenen Ministers, im Triumphe in der Stadt herumgetragen, und dabey ausgerufen: „Hoch lebe unser König von Orleans und sein „Minister!" Ein anderer sagte: auf Befehl des Pöbels seyen, wie bey einer tiefen Trauer, die Schauspielhäuser zugeschlossen, und die Schauspieler nach Hause geschickt worden. Ein anderer kündigte an, daß sich ein großer Haufe unbekannter Menschen aus dem niedrigsten Pöbel, drohend und bewaffnet, in alle Theile der Stadt zerstreuet habe. Ein anderer sagte: vier Kanonen und ein Dragonerregiment haben sich, bey den elisäischen Feldern, in Schlachtordnung gestellt, und ein Soldat der französischen Garde, welcher bey diesem Regimente vorbeygieng, sey durch einen Pistolenschuß getödtet worden. Noch einer: der Prinz Lambesc habe, mit seinem Regimente, die Thuillerien eingenommen, sey dem, vor ihm fliehenden Haufen der Greise, der Weiber und der Kinder nachgesprengt, und habe, mit eigener Hand, einen, vor ihm hergehenden alten Mann, niedergehauen; ein anderer Mann sey von den Pferden zertreten worden; ganz Paris sey im Aufruhr; Furcht und Schrecken verbreite sich überall; jeder verschanze sich in seinem Hause: jeder halte sich zur Vertheidigung seines Eigenthums bereit. Der Stadt Paris stand, wie ein anderer behauptete, eine Belagerung von aussen, und in ihrem Innern alle die unzählbaren Schrecken eines Bürgerkrieges bevor; das Regiment Royal Dragons stehe, so hieß es, schon in der Stadt; das Regiment Royal Allemand kampire in der Nähe; Royal-Cravatte stehe auf der andern Seite, bey Charenton; die Schweizerregimenter Reinach, Salis-Samada und Diesbach kampiren zwischen Paris und Versailles; die Regimenter Provence, Bintimille, Bouillon und Nassau seyen im Anmarsch; von einer andern Seite kommen die Husarenregimenter Lauzun und Bercheny; und außer diesen ziehe noch das Artillerieregiment de la Serre gegen die Stadt an.

Kaum waren diese schrecklichen Nachrichten angekommen, als aufs neue, auf dem Greveplatze, der ungeheure Haufe ausrief: „Waffen! Waffen! Legt Feuer „an das Rathhaus! Legt Feuer an das Rathhaus!"

Die Wahlherren, furchtsam und erschrocken, befahlen dem Wärter des Rathhauses, er möchte die Waffen, welche sich auf dem Rathhause befänden, unter das Volk austheilen. Kaum war dieser Befehl gegeben, als schon der ungeduldige Haufe in das Rathhaus hineinstürzte, alle Zimmer durchsuchte, und endlich den Waffensaal fand. Hier wurden nun die Thüren eingesprengt, und die Waffen weggenommen. Wenige Augenblicke nachher stellte sich ein Kerl, im bloßen Hemde, nackt an den Beinen und ohne Schuhe, mit geschulterter Flinte, an den Posten des Soldaten, welchen der Pöbel entwaffnet hatte, vor die Thüre des Versammlungssaals der Wahlherren. In dem Saale selbst dauerte der Lärm noch fort. Hundert Stimmen riefen: „Die Sturmglocken! Waffen! Waffen! Versammelt die Distrikte!" Endlich, gegen eilf Uhr des Abends, ward es etwas ruhiger, und da faßten die Wahlherren den Beschluß: sogleich die Distrikte von ganz Paris zu versammeln, und die Ruhe wiederum herzustellen.

In der Nacht vom 12. auf den 13ten Julius nahmen die Unruhen zu. Ein Haufen besoldeter Bösewichter gieng nach dem Kloster zu St. Lazare, schlug die Thüren ein, und erlaubte sich die unmenschlichsten Schandthaten. Man bot ihnen Geld an, als sie zuerst erschienen; aber sie schlugen es aus; sie wollten es lieber stehlen, als empfangen. Sie sprengten die Kellerthüren ein; sie plünderten alle Zimmer; sie warfen, was sie nicht mitnehmen konnten, zum Fenster hinaus; sie zerschlugen die physikalischen Instrumente, und zerrissen die Bücher in der Bibliothek. In dem angrenzenden Tollhause ließen sie die Narren und die Rasenden los. Alles, was ihnen vorkam, schlugen und stießen sie nieder. Ein ehrwürdiger Greis, in grauen Haaren, gebückt unter der Last der Jahre, und durch die Mühseligkeiten des Klosterlebens abgezehrt, fiel auf seine zitternden Knie nieder, und bat die Räuber: sie möchten wenigstens die ihn umringenden Novizen verschonen. Umsonst, man hörte ihn nicht, und kaum entgieng er selbst dem Mordstreiche. a) Im Keller floß der Wein, und über dreyßig dieser Räuber fanden hier, im Rausche, ihren Tod. Am folgenden Tage entschuldigte man zu Paris diese Gewaltthätigkeiten, unter dem Vorwande, daß in dem Kloster verstecktes Korn angetroffen worden sey, welches durchaus falsch ist, wie uns Augenzeugen versichern. b) Eben so unwahr ist es auch, daß sich diese guten Väter gegen das eindringende Volk gewehrt haben sollten. Sie wehrten sich nicht; sie flohen vielmehr; denn alle, die man antraf, wurden zu Boden geschlagen.

Am 13ten Julius war ganz Paris im Aufruhr. Man zog hin und her, man versammelte sich hie und da, ohne zu wissen, was man eigentlich wollte. Die Sturmglocken wurden den ganzen Tag geläutet; jeder bewaffnete sich so gut er konnte; die Buden wurden verschlossen; ankommende und abgehende Briefe wurden im Posthause erbrochen; kein Handwerksmann arbeitete, ausgenommen die Waffenschmiede, die Schwertfeger und die Kugelngießer; Niemand gieng unbewaffnet aus; Jedermann war geschäftig; die Vornehmen und Reichen verließen Paris, um nicht Zeugen der schrecklichen Auftritte zu seyn, welche man nun erwartete; denn schon giengen Proskriptionslisten, Verzeichnisse zum Tode bestimmter

---

a) Histoire de la France pendant trois mois. p. 34.
b) Histoire de la France pendant trois mois. p. 38.

Perſonen, von Hand zu Hand, und die Drohungen der Mörder wurden von Stunde zu Stunde lauter. a) In den Häuſern hörte man das Weinen der Weiber; das Heulen und Schreyen der erſchrockenen Kinder; und dazwiſchen das traurige Geläute der Sturmglocken; das Lärmen der, durch die Straßen hin und her gehenden, Trommelſchläger; das durchdringende Geſchrey: „Feuer! „Feuer!"; wiederholtes Rufen: „zu den Waffen! „zu den Waffen!"; das Geſchrey der aufwallenden und lärmenden Pariſer Jugend; das drohende Geheul des Pöbels; das Fahren der Wagen; das Traben der Kavallerie; das laute Sprechen der hin und her gehenden Neuigkeitsträger, welche von den Verſchwornen abgeſandt, das Volk aufwiegelten; das Rufen der Broſchürenverkäufer; hie und da das Deklamiren der Volksredner; und, von Zeit zu Zeit, einen entfernten Kanonenſchuß. Ueberall war Mißtrauen, Furcht, Ungewißheit, bange Erwartung: überall Kriegsanſtalten, ſchwermüthiges Trauren, Zuckungen der Bangigkeit, und der ſprachloſe Muth, welcher die Verzweiflung begleitet. Wachen waren an die Thore geſtellt, welche Niemanden ohne Erlaubniß herausließen; unzählige Abgeſandte liefen in den Straßen umher, wiegelten das Volk, durch Verſprechungen, Drohungen, und falſche Nachrichten auf, und theilten dabey Geld mit vollen

---

a) Quibus rebus permota civitas, atque immutata urbis facies. Ex ſumma laetitia atque lascivia, quae diuturna quies peperat, repente omnes tristitia invasit. Festinare; trepidare; neque loco nec homini cuiquam satis credere; neque bellum gerere, neque pacem habere: suo cuisque metu pericula metiri.

SALLUSTIUS.

Händen aus. Die Anarchie war vollkommen. Ein bekannter Schauspieler, welcher sonst, auf den Boulevards, die Rolle des Harlekins, mit großem Beyfalle, gespielt hatte, und dadurch mit dem Geschmacke des Pöbels genau bekannt geworden war, stieg jetzt auf die Kanzel in der Kirche, und redete zu dem versammelten Volke. a) Jeder wollte sprechen; jeder wollte eine Rolle spielen; jeder wollte sich auszeichnen; jeder wollte lieber andern rathen, als selbst mitgehen; lieber rathen, was man thun sollte, als den gegebenen Rath ausführen helfen. b) Die Soldaten desertirten haufenweise, sie brachten Gewehre und Ammunition mit, und vereinigten sich mit den Bürgern, die ihnen Lobsprüche und Geld gaben; obgleich diese Soldaten alle meineidig waren; denn sie hatten ja geschworen, ihre Fahne nicht zu verlassen. Man antwortete hierauf: der Meineid werde Tugend, wenn man ein Verbrechen versprochen habe.

Le parjure est vertu, quand on promit un crime. c) So schön aber auch dieser Vers ist: so gestehe ich dennoch, daß er sich, meinem Gefühle nach, auf diese ausreißenden Soldaten, denen man bis jetzt noch gar kein Verbrechen befohlen hatte, nicht anwenden läßt.

Der Schrecken und die Furcht, in welcher alle Einwohner von Paris sich befanden, läßt sich kaum groß genug vorstellen. Der Zustand dieser ungeheuern Haupt-

---

a) Histoire de la France pendant, trois mois. p. 43.
b) Sed quod in ejusmodi rebus accidit, consilium ab omnibus datum est, periculum pauci sumpsere. Tacit. Hist. lib. 3. Quod in perditis rebus accidit, omnes praecipere, nemo exsequi. Ibid.
c) Le siège de Calais par M. de Belloy.

stadt war schrecklich über alle Beschreibung. Paris befand sich plötzlich ohne bestimmte Regierungsform, ohne König, ohne Wache, ohne Polizey, ohne Justiz, ohne Schauspiele und ohne Gottesdienst. Die Stadt war mit Räubern und Spitzbuben angefüllt, welche, von der Hoffnung Beute zu machen angetrieben, von allen Seiten herbey strömten. Zu diesen gesellten sich mehr als zwanzig tausend Tagelöhner, größtentheils Fremde, welche vorher in den Steinbrüchen zu Montmartre gearbeitet hatten, und nunmehr ohne Arbeit, ohne Nahrung und ohne Wohnung waren. Alle Einwohner sahen sich plötzlich in den Stand der Natur zurück versetzt, und jeder war genöthigt, sein Leben und sein Eigenthum, so gut es ihm möglich war, zu vertheidigen. a) Wer Geld oder Geldeswerth besaß, der verbarg und versteckte dasselbe, wie und wo er konnte. Die Meisten vergruben ihre Schätze und Kostbarkeiten in die Erde. b) Die Größe der allgemeinen Gefahr hob allen Unterschied des Ranges und der Stände auf. Bekannte und Unbekannte, die sich auf den Straßen begegneten, grüßten einander, redeten sich einander an, und sprachen mit einander, über die Gefahr, welche ihnen alle gemeinschaftlich drohte. Jeder fragte den Andern: was er gesehen, was er gehört, was er erfahren habe? c) Eine schreckliche Ungewißheit verbarg die Zukunft. Eine Million Menschen war sich selbst überlassen, ohne Einschränkung, so wie ohne Schutz. Kein anderes Recht galt, als das Recht

---

a) Correspondance d'un habitant de Paris. p. 40. 41.
b) Correspondance d'un habitant de Paris. p. 36.
c) Ebendaselbst. S. 42.

des Stärkern. Die Gesetze waren unthätig, und alle Gewalt befand sich in den Händen des Pöbels. a)

Man höre, was ein glaubwürdiger Augenzeuge, der schweizerische Baron Deschernay, erzählt: "Ich „gieng," sagte er, „gegen Abend in das Haus der Ma„dame de G.... Ich fand dieselbe Gesellschaft, „welche schon am vorigen Tage daselbst versammelt gewe„sen war. Dieses Haus wurde bald der Mittelpunkt der „Zusammenkunft für die Bekannten dieser Dame, und „der Ort, wohin alle Neuigkeiten, die Revolution be„treffend, hingebracht wurden. Man kam; man gieng „weg; Jeder brachte, wechselsweise, etwas Neues mit, „nahm dagegen eine andere Neuigkeit mit sich fort, und „gieng alsdann auf neue Entdeckungen aus. Die Da„men lagen da, hingestreckt auf Sophas, und überließen „sich allen Uebertreibungen einer durch Furcht gespannten „Einbildungskraft. Der Zustand dieser Damen war be„mitleidenswürdig. Die Herren waren, wie natürlich, „weniger furchtsam. Unter den Damen befanden sich „viele Ausländerinnen: russische und polnische Damen. „Diese bedauerten ihr trauriges Schicksal, durch welches „sie sich zu der Zeit einer so schrecklichen Krise gerade zu „Paris befinden müßten. Verließ ich diesen Auftritt, „fand ich einen andern, der mir noch schmerzhafter war, „und der mich näher angieng. Ich fand zu Hause meine „Frau, welche mich in schrecklicher Beängstigung mit der „lebhaftesten Ungeduld erwartete, um zu erfahren, was „vorgefallen sey. Ich gieng von Zeit zu Zeit nach einem „kleinen Zimmer, unter dem Dache meines Hauses, von „wo aus ich ganz Paris übersehen konnte. Von 10 Uhr

---

a) Ebendaselbst. S. 49.

„bis um Mitternacht zählte ich blos allein in der Straße, „in welcher ich wohnte, mehr als hundert, mit Menschen „angefüllte, und mit Koffern bepackte Wagen, welche „aus der Stadt flohen. Meine Frau und meine beyden „Töchter legten sich nicht zu Bette. Ich hatte den Tag „über viel gelaufen, ich war müde und gieng daher nach „Mitternacht auf mein Schlafzimmer. Vorher aber blieb „ich noch eine Stunde lang an dem höchsten Fenster mei„nes Hauses stehen. Aus diesem Fenster konnte ich die „ganze ungeheure Stadt übersehen. Ich sah hin und wie„der dicke Rauchsäulen aufsteigen. Ich sah in verschie„denen Theilen der Stadt die Flamme sich erheben. Ich „unterschied deutlich das kläglichste Jammergeschrey, und „das lärmende und gräßliche Jubeln der herumziehenden „Mordbrenner. Alle Glocken der Stadt waren in Bewe„gung: sie läuteten Sturm. Von allen Seiten ertönte „der dumpfe Ton des Sturmschlagens; und zwischen„durch Tausende von Stimmen, welche durch einander „verwirrt, in die Luft hinauf brüllten. In diesen, dem „Schlafe bestimmten Stunden war die ganze Stadt „wach." a)

Wenn in einem so schrecklichen Zeitpunkte irgend etwas lächerlich seyn konnte, so war es die komische Ungeschicklichkeit, welche die Pariser in Behandlung des Schießgewehrs zeigten. Niemals in ihrem Leben hatten sie vorher eine Flinte gesehen. Sie wußten nicht, wie eine Flinte in die Hand genommen, wie dieselbe abgeschossen werden müsse; sie hatten keinen Begriff davon, wie man laden, wie man spannen, und wie man losdrücken müsse; Hahn, Zündpfanne, Ladestock, Lauf, Kolbe, Zunge

---

a) Correspondance d'un habitant de Paris. p. 46. u. f.

der Flinte: alles war ihnen gleich unbekannt; sie hatten nicht einmal allgemeine Begriffe von der Einrichtung einer Flinte, viel weniger verstanden sie dieselbe zu behandeln, und mit derselben umzugehen. a)

Am 13. Julius des Vormittags wurden die Mauthhäuser in Brand gesteckt, die Mautheinnehmer wurden gemißhandelt und weggejagt, und die, erst vor kurzer Zeit, auf die neuerbauten Thore der Stadt gesetzten Bildsäulen, welche unter verschiedenen Attributen, meistens Portraitstatuen der Generalpächter und ihrer Gemahlinnen waren, wurden heruntergeworfen und in Stücken zerschlagen.

Das Läuten der Sturmglocken hatte schon um 5 Uhr des Morgens angefangen, und gegen 6 Uhr versammelten sich die Wahlherren, welche nunmehr die Stelle des versammelten Magistrats vertraten, auf dem Rathhause. Der Greveplatz vor dem Rathhause und das Haus selbst waren beyde ganz mit Menschen angefüllt. Das Volk verlangte Waffen, und behauptete: es sey im Rathhause irgendwo ein verstecktes Zeughaus vorhanden, das geöffnet werden müsse. Die Wahlherren versicherten das Gegentheil, aber man glaubte ihnen nicht, sondern erwiederte ihre Versicherungen mit Drohungen. Der Pöbel drang in das Wachthaus und bemächtigte sich der Fahne der Stadt;

---

a) On auroit peine à se faire une idée de l'ignorance profonde de bons Parisiens à cet égard. Ils n'avoient jamais vu un fusil de près, ne savoient de quel coté on tiroit, comment on le chargeoit, l'armoit, le désarmoit. Le repos, la détente, le chien, le bassinet, toute la mécanique d'un fusil, ils n'avoient pas les premières notions de tout cela. Ebendas. S. 44.

aber ein Offizier verfolgte denjenigen, welcher dieselbe genommen hatte, bis mitten unter den Haufen, und nahm sie ihm wiederum ab. Die Wahlherren beschlossen, mitten im Tumulte, daß die Bürger bewaffnet, und daß eine Bürgermilitz errichtet werden solle. Das Geschrey: „Waffen! Waffen!" nahm auf dem Greveplatze immer mehr und mehr zu und wurde endlich fürchterlich wüthend. Die Wahlherren versicherten aufs neue, daß ihnen gänzlich unbekannt sey, ob sich Waffen im Rathhause befinden oder nicht, und daß man, um dieses zu erfahren, den Stadtmagistrat und den Vorsitzer desselben, Herrn von Flesselles holen müsse. Nun rief der Haufe: „Holt den Magistrat und den Vorsitzer!" Zwey Magistratspersonen kamen auf das Rathhaus, und bald nachher erschien auch Hr. von Flesseles. Bey seiner Erscheinung klatscht ihm der ungeheure Haufe auf dem Greveplatze Beyfall zu und empfängt ihn mit lautem Freudengeschrey. Er scheint gerührt, stellt sich auf die Stufen der Treppe, und sagt: „Meine Freunde, ich bin euer Vater und ihr sollt zufrieden gestellt werden." Nun wurde unter den Wahlherren ein b e st ä n d i g e r A u s s ch u ß von vierzehn Mitgliedern gewählt, welche, abwechselnd durch andere ersetzt, Tag und Nacht bis zur Herstellung der Ruhe, ohne Aufhören versammelt bleiben sollten. Hr. von Flesselles ward zum Vorsitzer dieses Ausschusses gewählt.

Indessen wurde die Fahne der Stadt zum zweytenmal weggenommen, und zum zweytenmal wieder zurücke gebracht. Man bringt sie in den Versammlungssaal des Rathhauses, und man stellt sie daselbst neben das Kamin. Auf dem Kamine stand eine Büste des Hrn. la Fayette. Die durch das offene Fenster hineindringende Luft bewegte die Fahne über dieser Büste hin und her, und sogleich rusten einige aus: „La Fayette soll unser General seyn." Durch la Fayette und durch la Fayette allein ist nachher die Ruhe in Paris erhalten worden; und so entstehen große Begebenheiten aus kleinen Ursachen!

Die Versammlung beschloß: daß sich alle Bürger von dem Rathhause entfernen, und nach ihren Distrikten zur Volksversammlung sich begeben sollten; daß der Polizey-lieutenant berufen werden solle, um Nachrichten mitzutheilen; daß sich die Distrikte versammeln und daß sie beständige Korrespondenz mit dem Ausschusse auf dem Rathhause unterhalten sollten — aber bald nahm Lärm, Tumult, Unordnung und Menge des in den Saal eindringenden Volkes so sehr zu, daß alle Berathschlagungen aufhören mußten. Der Pöbel brachte nach dem Greveplatze von allen Seiten her eine ungeheure Menge beladener Wagen, Equipagen, Karren und Chaisen, welche an den Thoren waren angehalten worden, und nun nach dem Rathhause geführt wurden. Bald war der Greveplatz beynahe ganz damit angefüllt. Auch führte der Pöbel nach dem Rathhause viele Personen, welche man an den Thoren angehalten hatte, weil sie die Stadt verlassen wollten und welche daher für verdächtig gehalten wurden. Von allen 60 Quartieren oder Distrikten der Stadt Paris kamen Abgesandte an die Wahlherren, welche für ihre Distrikte pochend und tobend, Waffen forderten. Gegen 1 Uhr Nachmittags sagte Hr. von Flesselles: er habe so eben Nachricht erhalten, daß 12,000 Flinten in einer Stunde ankommen würden, und noch 30,000 sollten bis in vier Tagen fertig werden. Auf diese Nachricht baten die Wahlherren die Abgesandten der Hauptstadt, nach ihren Distrikten zurück zu kehren, und um 5 Uhr Abends wieder zu kommen, um die Waffen abzuholen. Nun ward es ruhiger, und der Ausschuß beschloß, daß die Bürgermiliz in Paris 48,000 Mann ausmachen solle.

Indessen kamen immer mehr Wagen, Kutschen und Karren, die man an den Thoren angehalten hatte, auf dem Greveplatze an, und gegen 5 Uhr Abends war der Platz ganz damit angefüllt. Darunter befanden sich die auf Wagen geladenen Mobilien und Kostbarkeiten der Minister, vorzüglich der Herren von Montmorin und de la Luzerne. Auch brachte ein bewaffneter Haufe von Bürgern die Equipage des Prinzen Lambesc auf den Greveplatz. Sie glaubten, er selbst befinde sich darin; aber sie hatten sich geirrt, denn der Wagen war leer. Als der Pöbel den Irrthum entdeckte, spannte er die Pferde aus und verbrannte den Wagen. Bald darauf kam ein Haufe mit einigen andern Wagen an, die man angehalten hatte, und die mit 5000 Pfund Schießpulver und mit 5000 Pfund Salpeter beladen waren. Das Schießpulver war eine sehr angenehme Erscheinung. Der Abbe Lefebure sagte: er habe das Pulver in ein Zimmer des Rathhauses bringen lassen, aber es sey die größte Gefahr vorhanden; denn der Pöbel verlange mit wüthendem Geschrey, daß man ihm dieses Pulver austheile, und das Volk drohe die Fenster einzuschlagen; er habe das Volk dringend gebeten, von einem solchen Unternehmen abzustehen; er habe vorgestellt, daß bey der geringsten Unvorsichtigkeit das Rathhaus und alle umliegenden Häuser in die Luft gesprengt werden könnten: aber alles sey vergeblich gewesen; er habe darauf die Wache gerufen, aber indem er rufen wollte, sey neben ihm, zwischen zweyen Pulverfässern, ein Flintenschuß geschehen; darüber sey der ganze Haufe zitternd und schreyend weggelaufen; er verlange nun, daß das Pulver anderswohin gebracht, und daß die Aufsicht über die Aus theilung deſſelben einem klugen und muthvollen Manne übertragen werde. Die Verſammlung beſchloß: daß das Pulver in einen andern Saal gebracht werden ſolle, der ſicherer war, und übertrug die Aufſicht über die Austheilung dem Abbé Lefebure ſelbſt, welcher auch voller Muth dieſen gefährlichen Poſten annahm, und ſein Leben der augenſcheinlichſten Gefahr ausſetzte. Eine Menge aufgefangener Briefe wurden von dem Poſthauſe gebracht. Alle wurden erbrochen, laut vorgeleſen — und alle waren gleich unwichtig.

Nach 5 Uhr Nachmittags kamen die Abgeſandten der Diſtrikte wieder nach einander auf dem Rathhauſe an, um die verſprochenen Waffen abzuholen. Keine Waffen waren gekommen, noch um 6 Uhr des Abends nicht; und nun wurden die Abgeſandten vor Ungeduld wüthend; ſie knirſchten mit den Zähnen; ſie ſchimpften, und nannten die Mitglieder des beſtändigen Ausſchuſſes Böſewichter und Verräther. Die Gährung nahm zu und man drohte ſie alle aufzuhängen. Endlich gegen 7 Uhr kamen ſehr viele große Kaſten an, auf denen mit Kapitalbuchſtaben das Wort Artillerie ſtand; dieſe Kaſten, hieß es nun, enthielten die vom Hrn. Fleſſelles verſprochenen Waffen. Die Kaſten wurden ſogleich in den Keller des Rathhauſes gebracht. Nun war man aber in großer Verlegenheit, wie man dieſe Waffen dem ungeduldigen Volke mit Weisheit und mit Klugheit austheilen ſolle, um durch eine ſolche Austheilung nicht noch mehr Unglück zu verurſachen, ſtatt die ſchon drohende Gefahr abzuwenden. Es wurde beſchloſſen: daß von dem Rathhauſe eine Geſandtſchaft nach den Kaſernen des Regiments der franzöſiſchen Garde geſchickt werden ſollte, um dieſe Soldaten, welche dem Vaterlande ihre Dienſte ſchon angebotten hatten, zu bitten, nach dem

Rathhause zu kommen, und die für jeden Distrikt bestimmten Waffen demselben zu überbringen. Die Gesandten giengen hin und kamen zurück, aber ohne Soldaten, weil die Offiziere diesen nicht hatten erlauben wollen mitzugehen. Nun blieb kein anderes Mittel mehr übrig, als die Kasten zu öffnen und die Flinten so gut, als es im Gedränge möglich seyn würde, auszutheilen oder nehmen zu lassen. Die Kasten wurden geöffnet und man fand sie alle — voller Lumpen. Die schrecklichste Wuth über einen so bittern Scherz in einem so kritischen Zeitpunkte war auf den Gesichtern der Umstehenden zu lesen, und in einem gräßlichen Geheule brach die verhaltene Verzweiflung aus. Bis jetzo hat man noch nicht erfahren können, wer diese Kasten nach dem Rathhause geschickt habe und warum sie dahin geschickt worden seyen. Die Wuth des Pöbels und der so lange hintergangenen Abgesandten der Distrikte überstieg nun alle Gränzen. Flesselles wurde laut für einen Verräther erklärt, so wie alle übrigen Mitglieder des beständigen Ausschusses, und was diese zu ihrer Vertheidigung sagten, diente nur dazu, die Wuth des Volkes noch zu vermehren. Der beständige Ausschuß, um das Volk zu entfernen, sagte: man möchte nach dem Kartheuserkloster und nach andern Klöstern gehen, dort würde man Waffen finden. Zugleich gab Flesselles Befehl, eine große Menge Spieße und Hellebarden verfertigen zu lassen. Der Marquis de la Salle bot der Stadt alles, was er hatte, seinen Reichthum und sein Leben an, und wurde zum Unterkommandanten der Bürgermiliz erwählt; er hat seit 1750 gedient und sich durch seine Tapferkeit im siebenjährigen Kriege ausgezeichnet. Nachdem die Bürgermiliz zu Paris unter den Befehlen des Marquis de la Salle einmal eingerichtet war, wurde Ordnung und Ruhe in der Stadt größtentheils wieder hergestellt, und die öffentliche Sicherheit litt weit weniger, als sie sonst in Zeiten einer so vollkomenen Anarchie würde habe leiden müssen. Patrouillen der Bürgerwache giengen während der Nacht hin und her; alle Posten wurden besetzt und alle Straßen wurden illuminirt, damit sie desto heller seyn möchten. Die grüne Kokarde ward verboten, und statt derselben auf Befehl eine weiß und roth gestreifte getragen. An den Thoren hielt man alle diejenigen an, welche herein oder heraus wollten; und Personen sowohl, als Sachen, welche auf diese Weise angehalten wurden, brachte man nach dem Rathhause.

Gegen Mitternacht giengen einige Mitglieder des beständigen Ausschusses nach Hause, um auszuruhen; andere blieben, und unter diesen auch Hr. von Flesselles. Es war eine traurige Nacht; eine fürchterliche Stille; überall Furcht, Schrecken und Bangigkeit; und die Illumination in einem solchen Zeitpunkte warf ein gelbes Licht auf die blassen Gesichter. Jeder schauderte, der diese Lampen, welche sonst nur dazu gedient hatten, öffentliche Freude zu beleuchten, jetzt in der tiefsten Stelle lodern sah.

Um zwey Uhr des Morgens stürzten sich einige Männer mit fliegenden Haaren und blassem Gesichte in den Saal des Rathhauses, und schrieen: alles sey verloren; die Stadt sey eingenommen und 15000 Mann rücken an, um sich des Rathhauses zu bemächtigen. „Laßt sie kommen" sagte Herr Grand de Saint Rene „aber des Rath„hauses sollen sie sich nicht bemächtigen, denn dieses will „ich schon zu rechter Zeit in die Luft sprengen;" sogleich befahl er sechs Pulverfässer in das angränzende Zimmer zu bringen. Diese Bothschafter des Unglücks, bestürzt über seinen Muth, begaben sich stillschweigend hinweg, und der schnelle Uebergang vom größten Schrecken zur vollkom-

Erster Theil.   R

menſten Ruhe, den man auf ihren Geſichtern bemerkte, diente zum Beweiſe, daß die Nachricht, welche ſie gebracht hatten, erdichtet war.

Bald nachher kam der Abbe Lefebure in den Saal. Er habe, ſagte er, nachdem das Volk ſich entfernt hätte, die Thüre des Pulvermagazins verſchließen laſſen; aber gegen zwey Uhr des Morgens ſey ein Haufe angekommen, welcher dieſe Thüre mit Aexten und mit Beilen eingeſprengt habe; in demſelbigen Augenblicke ſey mit einer Piſtole in das Magazin geſchoſſen worden; die Kugel habe ſeine Haare geſtreift und hinter ihm eine Fenſterſcheibe zerſchlagen; das wüthende Volk zwinge ihn, mit vorgehaltenen Piſtolen, Säbeln und Spießen, Pulver in Säcken und in papiernen Düten auszutheilen; er ſey jedoch feſt entſchloſſen, ſein Leben für das Vaterland aufzuopfern, und ſeinen gefährlichen, aber wichtigen Poſten nicht zu verlaſſen. Nach dieſer Rede gieng er wieder in das Magazin zurück, und kaum war er dort angekommen, als ein betrunkener Mann mit einer brennenden Tobackspfeife im Munde hereinkam und über den offenen Pulverfäſſern Toback rauchte. Der Abbe hieß ihn weggehn, aber er gieng nicht; dann kaufte ihm der Abbe ſeine brennende Pfeife ab und warf dieſelbe in den Hof.

Montags, am 13. Julius, ſetzte die Nationalverſammlung zu Verſailles ihre Sitzungen fort. Die Geſchichte dieſer Sitzung verdient ausführlich erzählt zu werden; denn ſie war unſtreitig die wichtigſte von allen, welche die Nationalverſammlung gehalten hat.

Die Nachricht der Verweiſung Neckers und der übrigen Miniſter verſetzte beynahe alle Mitglieder in eine tiefe Trauer. Herr Mounier ſagte: „Ich erkenne zwar, daß der König das Recht hat, ſeine Miniſter zu verändern, aber ich glaube, daß es in kritischen Zeiten die Pflicht der Stellvertreter der Nation erfordere, dem Monarchen Vorstellungen zu thun, und daß jetzo, da der Kredit des Staates und das Wohl des Volkes in Gefahr stehen, die Nationalversammlung dem Könige muthige Wahrheiten über die neuerwählten Minister nicht vorenthalten darf. Die Feinde der öffentlichen Ruhe allein sind über die Verzweiflung des Volkes unbekümmert; sie reitzen es durch drohende Zurüstungen; sie umgeben es mit bewaffneten Truppen; sie thun Eingriffe in die allgemeine und in die individuelle Freyheit; sie schneiden alle Gemeinschaft durch die Heerstraßen ab: folglich haben sie den König gelehrt, ein Volk zu fürchten, welches ihn liebt und gegen dasselbe eben die Behutsamkeitsregeln anzuwenden, die man sonst nur gegen Feinde des Vaterlandes anzuwenden pflegt. Wir müssen dem Könige die Wahrheit sagen und ihm alle Gefahren vorstellen, die seinem Reiche drohen. Wir müssen ihm vorstellen, daß die Nationalversammlung in einen schändlichen Bankerott nie einwilligen werde."

Einige Mitglieder der Versammlung behaupteten: das Recht, die Minister zu wählen, gehöre ganz allein dem Könige, und die Versammlung dürfe sich in diese Wahl nicht mischen.

Hierauf hielt Lally-Tolendal eine Rede, welche Thränen den Augen seiner Zuhörer entlockte: „Wer sind die Ankläger des Ministers bey dem Könige?" so sprach er. „Nicht die Parlamenter, die er zurückberufen hat; nicht das Volk, dem er in der Hungersnoth Brod verschafft hat; nicht die Gläubiger des Staats, die er bezahlt hat; nicht die rechtschaffenen Staatsbürger, deren Wünsche er erfüllt hat. Wer denn? Ich weis es nicht! Wer es aber auch seyn mag, der ist sehr strafbar. Und was sind die Verbrechen des Ministers, die man anklagen konnte? Was hat er seit einem Jahre gethan? Schon habe ich es gesagt, und ich wiederhole es. Als es an Gelde fehlte, hat er uns bezahlt; als es an Brod mangelte, hat er uns ernährt; als die ausübende Gewalt ihr Ansehen verloren hatte, hat er den Aufruhr gestillt. Und seine Abreise; seine Abreise vorgestern, war sie die eines Partheygängers (factieux)? Seinen vertrautesten Dienern, seinen zärtlichsten Freunden, seiner Familie sogar verbarg er seine Abreise; er gab vor, er wolle auf sein Landgut reisen. Alles, was um ihn war, alles, was er liebte, hat er in der quälendsten Unruhe hinterlassen. Eine ganze Nacht hat man damit zugebracht, ihn auf allen Seiten zu suchen. So flieht zuweilen ein Verbrecher, der sich dem Unwillen des Volks entziehen will; aber er, er wollte sich nur den Huldigungen, dem Bedauren entziehen, das ihn überall auf seinem Wege würde begleitet haben, und wodurch seine Ungnade ihm weniger kränkend würde geworden seyn. Lieber hat er sich dieses Trostes berauben und a l l e i n, statt aller derer leiden wollen, die er liebte, als die Ursache auch nur einer vorübergehenden Unruhe oder eines Aufruhrs zu werden. Das letzte Gefühl, das ihn belebte, die letzte Pflicht, die er sich vorschrieb, indem er Frankreich verließ, Frankreich, woraus er verwiesen wurde, war, dem Könige und der Nation noch auf diese Weise seine Hochachtung und seine Ergebenheit zu bezeigen. Entweder muß man nicht an die Tugend glauben, oder hier eine der reinsten Tugenden erkennen, die jemals auf dem Erdboden gewesen sind."

Der Graf Virieu sagte: „Ich weiß, daß unser Weg zwischen Abgründen geht: auf einer Seite die Wuth unserer Feinde; auf der andern die Zügellosigkeit des Volkes, aber wir dürfen nur unsern Grundsätzen getreu bleiben.

„Von allen Seiten reißen die Bande des Zutrauens; die Anarchie hebt drohende Hände empor; das Blut fließt; unsere Mitbürger sind in der vorigen Nacht umgekommen, und wir sollten ein strafbares Stillschweigen beybehalten? Wir sind ihnen Hülfe schuldig, und durch einen neuen, feyerlichen Eid wollen wir uns vereinigen."

Der Graf von Clermont-Tonnerre: „Was hilft es, den Eid zu erneuren? Wir wollen die Konstitution endigen, oder unser Leben darüber verlieren. Es giebt jetzo dringende Gefahren. Paris ist in einer schrecklichen Gährung: man ermordet sich, und die Truppen bieten zwey sehr verschiedene Anblicke dar; ein Theil derselben ist undisziplinirt und gehorcht Niemanden; ein anderer ist disziplinirt und gehorcht den Befehlen des Despotismus."

„Unsere Stimme kann ja der König nicht einmal hören" sagte Herr Biauzat. „Der Kanal, durch welchen die Nationalversammlung zum Könige gelangt, ist angesteckt und verpestet (pestiféré).

„Frankreich," sagte der Marquis von Gouy d'Arcy, „Frankreich schwebt zwischen dem Untergange und der Hungersnoth, und sieht nun noch sein Inneres durch bürgerliche Zwistigkeiten zerrißen. Gestern und in der vergangenen Nacht habe ich in Paris 20,000 bewaffnete Soldaten gesehen; ich habe den Donner der Kanonen gehört; ich habe Blut fließen sehen; ich habe fremde und französische Truppen sich einander umbringen gesehen; ich habe die Bürger weinen und sich bewaffnen sehen; ich habe sie gesehen, haufenweise nach den Thüren der Schauspielhäuser hinlaufen, und wie an Tagen der öffentlichen Traurigkeit und des öffentlichen Leides dieselben, im Namen der Nation zuschließen. Alles dieses habe ich gesehen, und an allem diesem sind die ephemerischen Rathgeber Schuld, welche unsern tugendhaften Monarchen umgeben. Großes Unglück schwebt über unserem Haupte; möchte es doch der Vorsehung gefallen, dasselbe von uns abzuwenden!"

Herr Barnave rief aus: „Ich sehe in der Nation zwey Partheien. Die eine besteht aus den Anhängern des Despotismus, welche den königlichen Schatz anfüllen wollen, um denselben zu plündern; die andere ist die versammelte Nation, deren Abgesandte die wahren, von dem Könige selbst berufenen Staatsräthe des Königs sind. Hat der König das Recht, seine Minister zu ernennen, so hat die Nation das Recht, dieselben nicht anzuerkennen. Sie kann daher sich weigern, mit ihnen, die sie weder schätzt, noch liebt, irgend etwas abzuhandeln."

Hier wurde die Diskußion durch zwey Briefe unterbrochen, welche Hr. von Lally=Tolendal so eben aus Paris erhalten hatte, und welche derselbe der Versammlung vorlas. Die Mitglieder der Nationalversammlung verfielen bey dem Vorlesen dieser Briefe in eine Traurigkeit, die nahe an Verzweiflung gränzte. Es wurde sogleich beschlossen, eine Gesandtschaft von 48 Mitgliedern an den König zu schicken, um ihn zu bitten, daß er den Truppen Befehl geben möchte, sich zu entfernen, und ihm zu sagen, die Nationalversammlung sey gesonnen, eine Gesandtschaft nach Paris zu senden, um dort die Ruhe wieder herzustellen.

Der König antwortete: „Ich habe Ihnen meine Gesinnungen über die Maasregeln, welche die Unruhen in Paris mich zu nehmen nöthigten, schon zu erkennen gegeben. Mir allein kommt es zu, über die Nothwendigkeit derselben zu urtheilen, und daher kann ich sie auch nicht im Geringsten abändern. Einige Städte des Königreichs bewachen sich selbst, aber die Hauptstadt ist zu groß, als daß eine solche Wache für dieselbe rathsam wäre. Ich zweifle nicht daran, daß die Gründe, welche Sie bewegen, mir in diesem traurigen Zeitpunkte Ihre Dienste anzubieten, sehr gut sind; aber Ihre Gegenwart zu Paris kann zu gar nichts dienen, vielmehr ist Ihre Gegenwart hier nothwendig, um die wichtigen Arbeiten, welche ich Ihnen immerfort empfehle, soviel als möglich zu beschleunigen."

Diese Worte waren die letzten, welche Ludewig der Sechzehnte als Despote sprach; von diesem Augenblicke an eröffnete sich ein neues Schauspiel! a)

Die Abgesandten brachten diese Antwort an die Versammlung zurück, und auf den Vorschlag des Herrn la Fayette beschloß dieselbe: "Daß Herr Necker und die übrigen verwiesenen Minister die Hochachtung und das Bedauren der Versammlung mit sich nähmen; daß die Versammlung, besorgt wegen der traurigen Folgen, welche die Antwort des Königs nach sich ziehen könnte, ohne Aufhören fortfahren würde, um Entfernung der versammelten Truppen und um Einrichtung einer Bürgermiliz zu bitten; daß zwischen dem Könige und der Nationalversammlung kein Mittelmann vorhanden seyn dürfe; daß die Minister, und alle übrigen Civil- und Militair-Agenten der ausübenden Gewalt für alle ihre Handlungen verantwortlich seyen; daß die gegenwärtigen Minister und Rathgeber Seiner Majestät, von was für Rang sie auch seyn mögen, persönlich für alles das gegenwärtige Unglück und alles das

---

a) At Vitellius curis luxum obtendebat. Non parare arma, non alloquio exercitioque militem firmare, non in ore vulgi agere; sed umbraculis hortorum abditus, ut ignava animalia, quibus, si cibum suggeras, jacent torpentque, praeterita, instantia, futura, pari oblivione demiserat.

TACIT. Hiftor. l. 3.

Unglück, das noch erfolgen möchte, verantwortlich seyn sollten; daß die Nationalschuld unter den Schutz und die Ehre der französischen Nation genommen sey; und daß folglich keine Macht das Recht habe, das schändliche Wort Bankerott auszusprechen, oder die öffentliche Treue zu verletzen; daß die Nationalversammlung auf ihren vorigen Beschlüssen, vorzüglich aber auf den Beschlüssen des 17ten, 20ten und 23ten Junius beharre; daß dieser Beschluß durch den Präsidenten der Versammlung dem Könige übergeben, und durch den Druck dem Publikum bekannt gemacht werden solle."

Ende des ersten Bandes.

www.ingramcontent.com/pod-product-compliance
Lightning Source LLC
Chambersburg PA
CBHW020321240426
43673CB00039B/878